"十二五"普通高等教育车辆工程专业规划教材

车身CAD技术

CHESHEN CAD JISHU

（第二版）

陈 鑫 主编
林 逸 主审

内 容 提 要

本书针对现代汽车车身设计的发展状况，详细地介绍了现代汽车车身计算机辅助设计，反映目前车身CAD领域的先进技术、理论与方法。

全书共分为6章，主要内容包括：车身CAD技术的发展、应用及研究热点，车身曲线曲面的数字模型基础，车身坐标测量与数据处理技术，车身CAD曲线曲面光顺与车身CAD数字建模，车身A级曲面与数字样机，车身逆向工程，车身CAD软件及应用实例等。为适应教学的要求，本书的每章都附有课后复习与思考题。

本书简明扼要，由浅入深，特别强调理论与实际应用相结合。本书可作为车身工程及车辆工程本科生及研究生的教学用书，也可作为从事汽车及车身开发的工程技术人员的参考资料。

图书在版编目(CIP)数据

车身CAD技术 / 陈鑫主编. —2版. —北京：人民交通出版社，2012.4

ISBN 978-7-114-09675-4

Ⅰ.①车… Ⅱ.①陈… Ⅲ.①汽车－车体－计算机辅助设计－AutoCAD软件 Ⅳ.①U463.820.6-39

中国版本图书馆CIP数据核字(2012)第037281号

"十二五"普通高等教育车辆工程专业规划教材

书　　名：车身CAD技术(第二版)
著 作 者：陈　鑫
责任编辑：夏　韡
出版发行：人民交通出版社
地　　址：(100011)北京市朝阳区安定门外外馆斜街3号
网　　址：http://www.ccpress.com.cn
销售电话：(010)59757969，59757973
总 经 销：人民交通出版社发行部
经　　销：各地新华书店
印　　刷：北京盈盛恒通印刷有限公司
开　　本：787×1092　1/16
印　　张：9
字　　数：207千
版　　次：2005年9月　第1版
　　　　　2012年4月　第2版
印　　次：2012年4月　第1次印刷
书　　号：ISBN 978-7-114-09675-4
印　　数：0001-3000册
定　　价：18.00元

“十二五”普通高等教育车辆工程专业规划教材

编委会名单

序

汽车是涉及多学科领域的高技术集合的产品。近30多年以来,我国国民经济持续快速增长,汽车产业已经成为国民经济的支柱产业,轿车也大规模进入普通家庭。

我国汽车工业的产业资本结构复杂,限制因素较多,自主开发能力薄弱的状况一直未能得到大的改观。但从未来发展趋势看,我国汽车工业发展形势仍比较乐观,打造自主品牌、提高核心竞争力是我国汽车工业发展的必然之路。

我国汽车技术的高等教育有着近60年的历史,但是也应看到我国的汽车技术教育水平还有待进一步提升。近几年我国高等学校汽车类专业的招生规模提高较大,但高校毕业生的就业形势仍然良好,这也体现了我国汽车工业大发展的人才需要。而我国汽车车身开发能力的提升,是我国汽车自主开发核心能力提升的一个重要内容。

这本《车身CAD技术》教材,是作者长期从事汽车车身设计和轻量化教学工作和科研经历的总结。本书比较详细地介绍了现代汽车车身计算机辅助设计,包括目前车身CAD领域的各项先进技术、理论、手段与方法。本书简明扼要,由浅入深,强调理论与实际应用相结合,对我国汽车行业的车身CAD技术教育和实践有着积极的促进作用。

黄金陵

第二版前言

不知不觉中，本书第一版出版已经6年有余。在这过去的几年中，我国的汽车开发和生产都进入了一个新的阶段。进入21世纪的第2个10年，我国成为全球汽车开发和生产大国的地位已经不可动摇。新时期，汽车技术进步的步伐已然势不可挡。汽车车身技术也已经成为各大汽车企业自主技术的重要组成部分。

本次再版，在上一版教材系统介绍车身CAD技术的发展、车身CAD技术的数字模型基础、车身坐标测量、车身CAD数字建模、车身逆向工程和现代车身CAD软件及应用等内容的基础上，删减了一些内容，补充了车身技术的新进展。包括：车身数字化和数字化车身，车身A级曲面，车身数字样机，车身曲面逆向建模实例等，并在每章最后增加了复习思考题。使得本书内容更加丰富而具有现时特征，努力做到与时俱进。再版后，本书更加适合于作为车辆工程专业本科生及研究生的教材或参考书，也可作为从事汽车及车身开发的工程技术人员的参考资料。

本次再版仍由吉林大学车身工程系的陈鑫主编。本书再版过程中，得到了吉林大学汽车工程学院的大力支持，特别是得到了车身工程系全体同事的帮助。书中的AliasStudio软件应用实例部分由同济大学的李彦龙副教授和一汽大众公司的范烽工程师共同编写；书中的Imageware软件应用实例部分由一汽轿车公司的孙正翠工程师编写。再版过程中，还得到吉林大学的黄金陵教授和靳春宁副教授的大力支持，一汽大众公司的于雪工程师等参加了本书的部分编写工作，在此表示衷心的感谢。同时，向书中引用资料的作者表示诚挚的谢意。

感谢林逸教授主审全稿；感谢黄金陵教授为本书作序。

由于编者学识和掌握资料有限，书中不足、不妥之处在所难免，敬请读者批评指正。

陈　鑫
2011年12月3日
于长春

第一版前言

CAD/CAM 技术是随着信息技术的发展而发展起来的，CAD/CAM 技术的应用和发展引起了社会生产模式的巨大变革。目前，CAD/CAM 技术已经取代了传统的设计制造技术，广泛应用于机械、电子、汽车、船舶、航空、航天、轻工及建筑等领域，其应用水平已经成为衡量一个国家技术发展水平及工业现代化水平的重要标志。车身 CAD 技术已经是车身开发过程中的基础性应用技术，是现代车身开发工程技术人员必须掌握的基本工具。从某种意义上来说，车身 CAD 技术的应用水平也代表着一个国家的汽车，尤其是车身开发的水平。由于车身 CAD 技术的广泛应用，使得车身设计的平台化战略和汽车系列化变得比较容易实现。目前，作为高等学校的专业课程，车身 CAD 技术已经成为车身工程以及车辆工程等专业的基础课程。

本书系统地介绍了车身 CAD 技术的发展、车身 CAD 技术的数学模型理论基础、车身三坐标测量、车身 CAD 建模、车身逆向工程和现代车身 CAD 软件及应用等内容。编者在多年教学、科研的实践过程中发现，国内有针对性地、系统地介绍车身 CAD 技术，强调车身 CAD 理论与车身开发的实际应用相结合的书籍比较少，这与我国当前汽车工业飞速发展的状况很不适应。为此，应人民交通出版社的邀请，编者在吉林大学汽车工程学院车身工程系的本科生教学过程中多次使用的讲稿的基础上，对其做了较大的补充和修改，遂成此书。本书在编写过程中力求简明扼要，由浅入深，特别强调理论与实际相结合，反映车身 CAD 技术近期在国内外的应用状况。本书可以作为车身工程及车辆工程本科生及研究生的教学参考书，也可以作为从事汽车及车身开发的工程技术人员的参考资料。

本书由吉林大学的陈鑫主编，烟台师范学院的陈燕，吉林大学的崔岸、靳春宁为副主编。在本书编写过程中，得到了吉林大学及汽车工程学院的大力支持，特别是得到了车身工程系全体同事的帮助。书中的 6.2.1 节由李彦龙讲师和范烽设计师共同编写；吉林大学的黄金陵教授，沈阳理工大学的徐礼富讲师，一汽—大众汽车公司的于雪工程师等参加了本书的部分工作，编者在此表示衷心的感谢。同时向书中引用文献资料的作者表示深切的谢意。

全书由北京理工大学的林逸教授主审，在此表示诚挚的感谢。

由于编者学识和掌握资料有限，书中不足、不妥之处在所难免，敬请读者批评指正。

编　　者

目 录

第一章　绪论

本章介绍CAD/CAM技术的概念和发展历史，车身CAD的发展、车身CAD设计流程、车身CAD的特点和车身CAD技术的研究热点。

第一节　CAD/CAM技术的发展历程

一、CAD/CAM技术的概念

计算机辅助设计及制造（CAD/CAM）技术是将计算机迅速、准确地处理信息的特点与人类创造思维及推理判断能力巧妙结合起来，用计算机硬件、软件的新成就，特别是计算机绘图、数据库、智能模拟技术，为现代设计提供理想的手段。

1973年国际信息处理联合会（International Federation of Information Processing，简称IFIP）对CAD系统的定义：CAD是将人和计算机混编在解题专业组中的一种技术，从而将人和计算机的最优特性结合起来。

计算机辅助设计（Computer Aided Design，简称CAD）是利用计算机强大的计算功能和高效率的图形处理能力，辅助工程技术人员进行产品设计和工程分析，以达到理想的目的或取得创新成果的一门技术。它是综合了计算机科学与工程设计方法的最新发展而形成的一门新兴学科。在人和计算机组成的系统中，工程技术人员以计算机为辅助工具，完成产品的描述、设计、分析、绘图等工作，并达到提高产品设计质量、缩短产品开发周期、降低产品成本的目的。一般认为CAD系统的功能包括：草图设计、实体零件设计、自由曲面设计、钣金设计、装配设计、工程图绘制、工程分析、图像渲染、数据交换接口等。

计算机辅助制造（Computer Aided Manufacturing，简称CAM），广义CAM一般是指利用计算机辅助完成从生产准备到产品制造整个过程的活动，包括工艺过程设计、工装设计、NC自动编程、生产作业计划、生产控制、质量控制等。狭义CAM通常是指NC程序编程，包括刀具路径规划、刀位文件生成、刀具轨迹仿真及NC代码生成等。

计算机辅助工艺过程设计（Computer Aided Process Planning，简称CAPP）是指在人和计算机组成的系统中，根据产品设计阶段给出的信息，人机交互或自动地确定产品加工方法和工艺过程。一般包括毛坯设计、加工方法选择、工艺路线制定、工序设计、刀夹具设计等。计算机辅助工艺过程设计已逐渐形成为一门独立的技术分支。

CAD/CAM技术可以大大缩短产品的制造周期，显著提高产品的质量，从而产生巨大的经济效益。CAD/CAM技术在制造业广泛应用，其中以汽车、船舶、机床和航空航天等制造业应用最为广泛和深入。

二、CAD/CAM技术的发展历程

自1946年世界上第一台计算机在美国问世以来，人们就不断地将计算机新技术引入机械

设计、制造领域。

1. 准备和诞生时期(20 世纪 50 年代至 60 年代)

20 世纪 50 年代,CAD 技术处于酝酿和准备阶段,此时计算机由电子管组成,用机器语言编程操作,主要用于科学计算,图形设备仅仅具有结果输出功能。

1950 年,美国麻省理工学院研制出旋风 1 号(Whirlwind-I)类似示波器的图形显示设备,只能显示简单的图形。1958 年,美国 Calcomp 公司研制出滚筒式绘图仪,美国 Cerber 公司研制出平板式绘图仪。

20 世纪 50 年代末,美国麻省理工学院在 Whirlwind 计算机上开发了 SAGE 战术防空系统,第一次使用了具有指挥和控制功能的阴极射线管 CRT(Cathode Ray Tude),操作者可以用光笔在屏幕上确定目标。它预示着交互式图形生成技术的诞生,为 CAD 技术的发展奠定了基础。

2. 蓬勃发展和进入应用时期(20 世纪 60 年代)

20 世纪 60 年代初,美国麻省理工学院林肯实验室的博士生伊万·萨瑟兰(I. E. Sutherlan)发表了"SKETCHPAD:一个人机对话图形通讯系统"的博士论文,首次提出了计算机图形学、交互技术、分层存储符号的数据结构等思想,从而为 CAD 技术的发展和应用打下了理论基础。

该系统作了以下设想:设计者坐在阴极射线管显示器的控制台前,用光笔操作;从概念设计到产品设计、生产设计以至于制造,都可以实现人机对话;设计者可以随心所欲地对计算机所显示的图形进行修改、追加和删除;能在 10 ~ 15min 内完成通常要花几周时间的手工作业等。20 世纪 60 年代的计算机及图形设备价格昂贵,技术复杂,只有实力雄厚的大公司,如波音飞机、通用汽车等公司才能使用这一技术。

作为 CAD 技术的基础,计算机图形学在这一时期得到了很快的发展。1964 年,孔斯(S. A. Coons)提出了用小块曲面片组合表示自由型曲面,使曲面片在边界上达到任意高阶连续的理论方法。这一方法得到了工业界和学术界的极大推崇,称之为孔斯曲面。在 20 世纪 60 年代早期,法国雷诺汽车公司的工程师贝齐尔(P. E. Bezier)发展了一套被后人称为贝齐尔曲线曲面的理论,成功地用于几何外形设计,并开发了用于汽车外形设计的 UNISURF 系统。孔斯和贝齐尔被并称为 CAD 技术的奠基人。孔斯方法和贝齐尔方法是计算机辅助几何设计最早的开创性成果。

值得一提的是,计算机图形学的最高奖是以孔斯的名字命名的,而获得第一届(1983)和第二届(1985)孔斯奖的,恰好是萨瑟兰和贝齐尔,这也算是计算机图形学的一段佳话。而伊万(萨瑟兰也被誉为"计算机图形学之父"。

20 世纪 60 年代中期出现了商品化的 CAD 系统,如美国通用汽车公司使用的是 DAC-1(Design Augmented by Computer)系统,该系统是通用汽车公司设计轿车和货车的主要 CAD 工具,DAC-1 系统的硬件是由 IBM 公司开发的。此时,CAD 技术开始进入发展和应用阶段,尽管还很不完善,但是却大大推动了人们对 CAD 的关注。

此时,美国 CAD 工作站安装数约 200 多台,供数百人使用。

3. 广泛应用的时期(20 世纪 70 年代)

由于电子电路设计采用了 CAD 技术,使集成电路技术得到很大发展。在此期间出现了廉价的固体电路随机存储器、图形逼真的光栅扫描显示器、光笔、图形输入板等多样的图形输入设备,也出现了面向中小企业的 CAD/CAM 商品化系统。集成电路用于计算机,使计算机平台的性能大为提高。

同时,图形软件和 CAD 支撑软件也不断充实提高。由于光栅显示器的产生,在 20 世纪 60 年代就已萌芽的光栅图形学算法迅速发展起来,区域填充、裁剪、消隐等基本图形概念,及其相应算法纷纷诞生,计算机图形学进入了第一个兴盛的时期,开始出现实用的 CAD 图形系统,并开始了图形软件功能的标准化。

20 世纪 70 年代,美国 Applicon 公司首先推出了一套基于小型计算机的完整 CAD 系统。美国 IBM 公司推出了光笔交互图形终端,用于飞机结构的设计与绘图,称为 CADAM 系统。20 世纪 70 年代后期,正值飞机和汽车工业蓬勃发展时期,飞机和汽车设计过程中遇到了大量的自由曲线、曲面问题,法国达索公司开发了以三维曲面造型为特点的 CATIA 系统,采用多截面视图、特征纬线的方式来近似表达自由曲面。

截至 20 世纪 70 年代末,美国 CAD 工作站安装数超过 12000 台,使用人数超过 2.5 万人,CAD 技术进入了广泛应用时期。

4. 突飞猛进的时期(20 世纪 80 年代)

由于集成电路技术的进一步发展,出现了大规模和超大规模集成电路,计算机硬件平台又向前推进了一大步,微型计算机进入市场。图形软件更趋成熟,二维、三维图形处理技术,以及有限元分析、优化、模拟仿真、动态渲染技术、科学计算可视化等各方面都已进入使用阶段,CAD/CAE/CAM 一体化的综合软件使 CAD 技术又上了一个层次,CAD/CAM 工作站迅速普及。1980 年,美国阿波罗公司生产出第一台以超级微型计算机为平台的工作站(Workstation)。

CAD/CAM 技术从大中企业向小企业扩展,从发达国家向发展中国家扩展,从产品设计发展到工程设计。计算机运算能力的提高,图形处理速度的加快,使得 CAD/CAM 技术得到充分发展。

20 世纪 80 年代中期以后,CAD/CAM 技术开始向标准化、集成化、智能化方向发展。到 1988 年,美国实际安装的 CAD 系统超过 63000 套。

5. 日趋成熟的时期(20 世纪 90 年代以来)

20 世纪 90 年代以来是 CAD 技术广泛普及、继续完善和向更高水平发展的时期。出现了成熟的高度标准化、集成化的 CAD 系统。由于个人电脑 PC 平台的性能越来越好,基于 PC 平台的物美价廉的系统相继出现,使 CAD 技术的普及应用更具广阔的前景。

这一时期的 CAD 技术正向着更加开放式、标准化、集成化、智能化、网络化、科学计算可视化、虚拟设计、虚拟制造技术等新趋向不断飞速发展。

第二节　计算机辅助几何设计

计算机辅助几何设计(Computer Aided Geometric Design,简称 CAGD)这一术语是 1974 年由巴恩希尔(Barnhill)与里森费尔德(Riesenfeld)在美国犹他大学的一次国际会议上提出,用以描述计算机辅助设计的数学方面内容。

计算机辅助几何设计主要研究的是工程中的几何造型问题,是对各种几何外形信息的计算机表示、分析和综合。

20 世纪 60 年代,CAGD 主要研究用线框图形和多边形构成三维形体。20 世纪 70 年代,几何造型采用多截面视图、特征纬线的方式来近似表达所设计的自由曲面。贝齐尔方法的出现,使人们用计算机处理曲线及曲面问题变得可行,后来推出了以表面模型为特点的三维曲面造型系统 CATIA。有了表面模型,CAM 的问题可以基本解决。曲面造型技术是 CAD 技术的第一次创新。

20 世纪 70 年代末至 80 年代初,能够精确表达零部件全部属性的实体造型技术出现了,它以美国 SDRC 公司的 I-deas 软件为代表,实体造型技术的普及应用标志着 CAD 发展史上的第二次技术创新。

进入 20 世纪 80 年代,以基于特征的设计、全尺寸约束、全数据相关、存储驱动设计修改为特征的参数化设计成为第三次 CAD 技术创新的标志。尤以美国 PTC 公司的 Pro/ENGINEER 软件为代表。

20 世纪 90 年代,一种更加先进的实体造型技术——变量化技术成为新的发展方向,同时,变量化技术也驱动了 CAD 发展的第四次技术创新。

汽车等产品的几何外形设计,就是要建立产品几何外形的数字模型,并通过计算机对其进行描述、控制和编辑。就数学方法而言,早年的解析几何、微分几何所表达的规则曲线曲面已经不能满足要求。在 20 世纪 70 年代出现的计算几何,是由函数逼近论、微分几何、代数几何、计算数学、数控技术、计算机图形学等组成的边缘学科。计算几何提供了自由曲线曲面造型的数学方法,是 CAGD 的主要数学理论。

CAGD 的应用日趋广泛,除了围绕汽车、航空、船舶等大工业部门的几何外形设计以外,经过 30 年的发展,理论研究不断深化,方法日益丰富,应用愈加广泛。除了应用于机械零部件的设计领域外,CAGD 在越来越多的技术领域都有了广泛的应用。例如:人体造型(耳廓等)、人体器官(脑、心脏、胃等)X 光断层扫描立体图形重建;导弹地形匹配;飞机模拟训练;石油勘探地层结构图建立;建筑外观设计;电气造型设计;鞋帽外形设计;动画片和艺术造型设计等。

第三节　车身 CAD 技术的应用

一、车身 CAD 的发展历史

在汽车行业,为了保持产品的竞争能力,符合安全、环保、节能三大主题,以及满足用户对汽车舒适性和外形多样化方面的更高要求,各大汽车公司在产品的设计制造上都采用 CAD/CAM/CAE 一体化技术。

最早的汽车车身 CAD 的例子是通用汽车公司于 20 世纪 60 年代用 DAC-1 系统来设计汽车前风窗玻璃的形线。20 世纪 70 年代,通用汽车公司的 CADANCE、FBX 等系统先后研制完成并进入应用阶段。这一时期的特点是软件在企业内部开发,应用范围也局限于汽车外形的处理。20 世纪 80 年代车身 CAD 技术应用范围则由外形处理发展到结构分析、设计计算、内部构件、发动机设计等方面。

美国福特汽车公司从 1967 年开始开发应用 CAD 软件。到 20 世纪 80 年代,福特公司的汽车 CAD 技术遍及各种类型的零部件,在汽车底盘的设计分析中使用有限元方法(Finite Element Method,简称 FEM),公司已经可以实现 100% 的计算机辅助设计来绘制车身外表面钣金件,其 CAD 软件还可以进行结构分析和振动仿真等。

法国雷诺汽车公司的工程师贝齐尔运用他的理论实现了车身曲面的定义,并研制 UNISURF 系统。1974 年,他运用该系统在 5 个星期内,完成了从“蒙皮”的全尺寸粗糙图形到做出最后的图形及全尺寸塑料模的全部工作。

20世纪80年代初，日本各大汽车公司的CAD系统已经基本完善。如五十铃公司的车身CAD系统已具备了绘制自由曲线曲面、光顺处理、透视、断面展开、图形旋转及平移、复制等功能。

进入20世纪90年代，汽车车身CAD技术已经广泛应用于世界各大汽车公司。目前，诸如Dasault的CATIA、UGS的NX、PTC的Pro/ENGINEER、Autodesk的AutoCAD等商业化的三维和二维CAD软件，已经广泛应用于国内外不同规模的汽车设计和制造公司。可以说，今天的汽车开发已经离不开CAD技术。

我国的CAD技术应用于汽车行业开始于20世纪70年代，在解决汽车设计中的刚度强度计算、试验数据处理等方面取得了很多成果。由于计算机硬件、软件的发展和对外交流，20世纪80年代我国开始逐步引进了国外先进的计算机绘图设备和软件，从此我国的CAD技术有了较快的发展。尤其20世纪90年代以来，我国的汽车工业迅速发展，与国外的联系越来越紧密，带动了我国的汽车车身CAD技术的快速发展。目前，国内各大汽车公司已经普及应用大型三维CAD软件，CAD技术的应用水平已经能够满足汽车设计的要求。

二、现代车身设计流程

图1-1是汽车车身的设计流程框图。

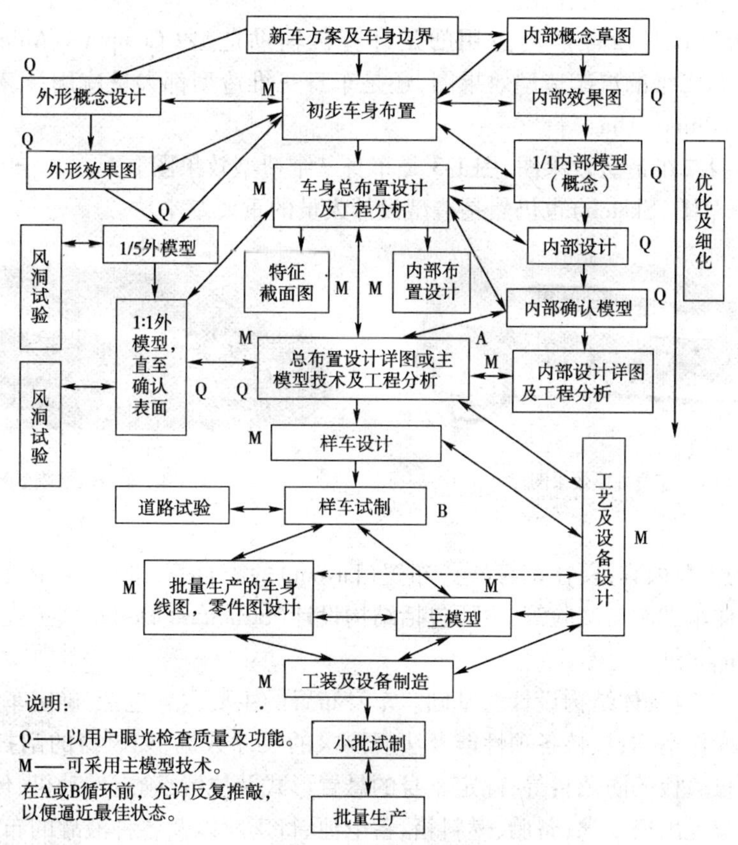

图1-1 汽车车身的开发流程框图

汽车车身设计通常分为概念设计（Concept Design）和工程设计（Engineering Design）两个阶段来进行。

1. 概念设计

概念设计属于产品设计的前期工作，是指从产品构思到确定产品设计性能指标，以及布置定型和造型的确定，并下达产品设计任务书这一阶段的设计工作。

概念设计在轿车车身设计中占有极其重要的地位，它是对未投产新车型的总体概念的概括描述，是确定汽车性能、外形与内饰等主要方面的初步设计。

在现代设计方法中，概念设计阶段要广泛吸收造型师、结构工程师、工艺工程师、财务分析管理人员、部件采购人员、市场分析专家和销售人员同时参与设计工作。而计算机辅助概念设计是其主要的技术手段。

概念设计的主要内容有：产品开发目的、必要性和可行性分析；产品的性能目标和先进性分析；产品的造型设计、布置和尺寸要求；产品的使用调查；产品的目标成本分析；产品设计任务书的确定；产品开发的组织管理等。

在概念设计阶段，造型设计人员进行车身外形的构思，并绘制外形设计概念图，以提供外形设计方案，同时确定出汽车造型的基本思想和进行车身CAD几何建模。造型设计人员要构思多种外形方案，供选择、比较，并与布置工程师、结构工程师和工艺工程师等一起确定最终的几何模型。概念设计阶段的油泥模型可用于美学和空气动力学的评价。油泥模型比平面效果图更能直观地反映设计人员的意图，并可进行风洞试验，以初步认识车身外形的空气动力学性能，对车身外形的确定有很大作用。

现代汽车造型设计阶段广泛应用的是计算机辅助造型（Computer Aided Styling，简称CAS）技术，无论是二维的汽车造型效果图，还是车身三维造型都大量应用计算机辅助造型软件，如Photoshop、Rhino、Alias等。

图1-2是车身二维造型效果图，图1-3是车身三维造型效果图。

但手绘构思草图（Sketch）也仍然是造型设计人员的重要基本功。

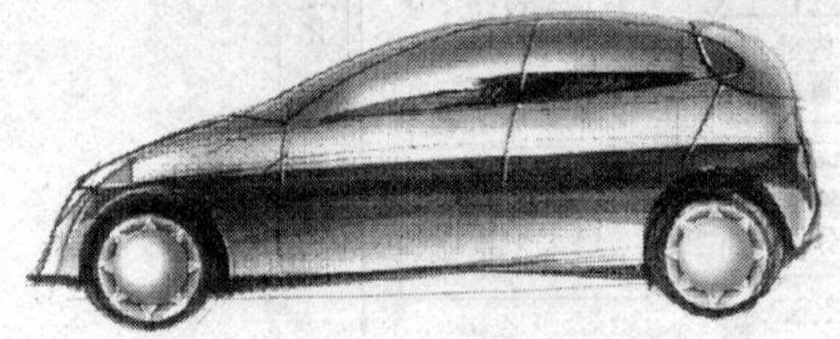

图1-2　车身外形效果图

图1-3　车身三维造型图

2. 工程设计

工程设计的主要内容是，在车身（总）布置（Layout）的配合下，进行1∶1内部模型和外部模型的设计，以及样车试制与试验等，主要包括结构设计（Structural Design）、工程分析（Engineering）、试验（Testing）和试制等。

车身布置是车身具体结构设计的基础。车身布置的主要内容包括：确定车身内部、外部尺寸；确定乘坐与操作空间；校核各项性能及法规要求的尺寸数据，如风窗的刮扫面积、视野性、座椅的调整量、仪表板的防炫目等；确定车身的悬置形式及位置；确定发动机、传动系占用的空间，并对有关总成提出反要求；备胎、燃料箱、蓄电池、行李舱以及各种液罐的布置；确定由于车身附件及其他装置的特殊要求引起的车身布置及结构的变动等。

车身的内部模型设计包括：确定室内各部件的位置关系，进行室内色彩、材质设计，并表现各部件的外观形状特征等。车身内部实车模型的制作要在CAD内部数字模型基础上来进行，通常采用木质框架，用发泡塑料和油泥制作内饰部件及车内零件，或安装真实的零件，有时也要采用快速原型技术制作零件，并进行内饰装饰设计以加强模型的真实感。同时要利用三维H点人体模型实际检验车身的内部布置设计。

车身结构设计包括：建立车身结构件CAD模型；绘制零部件图纸；进行零件装配和结构分析；进行车身内饰件和外饰件的设计等。

样车试制是为了进一步明确样车的车身外形尺寸、结构设计合理性、装配关系、材料使用情况、制造工艺性等，同时配合样车的试验。样车试验包括对样车进行结构性能试验、道路试验和碰撞安全试验等。

虽然应用车身CAD建立了车身数字模型，并可以将其作为车身主模型，但制作车身实物主模型也是有必要的，它可以作为生产检测的实物基准。经过总布置确认之后的主模型可以作为进一步设计的基础。

车身模具设计和制造以及工装设计是汽车批量生产的准备。经过调试工装设备、检验设计和生产的合理性、批量试制、试生产，最终实现批量生产。

现代车身布置和结构设计等都是应用大型三维CAD/CAM/CAE一体化的软件完成的，如CATIA、NX等。车身的结构分析、模态分析、NVH(Noise、Vibration、Harshness)分析、碰撞安全性分析等都可以在CAD模型的基础上进行。

图1-4是车身外形数字模型，图1-5是车身结构FEM分析模型，图1-6是车身碰撞安全性分析模型。

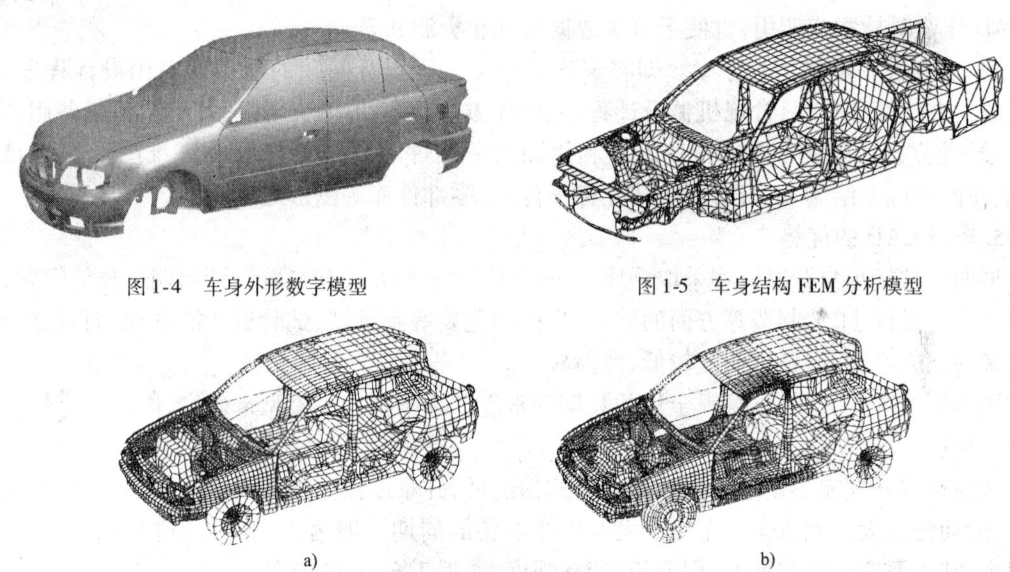

图1-4　车身外形数字模型

图1-5　车身结构FEM分析模型

a)

b)

图1-6　车身碰撞安全性分析模型

a)正面碰撞模型；b)50%偏置碰撞模型

由于车身CAD技术的广泛应用，使得车身设计的平台化战略和汽车系列化变得比较容易实现。目前，车身CAD技术已经是车身开发过程中的基础性应用技术。

三、车身CAD的特点

1. CAD的特点——人-计算机结合

CAD技术是在设计活动中，利用计算机作为工具，帮助工程技术人员进行设计的一切实用技术的总和。CAD 方法是人和计算机相结合、各尽所长的新型设计方法。

在设计过程中,人可以进行创造性的思维活动,完成设计方案构思、工作原理拟定等,并将设计思想、设计方法经过综合、分析,转换成计算机可以处理的数字模型和解析这些模型的程序。在程序运行过程中,人可以评价设计结果,控制设计过程。

计算机则可以发挥其分析计算和存储信息的能力,完成信息管理、绘图、模拟、优化和其他数值分析任务。一个好的 CAD 系统既能充分发挥人的创造性作用,又能充分利用计算机的高速分析计算能力,找到人和计算机的最佳结合点。

人和计算机结合,在设计过程中两者发挥各自的优势,有利于获得最优设计结果,缩短设计周期。

在 CAD 过程中,计算机的任务实质上是进行大量的信息加工、管理和交换。也就是在设计人员的初步构思、判断、决策的基础上,由计算机对数据库中大量设计资料进行检索,根据设计要求进行计算、分析及优化,将初步设计结果显示在图形显示器上。

2. 完整的 CAD 系统具备的条件

在 CAD 作业过程中,逻辑判断、科学计算和创造性思维是反复交叉进行的。一个完整的 CAD 系统,应在设计过程中的各个阶段都能发挥作用,而要实现这一点,就必须具备以下三个条件:

(1)建立完备的产品设计数据库。产品设计数据库是用来存储设计某类产品时所需的各种信息,如有关标准规范、经验曲线、计算公式等,都按照数据结构关系存入计算机。数据库可供 CAD 作业时检索或调用,也便于解决数据管理和资源共享。

(2)建立完备的应用程序库。即将解决某一类工程设计问题的通用及专用设计程序,如通用数学方法计算程序、常规机械设计程序、优化方法程序、有限元计算程序等,汇集备用。

(3)建立多功能交互图形程序库。利用图形程序库可以进行二维及三维图形的信息处理,能在此基础上绘制工程设计图,建立标准件库、零部件库等图形处理工作。

3. 车身 CAD 的优势

早期的常规车身开发流程采取顺序式进行工作,这种方式存在着设计周期过长等问题,又不便于车身设计、工艺制造等方面的结合,有些问题要等到试制、试验后才能发现,而且这种方法更多的是靠经验,设计可信度较低,风险较大。

用早期的常规方式,车身钣金件的数据常常靠二维图纸和主模型来确定,因此很难保证两者的一致性。

常规车身开发靠主模型传递数据的方式精度低,并难以保证长久不变。而且,设计反复修改多,劳动强度大。完成全部车身开发及生产准备的周期一般为 3 ~ 5 年,财物耗费惊人。归纳起来,其主要缺点是精度差、周期长、劳动强度大、返工多、成本高等。

采用 CAD 技术的车身开发,要建立一套完整的车身数字模型,以此为基础绘制出车身开发所需的所有图纸,并进行工程分析及加工制造。当车身制造与车身设计结合起来,车身 CAD 技术的重要作用才能充分的发挥出来,能够明显地缩短车身开发的周期,提高设计水平及制造的质量和精度。

车身 CAD 包括的内容很多,如造型设计、结构设计与分析、优化设计、计算机绘图等。

现在的国内外汽车公司都充分认识到车身 CAD、CAM 及 CAE 的一体化应用的优点,这是早期的常规车身开发所无法比拟的,主要表现在:

(1)提高设计质量和精度。车身设计完成,也就建立了车身结构的完整数字模型,并存入数据库，经计算机数据管理系统可以实现多点数据共享，为生产准备、工装设计制造提供方便、详尽、准确的原始依据，从而消除了中间数据形式的转换，使模具的加工精度大大提高，模具修改的工作量大为减小。

（2）节省时间，提高生产效率，缩短了设计和制造周期。车身结构件的数字模型可以直接用来进行模具设计，提高模具设计的成功率，也提高了模具制造的速度。车身 CAD/CAM 一体化可显著缩短从设计到制造的周期，与传统的设计方法相比，其设计效率可提高 3 ~5 倍以上。

（3）大幅度地降低成本。计算机的高速运算和绘图工作，大大节省了劳动强度。同时，优化设计也带来了原材料的节省。在油泥模型、主模型及工艺设备的设计制造等方面，都使人力、物力、财力大为节约。采用 CAD/CAM 一体化技术，生产准备时间缩短，产品更新换代加快，大大增强了产品在市场上的竞争能力。

（4）车身 CAD 技术将车身设计人员从烦琐的手工计算和绘图工作中解放出来，使其可以从事更多的创造性劳动，减轻了设计者的劳动强度，改善了他们的工作环境和条件。

（5）可以很方便的将车身设计的模型用于强度、刚度、安全、NVH 等工程分析，也可以比较方便的对模型进行空气动力学模拟分析。这样也使得设计的可信度大为提高。有这样的基础，也将大为缩短样车试制与产品定型的时间。

第四节　车身 CAD 技术的发展趋势

1. 参数化设计和变量化设计

在车身 CAD 技术应用过程中，产品设计建模的速度十分重要。由于车身设计并行工程（Concurrent Engineering）的引入，使得在车身的概念设计阶段和车身的工程设计阶段就要进行车身结构的工程分析。因此，参数化的车身结构模型将发挥很大的作用。

参数化设计方法就是将模型中的定量信息参量化，使之成为可以任意调整的参数。参数化设计方法使零件模型具有易于修改的柔性，对于参数赋予不同数值，就可得到不同大小和形状的零件模型。

参数化模型表示了零件图形的几何约束和工程约束，几何约束包括结构约束和尺寸约束。结构约束是指几何元素之间的拓扑约束关系，如平行、垂直、相切、对称等；尺寸约束则是通过尺寸标注表示的约束，如距离尺寸、角度尺寸、半径尺寸等。工程约束是指尺寸之间的约束关系，通过定义尺寸参数及它们之间在数值上和逻辑上的关系来表示。

在参数化设计系统中，设计人员根据工程关系和几何关系来制定设计要求。参数分为两类：其一为各种尺寸值，称为可变参数；其二为几何元素间的各种连接几何信息，称为不变参数。参数化的本质是在可变参数的作用下，系统能够自动维护所有的不变参数。

参数化设计中的参数化建模方法主要有变量几何法和基于结构生成算法的方法，前者主要用于平面模型的建立，而后者更适合于三维实体和曲面模型。

参数化技术更适合于设计过程比较明确的工作，变量化设计则为设计对象的修改提供了更大的自由度，可以通过求解一组约束方程组来确定产品的尺寸和形状。约束方程驱动可以是几何关系，也可以是工程计算条件。约束结果的修改受约束方程驱动。变量化设计可以应用于公差分析、运动结构分析、设计优化，尤其在做概念设计时更显得得心应手。变量化技术既保持了参数化技术的原有优点，同时又克服了它的一些不足之处，为 CAD 技术的发展提供了更大的空间。

参数化设计和变量化设计，使得车身结构设计可以随着尺寸的修改和使用环境的变化而自动修改。现在的主流CAD软件几乎都是基于变量化设计的。

2. 智能CAD

智能CAD是指通过运用专家系统、人工神经网络等人工智能技术使在作业过程中具有某种程度人工智能的CAD系统。

专家系统的基本思想是使计算机的工作过程能尽量模拟领域专家解决实际问题的过程。专家系统是基于知识的系统，专家系统技术是知识获取、处理和运用的技术。知识工程是专家系统技术的基础。专家系统通常由知识库、推理机、知识获取系统、解释机构和一些交互界面组成，如轿车车门附件专家设计系统等。

人工神经网络具有下列特征：它包含大量的人工神经元，提供了大量可供调节的变量；信息是分步式存储的，从而提供了联想与全息记忆的能力；具有高度的自适应能力；高度的容错能力；很强的计算能力以及自组织能力。

目前，神经网络和专家系统有联合起来的趋势。基于神经网络的专家系统在知识获取、并行推理、适应性学习、联想推理、容错能力方面明显优于传统的专家系统。

3. 基于特征的设计

特征设计是用易于识别的、包含加工信息的几何单元，如孔、槽、倒角、加强筋等，来取代以往设计中所用的纯几何描述，如直线段、圆弧等。特征是构造零件的最基本的单元要素。特征使设计人员和工艺人员对同一特征具有相同的理解，并且特征定义包含了所有几何和非几何信息。基于特征的设计更适合于CAD/CAM的集成和CIMS(Computer Integrate Manufacture System)中的建模需要。

4. 相关性设计

相关性设计为设计工作提供了极大的方便。用户无论是在什么地方进行修改，系统会自动地更新与修改有关的内容。例如，当用户修改三维设计模型中的结构时，在与之有对应关系的二维工程图中就会自动要求更新。这在结构复杂的车身结构件设计中尤为方便。

5. NURBS几何构型技术

NURBS(Non-Uniform Rational B-Spline)即非均匀有理B样条，它在CAD中用来定义复杂的几何曲线曲面，在车身CAD领域，更是应用广泛。运用NURBS技术可以使系统在描述自由曲线曲面以及精确的二次曲线曲面时，能够采用统一的算法和表示方法。用NURBS技术构造的曲面易于生成、修改和存储，为系统提高对曲面的构造能力和编辑修改能力打下基础。

6. 装配设计和管理

装配设计是指系统能够同时完成产品或装配部件的设计，而不是个别零件的设计。由于车身结构涉及很多零件的装配关系，装配设计需要考虑的因素复杂，具有装配设计功能的系统需要采用的技术和手段也较多。如特征设计、相关性设计等。对于具有装配设计功能的系统还应能够提供有关装配方面的管理能力，如装配零件逻辑关系、装配干涉检查、生成装配明细表、零件装配展开关系、测算装配件的运动学及动力学特性等。近年来，车身开发的产品数据管理(Product Data Management，简称PDM)技术广泛应用于车身CAD系统。

7. 车身CAD系统的集成化

CAD系统的集成化是当前CAD技术发展的一个重要方面。集成化的形式之一是将CAD和CAM集成为CAD/CAM系统，并进一步集成强大的工程分析、测试功能，使设计、制造和工程分析一体化，集成为CAD/CAM/CAE系统。CAD/CAM系统集成化的目的是提供一种能够覆盖某一类产品为主的、更高效能的设计、制造整体系统。这对结构复杂的汽车车身设计与制造来说尤为有意义。

8. 面向对象的设计方法

面向对象的设计方法是分析问题和解决问题的新方法。其基本出发点就是尽可能按照人类认识世界的方法和思维方式来分析和解决问题。面向对象的方法是以对象作为最基本的元素,作为分析问题、解决问题的核心。对象不仅能表示具体的实体,也能表示抽象的规则、计划或事件。在 CAD/CAM 系统中,所定义的对象可以用来描述几何模型,也可以用来描述加工过程的零件模型、加工特征、刀具类型、刀位指令等。

9. 车身 CAD 系统的网络化

计算机辅助设计作为计算机应用的一个重要方面,离不开网络技术。一台计算机的处理能力限制了其应用范围,只有通过网络互连起来,才能资源共享和协调合作,发挥更大的效能。一个复杂的车身 CAD 系统本身可能就是由一个计算机网络构成,通过网络连接服务器、工作站和微机等。设计中所需的所有公共信息,都存储在服务器所带的公共数据库中,而各终端可以通过网络共享其中的数据,进行各自的设计工作。CAD/CAM 系统涉及不同结构、品牌及型号的计算机外部设备,因而将它们互连的网络应是开放式的和标准化的。车身 CAD 系统的网络化大多是在一个办公楼、一个车间、一个公司或者一个厂区范围内实现局域网络化。通过网络化还能实现车身的异地协同设计。

复习与思考题

1. CAD/CAM 技术的含义是什么?
2. 20 世纪,CAD/CAM 技术的发展经过了那些历程?各有什么代表性成果?
3. 什么是 CAGD?
4. CAD 技术的发展的几次标志性的技术创新是什么?
5. 现代车身设计流程都包含有哪些内容?
6. 车身 CAD 技术的特点是什么?
7. 车身 CAD 技术的发展趋势有哪些?
8. CAD 技术中的参数化设计的含义是什么?
9. CAD 技术中的特征设计的含义是什么?

第二章　计算机辅助设计基础

本章介绍 CAD 的基础知识，包括硬件与软件系统的组成和软件系统的数据交换标准，还简要介绍车身 CAD 系统的功能与应用情况。

CAD 技术是将人和计算机混编在解题专业组中的一种技术，是将人和计算机的最优特点结合起来的技术。人的特点是：逻辑思维能力强，具有自我学习完善的能力，有创造性，能产生和控制情绪、兴趣等。计算机的特点是：速度快、精度高、不疲倦、储量大，不易出错等。在 CAD 的组织结构下，人和计算机的能力特点能够实现优势互补。

CAD 系统功能的实现是由硬件系统和软件系统保证的。硬件系统由计算机及其外围设备组成，包括主机、储存器、输入输出设备、网络通信设备等；软件系统通常是指程序及相关的文档，包括系统软件、支撑软件和应用软件等，表 2-1 是人机特点的比较表，图 2-1 是 CAD 系统的组成简图。

人机特点的比较表　　表 2-1

项目	推理与逻辑判断	信息的组织	信息存储能力	对重复工作的耐力	提取重要信息的能力	出错机会	分析能力
人	通过经验和想象进行直觉的逻辑推理	非格式的直觉的	差 与时间有关	差	强	多	直觉分析能力强数值分析能力差
计算机	模拟的系统的逻辑推理	格式化的详细的	强 与时间无关	强	差	少	无直觉分析能力数值分析能力极强

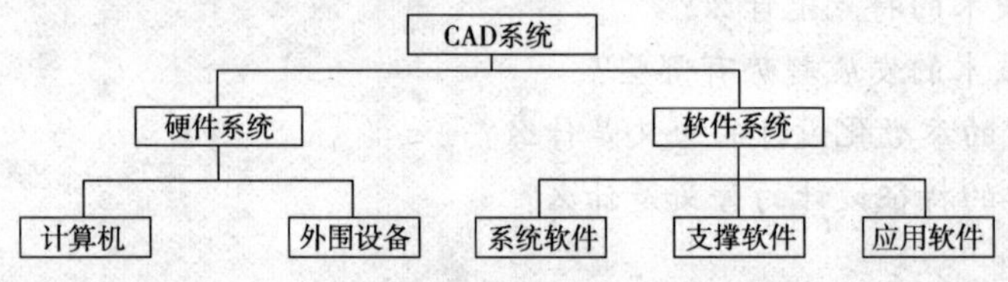

图 2-1　CAD 系统的组成简图

第一节　计算机硬件系统

一、硬件系统的规模与选择原则

1. 硬件系统的规模

硬件系统的规模划分为三种：

1）大规模的计算机网络系统

主要应用于大中型企业，其产品结构层次多、数量大、几何结构复杂。因此，要求其计算机有功能强大的中央处理器(Central Processing Unit,简称 CPU),专业的图形加速卡,高性能、高清晰的大屏幕显示器,大容量的内存和硬盘驱动器,完整的输入输出设备等。这些设备能够完成各种产品的设计、装配、分析等过程,以及数据的标准化、规范化、归档等的产品数据管理。该系统大规模地采用计算机工作站、高性能微机,甚至大型机及其终端等。

2)中等规模的计算机局域网络系统

主要应用于中小型的企业,其产品结构比较专业化,产品相对专一固定,对硬件系统的要求相对适中。该系统主要应用若干台计算机工作站和高性能的微机,有的也采用小型机及其终端等。

3)小规模的计算机系统

该系统对计算机的要求与计算机的使用领域有着很大的关系。对从事产品开发工程设计的计算机要求较高,一般要求有强大的图形编辑处理能力、计算分析能力和大容量信息的存储调用能力等,而对从事商用文件处理的微机要求较低。该系统主要由若干台微型计算机组成,在局域网内互联。

2. 硬件系统的选择原则

CAD 硬件系统的选择要与选用的软件系统水平相适应,而且更重要的是要满足设计应用的要求。一般来说,系统的选择既要符合客观实际的需要,又要尽可能的配置完备,并要考虑经济成本。因此,硬件系统的选择应该遵循一定的基本原则,根据原则配置硬件,避免系统选择的盲目性和没必要的重复及资源的浪费。具体应考虑以下几点:

(1)硬件系统的规模及功能满足设计工作的需要,具有扩充升级能力。

(2)硬件系统的稳定性好。

(3)硬件系统的制造商要有良好的信誉,售后服务质量好,用户广泛。

(4)硬件系统的经济性好。

二、硬件系统的组成

CAD 硬件系统由运算器、控制器、存储器、输入设备、输出设备五大基本构件组成。从外观上来看,常见的小型及微型计算机系统是由主机和外部设备组成。主机主要包括 CPU、内存、主板、硬盘驱动器、光盘驱动器、各种扩展卡槽、连接线、电源等,外部设备包括鼠标、键盘、显示器、音箱等,这些设备通过接口和连接线与主机相连。图 2-2 所示是常见的 CAD 硬件系统的组成简图。

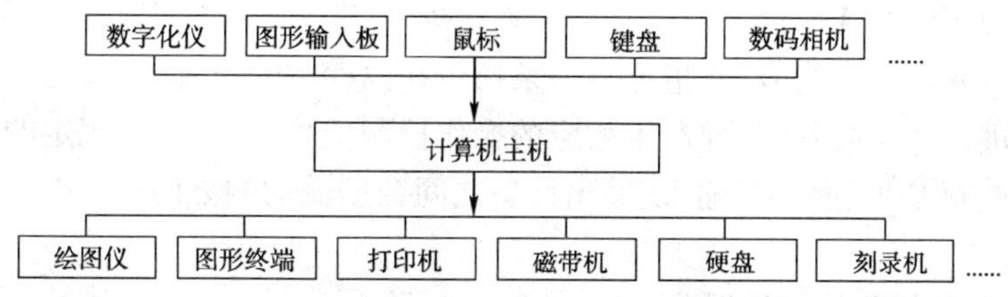

图 2-2　CAD 硬件系统的组成简图

1. 计算机主机类型

CAD 系统要求计算机主机有高速运算、数据处理和复杂图形处理等能力。

按照主机功能等级不同,计算机可分为大中型机、小型机、工程工作站及微型机等档次。

1)大中型计算机

大中型计算机功能强大,通常一个功能强大的主机连接多个终端,支持多个用户同时工作,可以进行大型复杂设计运算和仿真分析,以及集中管理大型数据库等。大中型机价格昂贵,性能价格比不高,在市场上所占的比例逐渐减小,但它在大型 CAD 系统中仍具有不可替代的重要作用,一般用作大规模 CAD 系统的中心服务器。

2)小型机

小型机的性能价格比优于大型机,20 世纪 70 年代末 80 年代初的 CAD/CAM 系统多采用这种机型。20 世纪 80 年代中期以后,小型机逐渐被性能价格比更好的工程工作站所取代。

3)工程工作站

所谓工程工作站,就是个人计算机环境和分布式网络环境相结合的、高性能价格比的小型机,由于它为工程技术人员提供了比较理想的独立使用工作环境,故称为工程工作站。与一般小型机相比,工程工作站具有较强的人机交互、图形显示和网络图形功能,能够方便地通过网络组成分布式计算机系统,是 CAD 系统较理想的主流硬件平台。

4)微型机

微型机也简称微机,微机的优点是投资少,性能价格比高,操作简易,对使用环境要求低,应用软件非常丰富。近年来,微机性能提高很快,高档微机的功能已经接近或超过低档工作站水平,许多原来只能在工作站上运行的软件已经移植到微机平台上。特别是 20 世纪 90 年代推出的高性能微机的速度已经相当甚至达到高性能的工作站,配上大容量的存储器,再加上高性能的图形加速卡,可以配置成一套物美价廉的 CAD 系统。因此,由微机组成的 CAD 系统越来越受到用户的欢迎。

2. 中央处理器

中央处理器简称 CPU,是计算机系统的核心,包括运算器和处理器两部分。计算机所发生的全部动作都受 CPU 的控制。

其中,运算器主要完成各种算术运算和逻辑运算,是对信息加工和处理的部件,由进行运算的运算器件和用来暂时寄存数据的寄存器、累加器等组成。能作加、减、乘、除等数学运算,也能作比较、判断、查找、逻辑运算等。

控制器是对计算机发布命令的“决策机构”,根据事先给定的命令发出控制信息,使整个电脑指令执行过程一步一步地进行,用来协调和指挥整个计算机系统的操作。它本身不具有运算功能,而是通过读取各种指令,并对其进行翻译、分析,而后对各部件作出相应控制。主要由程序计数器、指令寄存器、指令译码器、时序产生器和操作控制器组成。

控制器的主要功能:

(1)从内存中取出一条指令,并指出下一条指令在内存中的位置。

(2)对指令进行译码或测试,并产生相应的操作控制信号,以便启动规定的动作。

(3)指挥并控制 CPU、内存和输入/输出设备之间数据流动的方向。

3. 存储器

存储器有内存储器和外存储器。

1)内存储器

内存储器用于存储 CPU 工作程序、指令和数据。根据存储信息的功能,内存储器分为随机存取存储器(Random Access Memory,简称 RAM)、只读存储器(Read-only Memory,简称 ROM)和高速缓冲存储器(Cache)。

RAM 可以供 CPU 随意、不按顺序地存取信息。但如果断电,在 RAM 中所存储的信息就会丢失。普遍应用的是同步动态随机存储器(Synchronous Dynamic RAM,简称SDRAM)和双倍速率SDRAM(Dual Date Rate SDRAM,简称DDR SDRAM)。

ROM主要用于存储启动引导程序和基本输入输出程序等,CPU只能从中读出信息。这种存储器中的信息是固化的,即使断电也不会丢失。

为弥补高速CPU与RAM之间存储速度的不匹配,可在CPU或主板上分别加入一定容量的高速缓冲存储器,在运算处理时,CPU首先在Cache中提取数据,提高了读写速度,克服了内存读写速度比微处理器慢的缺陷。

2)外存储器

内存储器中的一些信息断电后即消失,要想将计算机处理的有用信息永久地保存起来,要采用辅助的外存储器。采用虚拟内存管理技术,外存储器可用于扩大逻辑工作内存容量,常用的外存储设备有磁盘存储器、磁带存储器、光盘存储器等。

(1)磁盘存储器。磁盘包括两种类型,即软磁盘和硬磁盘。硬(磁)盘可分为固定式(内置)和可移动式(外置),可用来作为计算机的大容量存储装置。

由于硬盘控制器及其接口的不同,数据传输的速度差别很大,在微机上常用的接口有IDE(Intelligent Driver Electronics)接口和SCSI(Small Computer System Interface)接口。IDE接口是微型机常用的标准接口,SCSI是1986年推出的小型机和外部设备接口标准,是一种系统级的接口。SCSI可同时接到各种不同设备上,其数据传输速度比IDE接口快。

近几年来,应用USB(Universal Serial Bus)接口或IEEE(Institute of Electrical and Electronics Engineers)1394接口的外置硬盘已经成为广泛应用的大容量外存储器。

(2)磁带存储器。磁带存储器是最早使用的顺序式存储器。外形如录音带或录像带,是一条很长的带子,表面上涂有许多磁性金属氧化物,可以利用电场来改变其磁性。但由于它是按顺序存取,因此,不论数据存在磁带的那一部分,都必须重头按顺序读取,这样存取速度相对较慢。磁带对存放环境要求较高。但磁带成本低,易于转移数据,介质稳定,不容易改写上面的数据。所以,只要妥善保管,以磁带存储的数据可以保存30~50年。磁带的最大优点就是适合长期保存,作为数据备份。

(3)光盘存储器。光盘存储技术始于20世纪70年代,如今作为一种普及型的信息存储手段,已广泛应用于数据的存储与备份。光盘存储技术的特点有存储数度快、存储密度高、寿命长、可靠性好和价格低等。CD(Compact Disk)光盘有三种类型,只读型光盘(CD-ROM),只写一次型光盘(CD-WO)和可擦写型光盘(CD-RW)。

随着DVD(Digital Video Disk)技术和DVD光盘驱动器、刻录机、碟片越来越普及,应用DVD光盘存储数据是未来发展的一个趋势。虽然与CD光盘同样大小,但是DVD数据存放密集度远高于普通CD,DVD光盘数据存储容量要大很多。

(4)闪存存储器。闪存存储器(Flash Memory)应用越来越普遍,是数码相机、MP3播放器、PDA(Personal Digital Assistant)掌上电脑等数码产品的最佳存储器。目前广泛使用的优盘(Flash Disk,或称为闪盘、U盘等)是以Flash Memory为存储单元、采用USB等标准接口的一种新型的移动存储器。

优盘主要用于存储较大的数据文件和在计算机之间方便地交换文件。优盘主要优点有:不需要物理驱动器,也不需外接电源,可热插拔,使用非常简单方便;体积很小,重量极轻,可抗震防潮,特别适合随身携带,是移动办公及文件交换理想的存储器;带有写保护功能,可防止文件被意外删除或被病毒感染;可作为引导盘,启动计算机等。

由于优盘在价格、可靠性、容量等方面都能满足普通用户的要求,因此有着很好的发展前景。

4. 输入设备

1)数字化仪(Digitizer)和图形输入板(Tablet)

数字化仪是一种常见的定位设备,其中全电子式坐标数字化仪由于精度高,使用方便,得到普遍应用。这种设备利用电磁感应原理,在台板的 x、y 方向有许多平行的印刷线。游标中装有一个线圈,当线圈中通有交流信号时,十字叉线的中心便产生一个电磁场。当游标在台板上运动时,台板下的印刷线上就会产生感应电流。印刷板周围的多路开关等线路可以检测出最大信号的位置,即十字叉线中心所在的位置,从而得到该点的坐标位置。

图形输入板是一种在结构和原理上都类似于坐标数字化仪的输入设备。这种设备配有特制的指示笔(Stylus),操作时,靠笔上的压力敏感开关接通电路,输入所在位置。有的输入板所配的指示笔上有几个按键,可用于输入命令和接受坐标等。

2)键盘(Keyboard)

键盘用来输入字符、字符串或命令,字母数字键盘是最典型的设备。

3)鼠标(Mouse)

常用的鼠标有机械式和光电式两种,前者是通过其底部滚球滚动及传感机构来控制屏幕光标的移动,后者则是通过光学传感机构控制屏幕光标的移动。CAD/CAM 系统一般要求采用三键鼠标,用于定位、拾取或用按键的组合进行图形显示操作。鼠标使用方便、操作简单,是 CAD/CAM 系统普遍采用的输入设备之一。

4)扫描仪(Scanner)

扫描仪通过光电阅读装置,可快速将整张图样信息转化为数字信息输入计算机,可将人工绘制的图样转换为 CAD/CAM 系统中的图样。

5)数码相机(Digital Camera)

数码相机为计算机真实图象输入提供了更为有效的手段。数码相机采用光学装置将光学图像转换成数字图像,然后存储在记忆棒或闪存卡中,可直接连接输入到计算机中进行显示和编辑处理。

6)其他输入设备

触摸屏也是一种很有特点的输入设备,能对物体触摸位置产生反应,当人的手指或其他物体触摸到屏幕不同位置时,计算机能接受到触摸信号并按照软件要求进行相应处理。声音交互输入是一种多媒体输入手段。语音输入是用自然语言输入图形特征参数和属性参数,产生用户要求的图形。

5. 输出设备

1)显示设备

显示设备是显示图形效果的部件。常用的图形显示设备有阴极射线管 CRT(Cathode Ray Tube)显示器、激光显示器、液晶显示器、光二极管显示器、等离子体显示器等。

CRT 显示器利用电磁场产生高速的、经过聚焦的电子束,偏转到屏幕的不同位置轰击屏幕表面的荧光材料,应用三基色原理在荧光屏上产生可见图形。其主要组成部分有:

(1)阴极:当它被加热时,发射电子。

(2)控制栅:控制电子束的方向和速度。

(3)加速机构:用以产生高速的电子束。

(4)聚焦系统:保证电子束在轰击屏幕时,会聚成很细小的点。

(5)偏转系统:控制电子束产生偏转。

(6)荧光屏:当它被电子束轰击时,发出亮光。

CRT显示器的技术指标主要有分辨率、点距、刷新频率和带宽等。所谓分辨率是指屏幕上可识别的最大光点数。通常采用水平方向的光点数与垂直方向的光点数相乘的形式表示显示器的分辨率。点距是指屏幕上相邻两个同色荧光点之间的距离,一般来说点距越小,显示出来的图像越细腻。刷新频率就是屏幕刷新的速度。刷新频率低,视觉图像闪烁、抖动,会引起眼睛疲劳、酸痛,头晕目眩等。带宽是衡量显示器综合性能的技术指标,带宽的大小决定于水平像素、垂直像素、刷新频率等。

液晶显示器(Liquid Crystal Display,简称LCD)具有体积小、重量轻、省电、辐射低、易于携带等优点。液晶显示器的原理与阴极射线管显示器大不相同。LCD是基于液晶电光效应的显示器件,包括段显示方式的字符段显示器件,矩阵显示方式的字符、图形、图像显示器件和大屏幕液晶投影电视液晶屏等。LCD的工作原理是利用液晶的物理特性,在通电时导通,使液晶排列变得有秩序,使光线容易通过;不通电时,排列则变得混乱,阻止光线通过。

图形显示卡也叫显示适配卡,简称显示卡,是CPU与显示器之间的接口,即视频控制电路。显示卡将显示缓冲存储器送出的信息转换成视频控制信号,用于控制显示器的显示。显示卡必须与显示器匹配,其性能好坏直接影响图形显示的速度和效果。区分显示卡性能的重要标志有图形分辨率、色彩和速度等。彩色显示卡的缓存容量决定了图形的分辨率和色彩数,若要求分辨率高,色彩多,则显示卡的存储器容量要大。

常用的输出设备还有投影仪等。投影仪能够大尺寸、高清晰地将显示图像投影到幕布上,适于对较大的CAD模型进行全尺寸显示与评审。

2)绘图设备

图形显示设备只能在屏幕上产生各种图形,但是在CAD/CAM中还必须把图形画在纸上,绘制成工程图纸。常用的绘图输出设备也称为硬拷贝设备,有打印机(Printer)和绘图仪(Plotter)两种。打印机以打印文字为主,也能输出图幅较小的图纸;绘图仪则以输出图幅较大的图纸为主,文字为辅。两者都有单色型和彩色型。

(1)打印机(Printer)。打印机分为点阵式打印机、激光打印机和喷墨打印机三类。

点阵式打印机(Dot-matrix Printer)又称为针式打印机,它由打印头、打印头驱动机构、走纸机构、打印控制线路以及接口逻辑线路等组成。利用彩色色带可以产生彩色图纸输出。针式打印机的优点是结构简单、体积小、重量轻、价格低廉、操作维护方便、对纸张的适应性好、消耗低等。主要缺点是噪声大、打印质量比较差。

激光打印机(Laser Printer)利用电子扫描技术,把数据转换为电信号,再用激光束在感应光鼓上扫描,通过控制激光束的开与关,来控制感光鼓的吸附碳粉或不吸附碳粉。感光鼓在纸上滚动,从而在纸上印出字符或图形。激光打印机的输出质量高、速度快、噪声低,但价格较高。

喷墨打印机(Ink-jet Printer)是把墨水通过喷头上的喷嘴以极高的频率喷射到打印介质上,形成文字和图形。喷墨打印机有黑白和彩色两种。喷墨打印机的速度快、质量好、噪声低,其分辨率接近激光打印机。

(2)绘图仪(Plotter)。

喷墨绘图仪是利用特制的换能器将带电的墨水泵出,由聚焦系统将墨水滴微粒聚成一条射线，再由偏转系统控制喷嘴在打印纸上移动，并附着在图纸上形成浓淡不一的各种单色或彩色图形、图像及文字符号。它具有清晰度高、工作可靠、噪声小及容易实现不同浓淡的色彩图形与图像等优点。大型喷墨绘图仪可用于输出设计图样，一般有平板式与滚筒式两种，有单色型和彩色型。

6. 通信与网络设备

网络适配器(Network Adapter)，又称为网卡，它在计算机的管理下，按着某种约定协议，将计算机内信息保存的格式与网络线缆发送或接受的格式进行双向变换，控制信息传递及网络通信。

网络传输介质主要有双绞线、同轴电缆和光缆。双绞线分屏蔽双绞线和非屏蔽双绞线两种。屏蔽双绞线由两股彼此绝缘、绞在一起的高质量铜线构成，绞线外面有绝缘层，这种双绞线信号辐射小，具有较高的特性阻抗，对干扰和串音有一定的抵抗力。非屏蔽双绞线没有特殊的绝缘层，它由数对细的绞线及外部绝缘套构成，四对(八根细线)非屏蔽双绞线是网络互联常用的介质。同轴电缆由内部铜线、中间绝缘层、用作地线的屏蔽层及外部保护皮围裹组成，适于传递数据、声音、图像信号，安装方便。光缆由折射率不同的内芯和外芯光导纤维组成，光导线封装在防护缆中。这种用光载信号进行传送的形式，具有抗磁干扰能力强、安全可靠、保密性好、高速率和远距离传输信号衰减小等优点。

为提高网络性能，保证局域网内、局域网之间或不同网络之间能够有效地传输信息，在组建计算机网络时，一般还根据具体情况选用集线器(Hub)、调制解调器(Modem)、中继器(Repeater)、网桥(Bridge)、路由器(Router)等互联设备。

第二节　计算机软件系统

计算机软件是指与计算机系统操作有关的程序、规程及相关文档资料等的总和，也可简单理解为各种程序及相关数据的总和。

在CAD/CAM系统中，根据执行任务和编写对象的不同，计算机软件可分为系统软件、支撑软件和专业应用软件三类。系统软件主要负责管理硬件资源及各种软件资源，它面向所有用户，是计算机的公共性底层管理软件，即系统开发平台；支撑软件运行在系统软件之上，是实现CAD/CAM各种功能的通用型应用基础软件，是CAD/CAM系统专业应用软件的开发平台；专业应用软件则是根据用户具体要求，在支撑软件基础上开发的专用软件。软件系统层次关系如图2-3所示。

图2-3　CAD软件系统层次结构关系

一、软件系统概述

系统软件是使用、管理、控制计算机运行的程序的集合，是用户与计算机硬件的连接纽带。系统软件首先是为用户使用计算机提供一个清晰、简洁、易于使用的友好界面；其次是尽可能使计算机系统中的各种资源得到充分而合理的应用。系统软件具有两个特点：一是通用性，不同领域的用户都可以使用它，即多机通用和多用户通用；另一个是基础性，即系统软件是支撑软件和应用软件的基础，应用软件要借助于系统软件编制与实现。

系统软件的组成如图2-4所示，主要包括三个部分：管理和操作程序、维护程序和用户服务程序。管理和操作程序是系统软件的核心，即计算机的操作系统，它指挥和控制计算机的软件资源和硬件资源，其主要功能是处理器管理、存储管理、设备管理、文件管理和作业管理。操作系统密切依赖计算机系统的硬件，用户通过操作系统使用计算机，任何程序都需经操作系统分配必要的资源后才能执行。

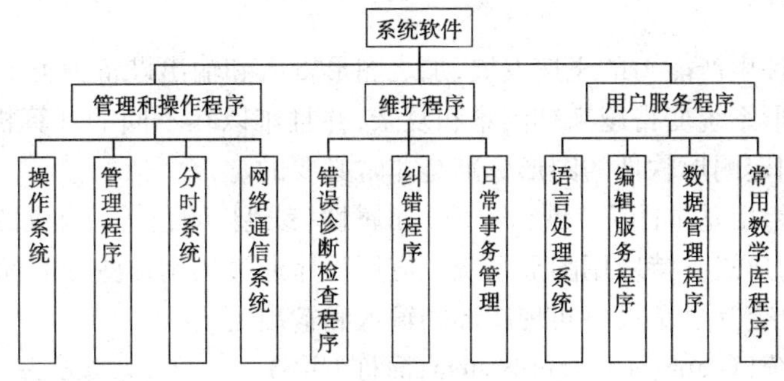

图2-4　系统软件的组成

操作系统按其提供的功能及工作方式的不同可分为单用户、批处理、实时、分时、网络和分布式操作系统六类。计算机操作系统的发展趋势是开放式系统，即尽可能遵照流行的或已被行业部门公认的标准组建系统，以便于扩充和互相兼容。

常用的操作系统有 UNIX、Windows、Linux 和 Apple 公司的 Mac OS X 等。

UNIX 操作系统是 1969 年由美国 AT&T 公司 BELL 实验室利用与机器无关的 C 语言开发的，它是一个多用户、多任务分时操作系统。在 UNIX 环境下，多个用户采用分时方式共享主机的资源，当计算机内存足够大时，各用户不会感到有其他的用户存在，好像整个计算机只为其个人服务。

UNIX 系统功能强大，可移植性好，是工程工作站广泛采用的操作系统。但不同的公司发展了不同版本的 UNIX 系统，并且不能完全兼容。如 HP 公司的 HP-UX、IBM 公司的 AIX、SUN 公司的 Solaris、SCI 公司的 IRIX 等。

Windows 操作系统是美国 Microsoft 公司于 1983 年推出的微机窗口系统，之后版本不断更新。该操作系统为用户提供了一个基于图形界面的多任务窗口环境，在这个环境下，能够运行为 Windows 开发的各种程序。目前，Windows NT、Windows Server、Windows XP、Windows Vista、Windows 7 和 Windows 8 等，已经占领了操作系统应用领域的绝大部分的份额。

CAD/CAM 系统的支撑软件主要指那些直接支撑用户进行 CAD/CAM 工作的通用性功能软件。支撑软件不针对具体的设计对象，而是为用户提供工具或开发环境。不同的支撑软件依赖一定的操作系统，又是各类应用软件的基础。通常，支撑软件可以从软件市场上购买，用户也可以自行开发。

按照功能可将支撑软件分为图形支撑软件和 CAD/CAM/CAE 软件等。图形支撑软件是 CAD/CAM 系统中最基本的支撑软件包，它以工程设计图样的生成和绘制为主要应用目标，有良好的开放性，并且图形功能强、操作方便。CAD/CAM/CAE 软件一般包括几何建模、二维图制作、装配分析、结构分析、动力学分析和优化等功能。

国内外应用领域 CAD/CAM 软件主要有 CATIA、NX、Pro/ENGINEER、AutoCAD 等。同时，这些软件都具有一定的二次开发能力，有的还有专门的开发软件及接口，也具有一定专业应用软件的功能。

专业应用软件是指针对用户具体要求而开发的软件。在实际应用中，由于用户的设计要求及生产条件多种多样，所选购的支撑软件难以完全适应。因此，在具体的 CAD/CAM 应用当中要进行二次开发,即根据用户具体要求开发用户化的应用程序。企业在产品设计等方面所开发研制的各类软件都属于应用软件。

二、数据交换标准

随着计算机硬件生产能力的飞速发展,加之图形输入和输出设备种类十分繁杂,使得开发高性能的交互式图形系统变得越来越困难和复杂,并且难以在不同的计算机和图形设备之间进行移植。因此,制定图形软件的图形标准是非常必要的。

图形标准是一组由基本图元(点、线、面)和属性(线型、颜色等)构成的标准通用图形系统,它们以子程序的形式支持应用图形系统。应用程序通过调用这些图形标准程序,即可生成图形和图像,并通过交互显示设备实现图形的输入和输出。

1. 图形核心系统(Graphics Kernel System,简称 GKS)

1977 年前联邦德国标准化组织第一次出版了二维 GKS 草案,以后不断进行修改、扩充。1985 年 8 月 GKS 被国际标准化组织(International Standardization Organization,简称 ISO)接受为正式的 ISO 标准。图形核心系统 GKS,提供了应用程序和图形输入及输出设备之间的接口,可实现图形应用程序在源程序级的可移植性。GKS 只定义了一个独立的图形系统核心,在具体应用时,必须以所用语言规定的形式,把符合 GKS 定义的图形软件包嵌入到主语言中使用。GKS 作为一个功能的描述,它独立于设备和编程语言。用户可根据需要,在应用程序中调用各种 GKS 功能,这样的应用程序可方便地在具有 GKS 功能的不同系统之间使用。

GKS 包括了基本的图形处理功能,采用逻辑工作站概念处理通行设备和图形数据存储设备,引用了图段概念来组织相互关联的因素,给用户提供分块构造图形的手段。GKS 是二维图形标准,GKS-3D 是在 GKS 基础上扩充而成的三维图形标准。GKS 标准侧重于和图形生成有关的内容,对应用对象几何模型的构造能力有限。

2. 程序员分层交互式图形系统(Programmer's Hierarchical Interactive Graphics System,简称 PHIGS)

PHIGS 是国际标准化组织 1986 年公布的计算机图形系统标准。

PHIGS 包含了下述三个方面的内容:其一是向程序员提供控制图形设备的图形系统接口;其二,它的图形数据按层次结构组织,使多层次的应用模型能方便地应用 PHIGS 进行描述;其三是提供了动态修改和绘制显示图形数据的手段。

PHIGS 是具有高度动态性、交互性的三维图形软件工具库,其最主要的特点是:

(1)能够在系统中高效率地描述应用模型,迅速修改、绘制图形的模型数据。

(2)它在图形设备之间提供了一种功能接口。

(3)在图形数据组织上,它建立了独立于设备的中心结构存储区和图形档案管理文件。

(4)在图形操作上,它建立了适应网状的图形结构模式的各种操作。

(5)在图素设置上,它既考虑三维、二维的结合,又考虑了矢量和光栅图形的结合。

PHIGS 不仅包含图形生成功能,还提供构造对象几何模型的功能,即建模功能。PHIGS 把与对象有关的应用数据和图形数据用结构来组织和管理。一个结构可以应用另一个结构,通过这种引用建立起层次式的结构网络,可以描述一些复杂应用对象的几何模型。

3. 计算机图形接口(Computer Graphics Interface,简称 CGI)

CGI 是第一个针对图形设备的接口而不是应用程序接口的交互式计算机图形标准。CGI 的目标是使应用程序和图形库直接与各种不同的图形设备相作用,使其在各种图形设备上不经修改就可以运行，即在用户程序和虚拟设备之间以一种独立于设备的方式提供图形信息的描述和通信。

CGI 规定了发送图形数据到设备的输出和控制功能，从图形设备接收图形数据的输入、查询和控制功能。因为 CGI 是设备级接口，所以对出错处理和调试只提供了最小支持。

CGI 提供的功能集包括：

（1）控制功能集。

（2）独立于设备的图形对象输出功能集。

（3）图段功能集。

（4）输入和应答功能集。

（5）产生、修改、检索和显示以像素数据形式存储的光栅功能集。

4. 计算机图形文件（Computer Graphics Metafile，简称 CGM）

自 1980 年开始，美国国家标准化学会（American National Standards Institute，简称 ANSI）和国际标准化组织专门成立了标准化组着手 CGM 标准的制定，并于 1987 年正式成为 ISO 标准。CGM 是由一套标准的与设备无关的定义图形的语法和词法元素组成。

CGM 分为四部分：第一部分是功能描述，包括元素标识符、语义说明以及参数描述；其余三部分为 CGM 的三种编码形式，即字符、二进制数和明文编码。CGM 具有广泛的适用性，大部分的二维图形软件都能够通过 CGM 进行信息存储和交换。

CGM 提供了图形存档的数据格式和一种以假脱机方式绘图的图形协议。CGM 为图形设备接口标准化创造了条件，便于检查图形中的错误，保证图形的质量，也提供了把不同图形系统所产生的图形集成到一起的一种手段。

5. 初始图形交换规范（Initial Graphics Exchange Specification，简称 IGES）

1980 年，由美国国家标准化学会主持成立了由波音公司和通用电气公司参加的技术委员会，制定了基本图形交换规范 IGES，并于 1981 年正式成为美国的国家标准。最初开发 IGES 是为了能在计算机绘图系统的数据库上进行数据交换。从 1981 年的 IGES 1. 0 版本开始，不断更新，逐渐成熟，日益丰富，覆盖了 CAD/CAM 数据交换的越来越多的应用领域。作为较早颁布的标准，IGES 被许多 CAD/CAM 系统接受，成为应用最广泛的数据交换标准。

IGES 定义了一套描述产品几何属性的数据格式及相应的文件结构，其作用是在不同的 CAD/CAM 系统之间交换产品数据。IGES 的基本单元是实体（Entity），它们分为三类：几何实体、描述实体和结构实体。IGES 的文件格式是记录长度为 80 个字节的顺序文件。IGES 作为产品几何属性数据的中性格式，能够适用于不同的 CAD/CAM 系统。

6. 产品数据交换标准（Standard for Exchange Product Model Data，简称 STEP）

作为国际标准，STEP 提供了产品数据的定义和交换的外部描述，是一种不依赖于具体系统的中性机制，能够描述产品整个生命周期中的数据信息。STEP 规定了产品设计、制造以至于产品全生命周期内所需的有关产品形状、解析模型、材料、加工方法、装配顺序、检验测试等方面信息的定义和数据交换的外部描述。因此，STEP 标准能够解决生产过程中产品信息共享和信息集成的问题。

STEP 的产品模型对于生产制造、直接质量控制测试和支持产品新功能的开发提供了全面的信息。其中形状特征信息模型是 STEP 产品模型的核心，在此基础上可以进行各种产品模型定义数据的转换。

7. 在车身 CAD 中其他常用的数据文件格式

DXF(Data Exchange Format)标准应用也很普遍。DWG 为 AutoCAD 系统的图形数据文件,DWG 虽然不是标准,但由于 AutoCAD 系统的普遍应用,使得 DWG 成为事实上的数据交换标准。它主要用于实现高级语言编写的程序与 AutoCAD 系统的连接,或其他 CAD 系统与 AutoCAD 系统交换图形文件,但它们多是用于二维数据的转换。

美国信息交换标准码(American Standard Code for Information Interchange,简称 ASCII)是目前计算机中用得最广泛的编码和字符集,是由美国国家标准化学会制定的,它已被国际标准化组织定为国际标准,适用于所有拉丁文字字母,ASCII 码有 7 位码和 8 位码两种形式。

车身 CAD 中其他常用的数据文件还有:

快速成型文件格式: *.STL(Stereo Lithography);

Parasolid 文件格式: *.x_t;

CATIA V4 文件格式: *.model, *.session 等;

CATIA V5 文件格式: *.CATPart, *.CATDrawing, *.CATProduct, *.CATAnalysis 等;

NX 文件格式: *.prt;

Pro/ENGINEER 文件格式: *.prt.?;

Alias 文件格式: *.wire;

Imageware 文件格式: *.imw;

AutoCAD 文件格式有: *.dwg, *.dxf 等。

第三节 车身 CAD 系统

车身零件多是结构复杂、尺寸大而又成型困难的大型零件,有的是对曲面光顺要求很高的薄板件,有的是对结构功能要求很高的非金属件。因此,车身零件的曲面和结构设计与一般的机械制图方法有一定的区别。车身零部件的计算机辅助设计对计算机的硬件和软件系统的要求较高。

1. 车身 CAD 系统对硬件的主要要求

1)强大的图形处理和人机交互功能

在车身 CAD 系统的信息处理中,大尺寸的几何图形信息处理占较大比例,一般都配有大型三维图形软件。为满足图形处理和显示的需要,车身 CAD 系统要求计算机具有大内存、快速及高分辨率显示等特点。另外,车身 CAD 的工作经常需要多次反复修改,并需要人工参与决策才能完成,所以要求计算机具有方便的人机交互渠道和较快的响应速度。

2)需要有足够大的外存储容量

由于车身零件数以万计,结构层次繁杂,因此用于车身 CAD 系统的各类软件一般都需要有较大的存储及工作空间,而用户不断进行的数据文件备份也需要更大的硬盘资源。

3)良好的通信网络功能

为达到系统的集成,使位于不同地点和不同开发阶段的各部门能够进行信息交换及协同工作,使车身设计的并行工程得以顺利进行,需要计算机网络将其连接起来,通过网络技术应用,形成网络化车身 CAD 系统。

2. 车身 CAD 系统对软件的主要要求

(1)运行在成熟可靠的系统平台,软件性价比高,软件本身性能稳定。车身零件的设计,由于结构复杂而且开发时间较长，反复修改的次数多，因此稳定性好、容错性好的车身 CAD 软件系统是完成工作的必须，同时要与硬件系统平台相匹配。

(2)有良好的用户界面及交互能力。一般说来，设计过程等于交互过程与计算过程之和。但是，有统计表明，交互过程耗费的时间远远大于计算过程。如今的计算机速度是一个自然人所无法比拟的，因此，计算机用于计算的时间是很短的(用时约占设计过程的 10%)，绝大部分的设计时间被交互过程(用时约占设计过程的 90%)所占据。可见，良好的用户界面和交互能力是很重要的。

(3)有优良的几何造型和绘图功能。正是由于车身零件的结构复杂，自由曲线曲面应用广泛，而且对图形渲染水平要求较高，因此车身 CAD 系统的软件必须具有优良的几何造型能力。同时，又能够很方便地将三维模型制成二维工程图。

(4)有优良的二次开发工具。在车身 CAD 系统中，要求有很多特殊的软件应用工具，或者为高质量、高效率地发挥软件的作用，需要对 CAD 软件进行二次开发，因此优良的二次开发工具可以很好地提高车身 CAD 软件系统应用效率和水平。

(5)有良好的开放性。车身 CAD 系统应具有与其他软件系统的接口、与通用数据库的接口以及与通用的硬件系统的接口等。

(6)有比较完善的 CAD/CAM/CAE 一体化集成功能。如今的汽车工业飞速发展，更新换代越来越快，一方面是由于工业水平的不断进步，另一方面也有用户对汽车的要求越来越高的原因。因此对车身开发要求在尽可能短的时间内完成。所以，车身 CAD 系统的软件要能够在不经过其他文件格式转换的前提下，同时进行工程分析和制造工艺分析。

3. 车身 CAD 系统的应用情况

目前广泛应用于车身 CAD 系统的三维设计软件，例如 CATIA、NX 等，都是在汽车、航空航天和船舶等机械领域应用了几十年的成熟的软件。它们有着丰富的软件设计经验，有着阵容强大的软件开发梯队，有着数量众多的功能模块，有着稳定的软件性能，以及良好的升级换代和售后服务等。它们给车身及整车的设计开发添加了新的动力，为汽车工业的飞速发展做出了巨大的贡献。对于汽车——这唯一的一种零件以万计、产量以百万计、保有量以亿计，且能走入千家万户的高科技产品来说，CAD 的贡献是功不可没的。

早期的车身 CAD 系统都是运行在工作站及其以上水平的计算机平台，基于 UNIX 操作系统，提供良好的应用界面和交互能力。20 世纪 90 年代中期，由于高性能的微机逐渐占有 CAD 硬件平台的较大份额，及 Windows 操作系统的广泛使用，因此 CATIA、NX 等大型三维设计软件也开发了基于 Windows 操作系统的版本，现在已经得到迅猛的发展，并且占据了绝大多数的市场份额。

图 2-5 是 PLM World 在 2002 年做的关于 CAD 使用操作系统的抽样调查统计图。由图中可以看出 2002 年时运行在 Windows NT 和 Windows 2000 操作平台上的 CAD 系统，已经占有近 60% 的比例，具体的比例为：Windows 2000 占 32.7%，Windows NT 占 25.6%，HP-UX 占 23.8%，SUN-Solaris 占 12.3%，IBM-Aix 占1.7%，其他占 3.9%。

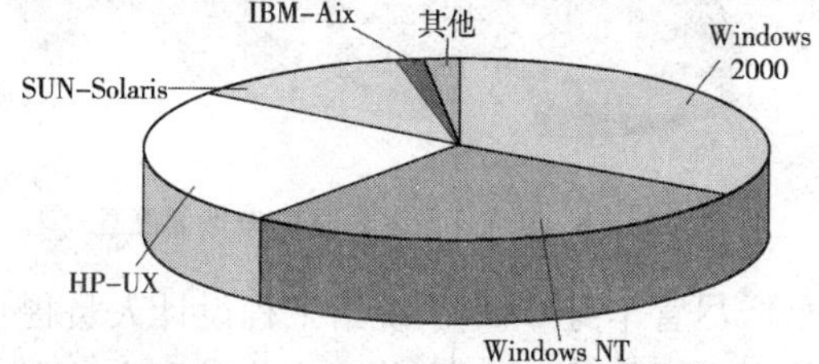

图 2-5　PLM World 在 2002 年的抽样调查 CAD 使用操作系统的应用比例统计图

而目前的情况是，Windows 操作系统(包括 Windows 7、Windows XP 等)已经占据了 90% 以上的市场份额，曾经的 HP-UX 和 SUN-Solaris 等已经停止开发了，只有 IBM-AIX 还在大中型机市场占有一点比例。另外还有部分用户也在使用 Mac OS 和 Linux 操作系统。

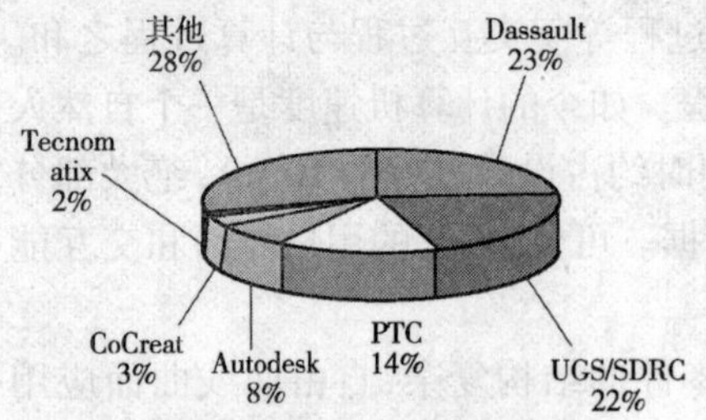

图 2-6　PLM World 在 2002 年的抽样调查 CAD 软件的应用比例统计图

图 2-6 是 PLM World 在 2002 年做的 CAD 软件的应用比例抽样调查统计图，Dassault、UGS/SDRC（即 NX）和 PTC 公司的软件共同占有了约 60% 的 CAD 软件应用市场。其中：Dassault 占 23%，UGS/SDRC 占 22%，PTC 占 14%，Autodesk 占 8%。

而到了 2009 年，由于各大公司之间的并购，CAD 软件的应用比例发生了很大的变化。图 2-7 所示为 Revit Community 2009 年做的调查统计。Autodesk 公司完成了对 Alias 等的多笔收购，应用比例达到 31%；Dassault 仍然占有 21%；Siemens 由于完成了对 UGS 的收购，也占有了 15% 的份额；PTC 的应用比例为 11%；Bentley Systems 在建筑等领域应用较广，也占有 9% 的比例；Intergraph 由于在地理信息处理等领域的应用，也占了 6% 的比例。

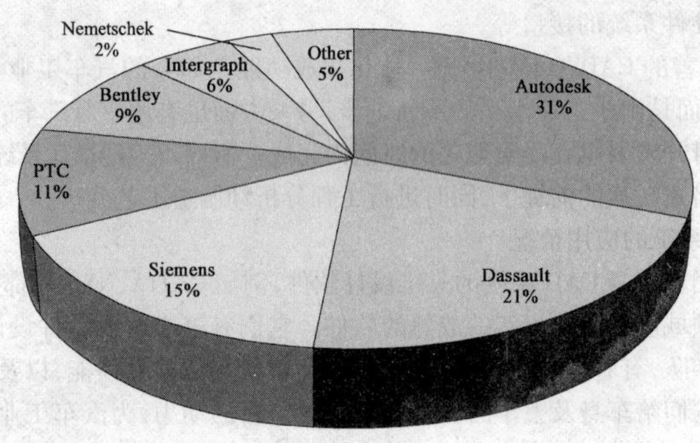

图 2-7　Revit Community 在 2009 年做的 CAD 软件应用比例抽样统计图

目前，常用的车身 CAD 系统都能够很好地实现全三维、数字化的车身设计。能够在虚拟环境下进行设计、装配、制作工程图、工程分析、虚拟制造等一切以前只有在真实的车身及其零部件上才能完成的工作，节省大量的设计时间和人力、物力、财力的耗费。

图 2-8 是轿车车身外表面 CAD 曲面模型。图 2-9 是车身外表面 CAD 线框模型。

图 2-8　轿车车身外表面 CAD 曲面模型

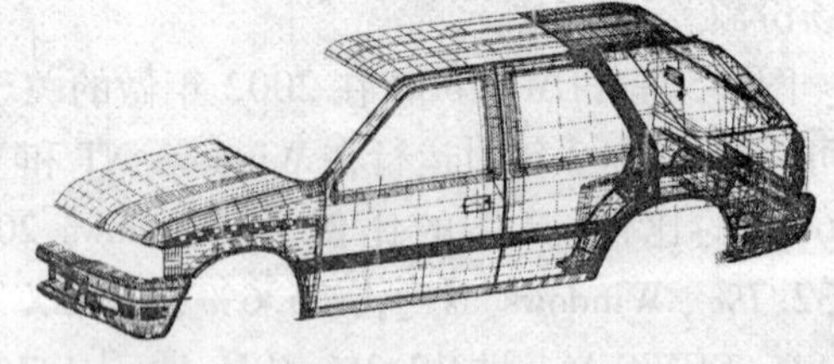
图 2-9　轿车车身外表面 CAD 线框模型

尽管车身 CAD 系统给工程设计人员提供了广阔的虚拟开发空间，但目前的车身 CAD 系统所实现的功能，还不能完全代替所有的车身开发样车、试验等全过程，现在普遍运用的是模拟与试验相结合的开发过程。

复习与思考题

1. CAD 系统中,人和计算机的最优特点相互结合,人和计算机都有那些特点?

2. CAD 硬件系统的五个基本组成部分是什么?

3. CAD 技术数据交换过程中,目前最常用的数据交换标准有哪几种? 并简要介绍。

4. 在 CAD/CAM 系统中,根据执行任务和编写对象的不同,计算机软件可分为那几类? 并简要介绍。

第三章　车身曲线曲面的数字模型基础

本章介绍车身 CAD 软件常用曲线曲面的生成方法，例如贝齐尔方法和 NURBS 等，这些方法是生成车身 CAD 模型的数学理论基础。了解本章内容有助于对车身 CAD 的认识与理解。

如何表示像飞机、汽车、轮船等产品的复杂表面是工程中必须解决的问题。

1963 年，美国波音飞机公司的弗格森(J. C. Ferguson)最早引入参数曲线，将曲线曲面表示成参数矢量函数形式，构造了组合曲线和由四角点的位置矢量、两个方向的切矢定义的弗格森双三次曲面片。

1964 年，美国麻省理工学院的孔斯(S. A. Coons)用四条封闭曲线作边界定义一张曲面。同年，舍恩伯格(Schoenberg)提出了参数样条曲线曲面的形式。

1962 年，法国雷诺汽车公司的工程师贝齐尔(P. E. Bezier)提出了独创的构造曲线曲面的方法，并以此方法为基础，发展了一套自由型曲线曲面的设计系统，于 1972 年正是投入使用。后来发现，大约于 1959 年和 1963 年，法国雪铁龙汽车公司的德卡斯特里奥(de Castelijau)两次在厂内报告中提出了与 Bezier 类似的递推分割公式，可用来计算贝齐尔曲线的各阶导数，所以后来的文献中都称之为德卡斯特里奥算法。

1972 年，德布尔(de Boor)与考克斯(Cox)分别独立地给出了 B 样条的标准计算方法。

1974 年，美国通用汽车公司的戈登(Gorden)和里森费尔德(Riesenfeld)将 B 样条作为形状数学描述的基本方法。

1975 年，美国锡拉丘兹(Syracuse)大学的佛斯普里尔(Versprill)提出了有理 B 样条方法。

20 世纪 80 年代后期，皮格尔(Piegl)和蒂勒(Tiller)将有理 B 样条发展为非均匀有理 B 样条方法，并已成为当前自由曲线和曲面描述的最广为流行的方法。

第一节　参数曲线曲面的基本知识

一、位置矢量

一条用参数表示的三维曲线是一个有界点集，可写成一个带参数的、连续的、单值的数学函数，其形式为：

$$x = x(t), y = y(t), z = z(t),\ 0 \leqslant t \leqslant 1 \tag{3-1}$$

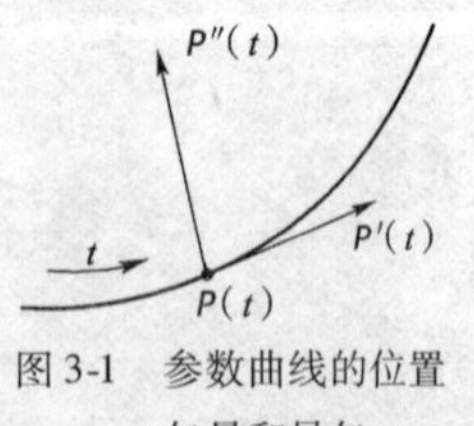

图 3-1　参数曲线的位置矢量和导矢

如图 3-1 所示，曲线上任一点的位置矢量可表示为：$\boldsymbol{P}(t) = [x(t), y(t), z(t)]$，其一阶、二阶和 k 阶导数矢量(如果存在的话)可分别表示为：

$$
\begin{aligned}
\boldsymbol{P}'(t) &= \frac{\mathrm{d}\boldsymbol{P}}{\mathrm{d}t} \\
\boldsymbol{P}''(t) &= \frac{\mathrm{d}^2\boldsymbol{P}}{\mathrm{d}t^2} \\
\boldsymbol{P}^k(t) &= \frac{\mathrm{d}^k\boldsymbol{P}}{\mathrm{d}t^k}
\end{aligned} \tag{3-2}
$$

二、切矢量

若曲线上 $\boldsymbol{R}$、$\boldsymbol{Q}$ 两点的参数分别是 t 和 $t+\Delta t$，矢量 $\Delta\boldsymbol{P}=\boldsymbol{P}(t+\Delta t)-\boldsymbol{P}(t)$，其大小以连接 $\boldsymbol{RQ}$ 的弦长表示。如果在 $\boldsymbol{R}$ 处有确定的切线，则当 $\boldsymbol{Q}$ 趋向于 $\boldsymbol{R}$，即 $\Delta t\to 0$ 时，导数矢量趋向于该点的切线方向。如选择弧长 s 作为参数，则 $\boldsymbol{T}=\frac{\mathrm{d}\boldsymbol{P}}{\mathrm{d}s}=\lim\limits_{\Delta s\to 0}\frac{\Delta\boldsymbol{P}}{\Delta s}$是单位矢量。因为，根据弧长微分公式有：

$$(\mathrm{d}s)^2=(\mathrm{d}x)^2+(\mathrm{d}y)^2+(\mathrm{d}z)^2 \tag{3-3}$$

引入参数 t，上式可改写为：

$$\left(\frac{\mathrm{d}s}{\mathrm{d}t}\right)^2=\left(\frac{\mathrm{d}x}{\mathrm{d}t}\right)^2+\left(\frac{\mathrm{d}y}{\mathrm{d}t}\right)^2+\left(\frac{\mathrm{d}z}{\mathrm{d}t}\right)^2=|\boldsymbol{P}'(t)|^2 \tag{3-4}$$

考虑到矢量的模非负，所以：

$$\frac{\mathrm{d}s}{\mathrm{d}t}=|\boldsymbol{P}'(t)|\geqslant 0 \tag{3-5}$$

故弧长 s 是 t 的单调增函数，其反函数 $t(s)$ 存在，且一一对应，得：

$$\boldsymbol{P}(t)=\boldsymbol{P}(t(s))=\boldsymbol{P}(s) \tag{3-6}$$

于是：

$$\boldsymbol{T}=\frac{\mathrm{d}\boldsymbol{P}}{\mathrm{d}s}=\frac{\mathrm{d}\boldsymbol{P}}{\mathrm{d}t}\cdot\frac{\mathrm{d}t}{\mathrm{d}s}=\frac{\boldsymbol{P}'(t)}{|\boldsymbol{P}'(t)|} \tag{3-7}$$

即 $\boldsymbol{T}$ 是单位切矢量。

三、法矢量

对于空间参数曲线任意一点，所有垂直切矢量 $\boldsymbol{T}$ 的矢量有一束，且位于同一平面上，该平面称为法平面。

若曲线上任一点的单位切矢为 $\boldsymbol{T}$，因为$[\boldsymbol{T}(s)]^2=1$，两边对 s 求导矢得：

$$2\boldsymbol{T}(s)\cdot\boldsymbol{T}'(s)=0 \tag{3-8}$$

可见，$\frac{\mathrm{d}\boldsymbol{T}}{\mathrm{d}s}$是一个与 $\boldsymbol{T}$ 垂直的矢量。与$\frac{\mathrm{d}\boldsymbol{T}}{\mathrm{d}s}$平行的法矢称为曲线在该点的主法矢，主法矢的单位矢量称为单位主法矢量，记为 $\boldsymbol{N}$。矢量积 $\boldsymbol{B}=\boldsymbol{T}\times\boldsymbol{N}$ 是第三个单位矢量，它垂直于 $\boldsymbol{T}$ 和 $\boldsymbol{N}$。把平行于矢量 $\boldsymbol{B}$ 的法矢称为曲线在该点的副法矢，$\boldsymbol{B}$ 则称为单位副法矢量。

对于一般参数 t，我们可以推导出：

$$\boldsymbol{B}=\frac{\boldsymbol{P}'(t)\times\boldsymbol{P}''(t)}{|\boldsymbol{P}'(t)\times\boldsymbol{P}''(t)|} \tag{3-9}$$

$$\boldsymbol{N}=\boldsymbol{B}\times\boldsymbol{T}=\frac{(\boldsymbol{P}'(t)\times\boldsymbol{P}''(t))\times\boldsymbol{P}'(t)}{|(\boldsymbol{P}'(t)\times\boldsymbol{P}''(t))\times\boldsymbol{P}'(t)|} \tag{3-10}$$

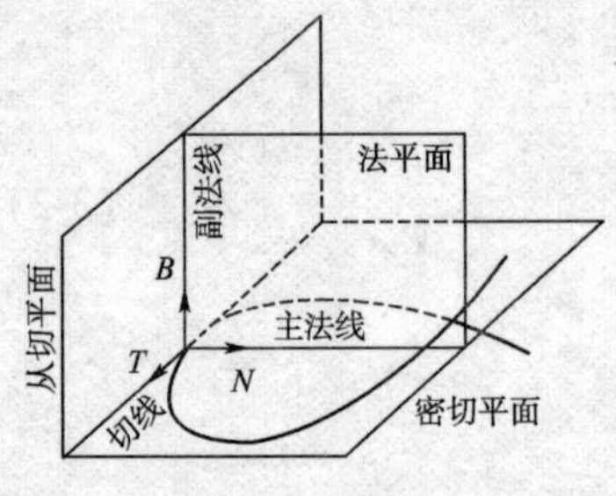

图 3-2　曲线的活动标架

单位切矢 $\boldsymbol{T}$、单位主法矢 $\boldsymbol{N}$ 和单位副法矢 $\boldsymbol{B}$ 构成了曲线上的活动坐标架，且 $\boldsymbol{N}$、$\boldsymbol{B}$ 构成的平面称为法平面，$\boldsymbol{N}$、$\boldsymbol{T}$ 构成的平面称为密切平面，$\boldsymbol{B}$、$\boldsymbol{T}$ 构成的平面称为从切平面。当参数连续变化时，该活动坐标架就连续发生平移和旋转，成为曲线上的一个活动坐标系，称为弗朗内特（Frenet）活动标架（或弗朗内特标架），如图 3-2 所示。标架中的三个坐标轴依次为曲线在该点的切线、主法线和副法线，三个坐标平面依次为密切平面、法平面和从切平面。

四、曲率与挠率

我们已经知道$\dfrac{\mathrm{d}\boldsymbol{T}}{\mathrm{d}s}$与 $\boldsymbol{N}$ 平行，令 $\boldsymbol{T}'(s)=k\boldsymbol{N}$，$\Delta\theta$ 为切矢 $\boldsymbol{T}(s)$ 和 $\boldsymbol{T}(s+\Delta s)$ 间的夹角，$k=|\boldsymbol{T}'(s)|=\left|\dfrac{\mathrm{d}\boldsymbol{T}(s)}{\mathrm{d}s}\right|=\lim\limits_{\Delta s\to 0}\left|\dfrac{\Delta \boldsymbol{T}}{\Delta s}\right|=\lim\limits_{\Delta s\to 0}\left|\dfrac{\Delta \boldsymbol{T}}{\Delta\theta}\right|\left|\dfrac{\Delta\theta}{\Delta s}\right|=\dfrac{\mathrm{d}\theta}{\mathrm{d}s}$，称为曲率。曲率的几何意义是曲线的单位切矢对弧长的转动率。如图 3-3a）所示，与主法矢同向指向曲线凹的一方。k 恒为正，故又称为绝对曲率。对于空间以弧长为参数的曲线 $\boldsymbol{r}(s)$ 来说，曲率 $k=|\boldsymbol{T}'(s)|=|\boldsymbol{r}''(s)|=\sqrt{(x''(s))^2+(y''(s))^2+(z''(s))^2}$。曲率的倒数 $\rho=\dfrac{1}{k}$，称为曲率半径。沿曲线上某点的主法线方向与该点距离为曲率半径的一点称为曲率中心。密切平面上以曲率中心为圆心曲率半径为半径的圆称为密切圆。

又 $\boldsymbol{B}(s)\cdot\boldsymbol{T}(s)=0$，两边对 s 求导矢得：$\boldsymbol{B}'(s)\cdot\boldsymbol{T}(s)+\boldsymbol{B}(s)\cdot\boldsymbol{T}'(s)=0$，将 $\boldsymbol{T}'=k\boldsymbol{N}$ 代入上式，并注意到 $\boldsymbol{B}(s)\cdot\boldsymbol{N}(s)=0$，得到：$\boldsymbol{B}'(s)\cdot\boldsymbol{T}(s)=0$，因为 $[\boldsymbol{B}(s)]^2=1$，所以两边对 s 求导得到：$\boldsymbol{B}'(s)\cdot\boldsymbol{B}(s)=0$。

可见，$\boldsymbol{B}'(s)$ 既垂直于 $\boldsymbol{T}(s)$，又垂直于 $\boldsymbol{B}(s)$，故有 $\boldsymbol{B}'(s)//\boldsymbol{N}(s)$，再令 $\boldsymbol{B}'(s)=-\tau\boldsymbol{N}(s)$，$\tau$ 称为挠率。因为 $\Delta\theta$ 为副法矢 $\boldsymbol{B}(s)$ 和 $\boldsymbol{B}(s+\Delta s)$ 间的夹角，$|\tau|=\left|\dfrac{\mathrm{d}\boldsymbol{B}}{\mathrm{d}s}\right|=\lim\limits_{\Delta s\to 0}\left|\dfrac{\Delta \boldsymbol{B}}{\Delta s}\right|=\lim\limits_{\Delta s\to 0}\left|\dfrac{\Delta \boldsymbol{B}}{\Delta\theta}\right|\left|\dfrac{\Delta\theta}{\Delta s}\right|=\dfrac{\mathrm{d}\theta}{\mathrm{d}s}$，所以挠率的绝对值等于副法矢（或密切平面）对于弧长的转动率，如图 3-3b）所示。挠率大于 0、等于 0 和小于 0 分别表示曲线为右旋空间曲线、平面曲线和左旋空间曲线。

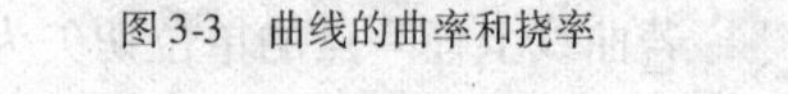

图 3-3　曲线的曲率和挠率

对于一般参数，曲率 k 和挠率 τ 的计算公式为

$$k=\frac{|\boldsymbol{P}'(t)\times\boldsymbol{P}''(t)|}{|\boldsymbol{P}'(t)|^3}$$

$$\tau=\frac{(\boldsymbol{P}'(t),\boldsymbol{P}''(t),\boldsymbol{P}'''(t))}{(\boldsymbol{P}'(t)\times\boldsymbol{P}''(t))^2}$$

五、连续性

对于一条复杂曲线，常常要通过多段曲线组合而成，这就需要解决曲线段之间的光滑连接问题。

曲线间连接的光滑度的度量有两种：一种是函数的可微性，把参数曲线构造成在连接处具有直到 n 阶连续导矢，即 n 阶连续可微，这类光滑度称之为 C^n 或 n 阶参数连续性。另一种称为几何连续性，组合曲线在连接处满足不同于 C^n 的某一组约束条件，称为具有 n 阶几何连续性，简记为 G^n。这两种曲线光滑度的度量方法并不矛盾，C^n 连续包含在 G^n 连续之中。

下面我们来讨论两条曲线的连续问题。如图 3-4 所示，对于两条曲线 $\boldsymbol{P}(t)$ 和 $\boldsymbol{Q}(t)$，参数 $t \in [0,1]$。

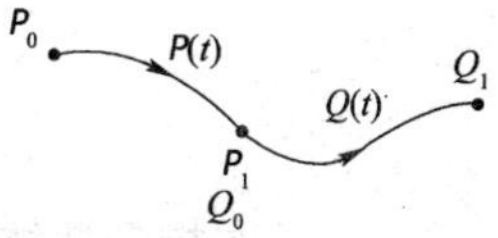

图 3-4　两条曲线的连续性

若要求在结合处达到 G^0 连续或 C^0 连续，即两曲线在结合处位置连续：

$$\boldsymbol{Q}(0) = \boldsymbol{P}(1) \tag{3-11}$$

若要求在结合处达到 G^1 连续，则两条曲线在结合处满足 G^0 连续的条件下，还要有有公共的切矢：

$$\boldsymbol{Q}'(0) = a\boldsymbol{P}'(1) \quad (a > 0) \tag{3-12}$$

当 $a = 1$ 时，G^1 连续就成为 C^1 连续。

若要求在结合处达到 G^2 连续，就是说两条曲线在结合处在满足 G^1 连续的条件下，并有公共的曲率矢：

$$\frac{\boldsymbol{Q}'(0) \times \boldsymbol{Q}''(0)}{|\boldsymbol{Q}'(0)|^3} = \frac{\boldsymbol{P}'(1) \times \boldsymbol{P}''(1)}{|\boldsymbol{P}'(1)|^3} \tag{3-13}$$

代入(3-12)得：

$$\boldsymbol{P}'(1) \times \boldsymbol{Q}''(0) = a^2 \boldsymbol{P}'(1) \times \boldsymbol{P}''(1) \tag{3-14}$$

这个关系式为：

$$\boldsymbol{Q}''(0) = \alpha^2 \boldsymbol{P}''(1) + \beta \boldsymbol{P}'(1) \tag{3-15}$$

α、β 为任意常数。当 $\alpha = 1$，$\beta = 0$ 时，G^2 连续就成为 C^2 连续。

实际上，保证两条曲线 G^0 阶连续的充要条件是：$\boldsymbol{Q}(0) = \boldsymbol{P}(1)$，即是 $\boldsymbol{P}(t)$ 的终点坐标与 $\boldsymbol{Q}(t)$ 的始点坐标重合。

保证两条曲线 G^1 阶连续的充要条件是：除了满足两条曲线保证 G^0 阶连续的条件外，还要在连接点处有 $\boldsymbol{P}'(1) = \alpha \boldsymbol{Q}'(0)$ $(\alpha > 0)$。

保证空间两条曲线 G^2 阶连续的充要条件是：除了满足两条曲线保证 G^1 阶连续的条件外，还要在连接点处有 $\boldsymbol{Q}''(0) = \alpha^2 \boldsymbol{P}''(1) + \beta \boldsymbol{P}'(1)$。

或者保证曲线 G^2 阶连续的充要条件为：除了满足两条曲线保证 G^1 阶连续的条件外，还要连接点处有相同的曲率 k 和单位主法矢 $\boldsymbol{N}$。因为在连接点处已有相同的单位切矢 $\boldsymbol{T}$，又由于单位副法矢 $\boldsymbol{B} = \boldsymbol{T} \times \boldsymbol{N}$，因此在连接处还要满足两个条件：副法矢同向和曲率相等。

图 3-5 是曲线的几种连续性情况的示意图。

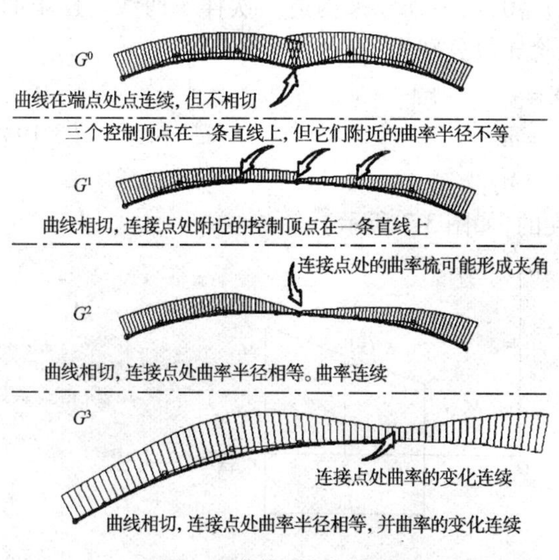

图 3-5　曲线的连续性示意图

我们还能够看到，如果两曲线段在公共点处是 C^n 连续的，则它们也必然是 G^n 连续的，但反过来不一定成立。如果两曲线段在公共点处是 G^n 连续的，则总可以经重新参数化，使它们在公共点处是 C^n 连续的。

第二节　参数样条曲线及孔斯曲面

一、三次样条曲线

样条(Spline)原是一种制图工具,用塑料或其他材料做成的细长条,容易弯曲。通过图样确定一系列关键设计点,把被称为鸭铁(Ducks)的重物在适当的位置压住样条,设计人员再通过设计点的样条作向导,可画出一条光滑的曲线。对于任意一组能形成一条光滑曲线的 n 个点,都能画出一条光滑的曲线。画出的光滑曲线的曲率变化速率是渐进的,而且没有扭结。

由材料力学的原理可知,一条细梁在两端受到弯矩作用下,必然引起弯曲变形。将一条弹性长条细梁(即样条)的某些点固定于已知点(即型值点),它就自然形成一条曲线,这就是用样条来拟合的方法。如将样条简化为弹性细梁,必定满足力学中曲率的 Euler 公式:

$$M(x) = EIK(x) \tag{3-16}$$

式中:$M(x)$——作用在梁上的弯矩;

E——材料的弹性模量;

I——梁横截面的惯性矩;

$K(x)$——梁的曲率。

曲率的计算公式为:

$$K(x) = \frac{y''}{(1+y')^{\frac{3}{2}}} \tag{3-17}$$

此方程是一个非线性方程。如果在每个点之间弯曲得不剧烈,即在所选定的直角坐标系中 $|y'| << 1$(即小挠度)的情况下,可以忽略 y' 的影响,从而有:

$$M(x) = EIy'' \tag{3-18}$$

由于两个固定点之间没有外力作用,因此 $M(x)$ 是线性函数,两固定点之间的样条曲线是三次多项式,整个样条就是分段的三次多项式。在连接处由于 $M(x)$ 的连续性,所以其二阶导数是连续的。

如图 3-6 所示,设有型值点序列 $\boldsymbol{P}_i(x_i, y_i)$, $i = 0,1,\cdots,n$。来构造三次样条曲线。样条曲线函数 $S(x)$ 在 $x = x_i$ 处的函数值、一阶导数、二阶导数分别为:

$$\begin{aligned} S(x_i) &= y_i \\ S'(x_i) &= m_i \\ S''(x_i) &= M_i \end{aligned} \tag{3-19}$$

在区间 $[x_{i-1}, x_i]$ 上,$S(x)$ 的二阶导数是线性的,如图 3-7 所示。

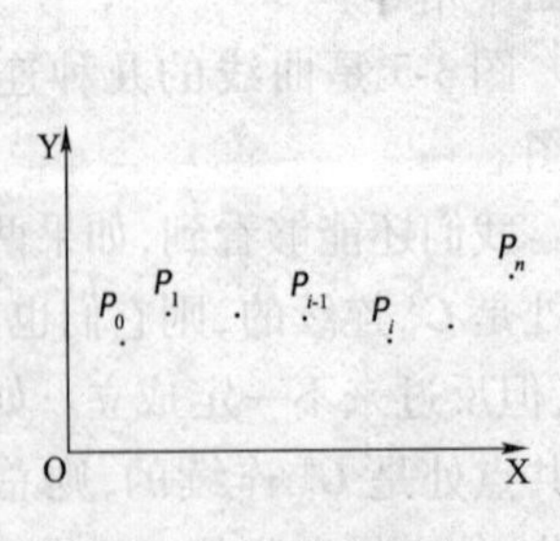

图 3-6　型值点序列

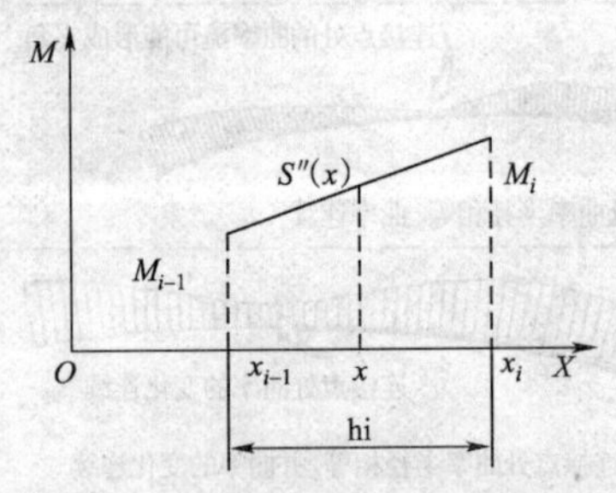

图 3-7　二阶导数的线性关系

$$S''(x)=M_{i-1}\frac{x_i-x}{h_i}+M_i\frac{x-x_{i-1}}{h_i} \tag{3-20}$$

式中 $h_i=x_i-x_{i-1}$。

将 $S''(x)$ 积分得：

$$S'(x)=-M_{i-1}\frac{(x_i-x)^2}{2h_i}+M_i\frac{(x-x_{i-1})^2}{2h_i}+K \tag{3-21}$$

式中 K 为积分常数。再积分得到：

$$S(x)=M_{i-1}\frac{(x_i-x)^3}{6h_i}+M_i\frac{(x-x_{i-1})^3}{6h_i}+Kx+B \tag{3-22}$$

式中 B 为另外一个积分常数。

当 $x=x_{i-1}$ 时，$S(x_{i-1})=y_{i-1}$；当 $x=x_i$ 时，$S(x_i)=y_i$。分别带入式(3-22)得：

$$y_{i-1}=M_{i-1}\frac{h_i^2}{6}+Kx_{i-1}+B \tag{3-23}$$

$$y_i=M_i\frac{h_i^2}{6}+Kx_i+B \tag{3-24}$$

两式联立解得：

$$K=\frac{y_i-y_{i-1}}{h_i}-\frac{h_i(M_i-M_{i-1})}{6} \tag{3-25}$$

$$B=\left(\frac{y_{i-1}}{h_i}-\frac{h_i}{6}M_{i-1}\right)-\left(\frac{y_i}{h_i}-\frac{h_i}{6}M_i\right)x_{i-1} \tag{3-26}$$

将式(3-25)和式(3-26)分别代入式(3-21)和式(3-22)得：

$$S'(x)=-M_{i-1}\frac{(x_i-x)^2}{2h_i}+M_i\frac{(x-x_{i-1})^2}{2h_i}+\frac{y_i-y_{i-1}}{h_i}-\frac{h_i(M_i-M_{i-1})}{6} \tag{3-27}$$

$$S(x)=M_{i-1}\frac{(x_i-x)^2}{6h_i}+M_i\frac{(x-x_{i-1})^2}{6h_i}+(\frac{y_{i-1}}{h_i}-\frac{h_i}{6}M_{i-1})(x_i-x)+(\frac{y_i}{h_i}-\frac{h_i}{6}M)(x-x_{i-1}) \tag{3-28}$$

考虑在 $x=x_i$ 处一阶导数连续，有 $S'(x_i-0)=S'(x+0)$，且：

$$S'(x_i-0)=\frac{h_i}{6}M_{i-1}+\frac{h_i}{3}M_i+\frac{y_i-y_{i-1}}{h_i} \tag{3-29}$$

$$S'(x_i+0)=-\frac{h_{i+1}}{3}M_i-\frac{h_{i+1}}{6}M_{i+1}+\frac{y_{i+1}-y_i}{h_{i+1}} \tag{3-30}$$

所以可得到：

$$\frac{h_i}{6}M_{i-1}+\frac{h_i+h_{i+1}}{3}M_i+\frac{h_{i+1}}{6}M_{i+1}=\frac{y_{i+1}-y_i}{h_{i+1}}-\frac{y_i-y_{i-1}}{h_i} \tag{3-31}$$

将等式各项乘以 $\frac{6}{h_i+h_{i+1}}$，得：

$$\frac{h_i}{h_i+h_{i+1}}M_{i-1}+2M_i+\frac{h_{i+1}}{h_i+h_{i+1}}M_{i+1}=\frac{6}{h_i+h_{i+1}}\left(\frac{y_{i+1}-y_i}{h_{i+1}}-\frac{y_i-y_{i-1}}{h_i}\right) \tag{3-32}$$

令 $\quad \frac{h_i}{h_i+h_{i+1}}=\mu_i,\ \frac{h_{i+1}}{h_i+h_{i+1}}=\lambda_i,\ \frac{6}{h_i+h_{i+1}}\left(\frac{y_{i+1}-y_i}{h_{i+1}}-\frac{y_i-y_{i-1}}{h_i}\right)=d_i$

则 $\quad \mu_iM_{i-1}+2M_i+\lambda_iM_{i+1}=d_i \quad (i=1,2,\cdots,n-1)$ (3-33)

当 i 取值 1,2,…到 $n-1$ 时,可得到 $n-1$ 个形如式(3-33)的方程,但是未知数 M_i,即二阶导数却有 $n+1$ 个,即 $M_0, M_1, \cdots, M_n$。如果要有唯一的定解,则必须再附加两个方程。通常按实际问题的具体情况,在样条两端,即 P_0 和 P_n 处给出约定条件,常用的边界条件有:

(1)给定两端的斜率 $m_0 = y'_0$ 和 $m_n = y'_n$。

以 $x = x_0, i = 1$ 代入式(3-27)得:

$$2M_0 + M_1 = \frac{6}{h_1}\left(\frac{y_1 - y_0}{h_1} - y'_0\right) \tag{3-34}$$

以 $x = x_n, i = n$ 代入式(3-27)得:

$$M_{n-1} + 2M_n = \frac{6}{h_n}\left(y'_n - \frac{y_n - y_{n-1}}{h_n}\right) \tag{3-35}$$

将式(3-33)和两个附加等式(3-34)、(3-35)联立在一起可得到有定解的线性方程组。其矩阵形式为:

$$\begin{bmatrix} 2 & \lambda_0 & & & & & \\ \mu_1 & 2 & \lambda_1 & & & & \\ & \mu_2 & 2 & \lambda_2 & & & \\ & & \cdot & \cdot & \cdot & & \\ & & & \mu_{n-2} & 2 & \lambda_{n-2} & \\ & & & & \mu_{n-1} & 2 & \lambda_{n-1} \\ & & & & & \mu_n & 2 & \lambda_2 \end{bmatrix} \begin{bmatrix} M_0 \\ M_1 \\ M_2 \\ \cdot \\ M_{n-2} \\ M_{n-1} \\ M_n \end{bmatrix} = \begin{bmatrix} d_0 \\ d_1 \\ d_2 \\ \cdot \\ d_{n-2} \\ d_{n-1} \\ d_n \end{bmatrix} \tag{3-36}$$

式中:$\lambda_0 = 1, d_0 = \frac{6}{h_1}\left(\frac{y_1 - y_0}{h_1} - y'_0\right)$;

$\mu_n = 1, d_n = \frac{6}{h_2}\left(y'_n - \frac{y_n - y_{n-1}}{h_2}\right)$。

(2)给定两端的二阶导数 $M_0 = y''_0$ 和 $M_n = y''_n$。

则有等式:

$$2M_0 + 0 \times M_1 = 2y''_0$$

$$0 \times M_{n-1} + 2M_n = 2y''_n$$

此时式(3-36)中的 $\lambda_0 = 0, d_0 = 2y''_0; \mu_n = 0, d_n = 2y''_n$。

如果 $y''_n = y''_0 = 0$,则称为自然插值三次样条函数。

(3)如果取 $M_1 = M_0, M_n = M_{n-1}$,从式(3-28)可以看出,此情况下样条的第一段和最末一段是抛物线,这就是抛物端边界条件。

二、三次参数样条曲线

前边所述三次样条曲线在工程应用上有一个限制,即曲线小挠度情况。在非小挠度情况下,样条函数曲线变坏,甚至不能使用。有时,可以将大挠度情况经过旋转坐标系变成小挠度情况。但有时旋转坐标轴也不可能解决小挠度条件,如封闭曲线情况。所以,用三次样条函数表示的插值曲线,依赖于坐标系的选择,不具有几何不变性。

在这种情况下,最常用的处理方法之一是将曲线参数化,即将曲线上的点的坐标分别用某种参数表示:

$$\begin{cases} x = f_1(t) \\ y = f_2(t) \\ z = f_3(t) \end{cases} \tag{3-37}$$

式中 t 为参数。在曲线的参数表达式中，常取曲线内在的量——弧长作为参数，它与坐标系无关。若将 t 取作弧长 s，则 x 、y 和 z 作为分量，dx/ds、dy/ds 和 dz/ds 都不会大于 1，在 (x,s)，(y,s) 和 (z,s) 平面上各构造一个三次样条函数：

$$\begin{cases} x = a_{3x}s^3 + a_{2x}s^2 + a_{1x}s + a_{0x} \\ y = a_{3y}s^3 + a_{2y}s^2 + a_{1y}s + a_{0y} \\ z = a_{3z}s^3 + a_{2z}s^2 + a_{1z}s + a_{0z} \end{cases} \tag{3-38}$$

这是一条代数形式的三次曲线。当曲线上的点比较密集时，弦长之和近似于弧长，如果取弦长作为参数，也能满足小挠度条件。于是取累加弦长作为三次参数样条曲线的参数。设给定 $n+1$ 个点 $\boldsymbol{P}_i(x_i,y_i,z_i)$，$i=0,1,\cdots,n$。相邻点之间的弦长为：

弦长公式 $\quad l_i = \sqrt{(x_i - x_{i-1})^2 + (y_i - y_{i-1})^2 + (z_i - z_{i-1})^2} \quad i=1,2,\cdots,n \qquad (3\text{-}39)$

记 $\quad t_0 = 0, t_i = \sum_{j=1}^{i} l_j, i=1,2,\cdots,n$

t_i 的几何意义是累加弦长，它近似等于弧长参数。在每一个 $\boldsymbol{P}_i$ 点处，都有一个确定的 t_i 与之对应，$\boldsymbol{P}_i$ 的每一个坐标 x_i，y_i 和 z_i 也与 t_i 一一对应。构造了三个三次样条参数(x_i,t_i)，(y_i,t_i)和(z_i,t_i)，$i=1,2,\cdots,n$。这种以累加弦长作为参数表示的曲线称为累加弦长三次参数样条曲线。

用矢量形式表示为：

$$\boldsymbol{P}(t) = a_3t^3 + a_2t^2 + a_1t + a_0, t \in [0,1] \tag{3-40}$$

三、弗格森曲线

20 世纪 60 年代，美国波音公司的弗格森（J. C. Ferguson）首先引入参数三次方程，用于在飞机设计中进行曲线和曲面的定义。

下面讨论参数样条曲线的某一段，并用端点及端点的导数来表达出这段曲线的方程。设参数为 u，第 i 段曲线对应的参数范围为 $0 \leqslant u \leqslant 1$，在$[0,1]$区间上对应于两个端点型值点的函数值及一阶导数值分别为 $\boldsymbol{r}(0)$、$\boldsymbol{r}(1)$、$\boldsymbol{r}'(0)$、$\boldsymbol{r}'(1)$。则插值函数对任一坐标分量有：

$$\boldsymbol{P}(u) = \boldsymbol{a}_3u^3 + \boldsymbol{a}_2u^2 + \boldsymbol{a}_1u + \boldsymbol{a}_0 \tag{3-41}$$

切矢为：

$$\boldsymbol{P}'(u) = 3\boldsymbol{a}_3u^2 + 2\boldsymbol{a}_2u + \boldsymbol{a}_1 \tag{3-42}$$

将四个已知条件代入以上两式，可解得四个系数 $\boldsymbol{a}_0$、$\boldsymbol{a}_1$、$\boldsymbol{a}_2$、$\boldsymbol{a}_3$，再将求得的系数代回上式，则得曲线的方程为：

$$\boldsymbol{P}(u) = \boldsymbol{r}(0)F_0(u) + \boldsymbol{r}(1)F_1(u) + \boldsymbol{r}'(0)G_0(u) + \boldsymbol{r}'(1)G_1(1) \tag{3-43}$$

$$F_0(u) = 2u^3 - 3u^2 + 1$$

$$F_1(u) = -2u^3 + 3u^2$$

$$G_0(u) = u(u-1)^2$$

$$G_1(u) = u^2(u-1) \tag{3-44}$$

我们称 $F_0(u)$、$F_1(u)$、$G_0(u)$、$G_1(u)$为埃尔米特（Hermite）基函数。F_0 与 F_1 专门控制端点

的函数值对曲线形态的影响,G_0 和 G_1 专门控制端点的一阶导数对曲线形态的影响。或者说,F_0 和 G_0 控制着曲线一端的影响,F_1 和 G_1 控制曲线另一端的影响,该曲线也叫弗格森曲线。

曲线的矩阵表示形式是:

$$\boldsymbol{P}(u)=[1 \quad u \quad u^2 \quad u^3]\begin{bmatrix}1 & 0 & 0 & 0\\0 & 0 & 1 & 0\\-3 & 3 & -2 & -1\\2 & -2 & 1 & 1\end{bmatrix}\begin{bmatrix}\boldsymbol{r}(0)\\\boldsymbol{r}(1)\\\boldsymbol{r}'(0)\\\boldsymbol{r}'(1)\end{bmatrix} \quad u\in[0,1]$$

$$=\boldsymbol{UM_cR} \tag{3-45}$$

式中:$\boldsymbol{U}=[1 \quad u \quad u^2 \quad u^3] \quad u\in[0,1]$,$\boldsymbol{M}_c=\begin{bmatrix}1 & 0 & 0 & 0\\0 & 0 & 1 & 0\\-3 & 3 & -2 & -1\\2 & -2 & 1 & 1\end{bmatrix}$,$\boldsymbol{R}=\begin{bmatrix}\boldsymbol{r}(0)\\\boldsymbol{r}(1)\\\boldsymbol{r}'(0)\\\boldsymbol{r}'(1)\end{bmatrix}$。

四、孔斯曲面

同在 20 世纪 60 年代,美国麻省理工学院的孔斯(S. A. Coons)提出了一种曲面分片,最后拼接造型方法,也可以看成是三次参数样条曲线的张量积形式。

埃尔米特基函数 F_0、F_1、G_0、G_1 在孔斯曲面的生成和表示中起着重要的作用,它们的功能是将给定的四个端点矢量加权平均而产生一条曲线段,或者把四条给定的边界曲线“混合”起来生成一张曲面。一次埃尔米特基函数也有权函数、调配函数或混合函数的名称。

空间曲面可以用定义在单位正方形区域的双参数函数予以表示:

$$\boldsymbol{r}(u,v)=[x(u,v),y(u,v),z(u,v)] \quad (u,v)\in[0,1]\times[0,1] \tag{3-46}$$

已知四条边界线 $\boldsymbol{r}(u,0)$、$\boldsymbol{r}(u,1)$、$\boldsymbol{r}(0,v)$、$\boldsymbol{r}(1,v)$,四个角点 $\boldsymbol{r}(0,0)$、$\boldsymbol{r}(1,1)$、$\boldsymbol{r}(0,1)$、$\boldsymbol{r}(1,0)$,曲面的偏导数 $\boldsymbol{r}_u(u,v)=\dfrac{\partial r(u,v)}{\partial u}$、$\boldsymbol{r}_v(u,v)=\dfrac{\partial r(u,v)}{\partial v}$、$\boldsymbol{r}_{vu}(u,v)=\dfrac{\partial r(u,v)}{\partial u\partial v}$、$\boldsymbol{r}_u(u,0)=\left.\dfrac{\partial r(u,v)}{\partial u}\right|_{v=0}$、$\boldsymbol{r}_{uv}(1,0)=\left.\dfrac{\partial r(u,v)}{\partial u\partial v}\right|_{u=1,v=0}$ 等条件。

双三次孔斯曲面的表达式:

$$\boldsymbol{r}(u,v)=\boldsymbol{UMCM^TV^T} \tag{3-47}$$

式中:$\boldsymbol{U}=[1 \quad u \quad u^2 \quad u^3]$,$\boldsymbol{M}=\begin{bmatrix}1 & 0 & 0 & 0\\0 & 0 & 1 & 0\\-3 & 3 & -2 & -1\\2 & -2 & 1 & 1\end{bmatrix}$,$\boldsymbol{V}=\begin{bmatrix}1\\v\\v^2\\v^3\end{bmatrix}$。

$\boldsymbol{M}^T$ 和 $\boldsymbol{V}^T$ 分别是 $\boldsymbol{M}$ 和 $\boldsymbol{V}$ 的转置:

$$\boldsymbol{C}=\left[\begin{array}{cc|cc}\boldsymbol{r}(0,0) & \boldsymbol{r}(0,1) & \boldsymbol{r}_v(0,0) & \boldsymbol{r}_v(0,1)\\\boldsymbol{r}(1,0) & \boldsymbol{r}(1,1) & \boldsymbol{r}_v(1,0) & \boldsymbol{r}_v(1,1)\\\hline\boldsymbol{r}_u(0,0) & \boldsymbol{r}_u(1,0) & \boldsymbol{r}_{uv}(0,0) & \boldsymbol{r}_{uv}(0,1)\\\boldsymbol{r}_u(1,0) & \boldsymbol{r}_u(1,1) & \boldsymbol{r}_{uv}(1,0) & \boldsymbol{r}_{uv}(1,1)\end{array}\right]=\left[\begin{array}{c|c}\text{角点} & v\text{ 切矢量}\\\hline u\text{ 切矢量} & \text{扭矢}\end{array}\right] \tag{3-48}$$

$\boldsymbol{C}$ 称为角点信息矩阵。

矩阵 $\boldsymbol{C}$ 的元素排列非常对称整齐,可以分成四组。左上角代表四个角点的位置矢量,左下角和右上角代表边界曲线在四个角点处的 u 方向和 v 方向的切矢量。这三块几何意义是非常明显的。由于曲面的四条边界曲线都是三次参数曲线段,它们的位置和形状也毫不相干,调整扭矢只会造成曲线内部形状变化,难以控制曲面的形状。当取所有的角点扭矢为 0 时,曲面(3-47)就变成弗格森曲面,其特点是顶点附近变得相当平坦,造型并不理想。

曲面的内部形状与角点扭矢之间的关系究竟如何,不易掌握,造型时如何应用扭矢改变曲面形状也是一个难题,所以,这也限制了孔斯曲面的应用。

图 3-8 是孔斯曲面的示意图。

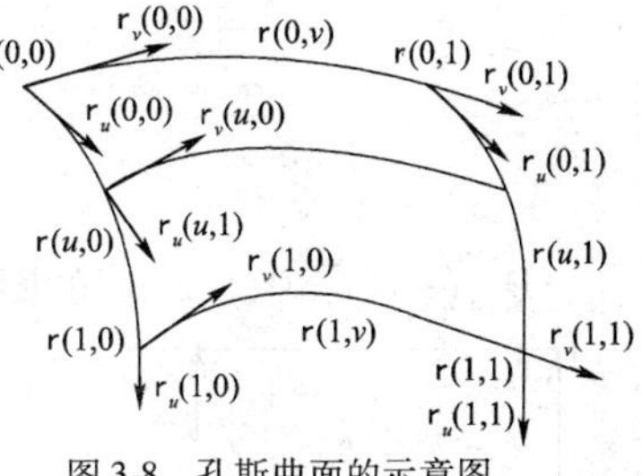

图 3-8　孔斯曲面的示意图

第三节　贝齐尔曲线曲面

贝齐尔(P. E. Bezier)是法国雷诺汽车公司的优秀工程师,生于 1910 年 9 月 1 日,从 1933 年起他开始独立完成曲线与曲面的拟合研究,提出了一套自由曲线曲面造型理论。1962 年,贝齐尔构造了一种以逼近为基础的参数曲线和曲面的设计方法,于 1972 年将该方法投入实际应用。雷诺公司公开发表了以这种方法为基础的 UNISURF 系统。后来这种方法被命名为贝齐尔(Bezier)方法。

贝齐尔方法将函数逼近同几何表示结合起来,使得设计师在计算机上就像使用作图工具一样得心应手。1974 年,在美国犹他大学召开的首次国际性 CAGD 会议上,与会者充分肯定了贝齐尔在 CAGD 领域所做的开创性工作。在国际 CAD 软件领域享有盛名的法国达索飞机公司推出的 CATIA 系统,广泛采用了贝齐尔方法。

一、贝齐尔曲线

1. 贝齐尔曲线的定义

给定空间 $n+1$ 个控制顶点 $\boldsymbol{P}_0,\boldsymbol{P}_1,\cdots,\boldsymbol{P}_n$(或称为贝齐尔点),借助于一组伯恩斯坦(Bernstein)基函数 $B_{i,n}(u)=C(n,i)u^i(i-u)^{n-i}$,$(i=0,1,\cdots,n)$,其中 $C(n,i)$ 是组合数,$C(n,i)=\dfrac{n!}{i!\ (n-i)!}$,$n$ 是贝齐尔曲线次数,i 是顶点标号,可以定义一条曲线:

$$\boldsymbol{P}(u)=\sum_{i=0}^{n}\boldsymbol{P}_iB_{i,n}(u)\qquad(0\leqslant u\leqslant 1)\tag{3-49}$$

该曲线称为 n 次贝齐尔曲线。次数 n 是指曲线伯恩斯坦基函数的最高次数,也称为名义次数。

在空间条件下曲线的表达式为:

$$\boldsymbol{P}(u)=[x(u),y(u),z(u)]\tag{3-50}$$

$$\boldsymbol{P}_i=(x_i,y_i,z_i)\tag{3-51}$$

因此贝齐尔曲线的分量形式写成:

$$\begin{cases}x(u)=\sum\limits_{i=0}^{n}x_iB_{i,n}(u)\\y(u)=\sum\limits_{i=0}^{n}y_iB_{i,n}(u)\\z(u)=\sum\limits_{i=0}^{n}z_iB_{i,n}(u)\end{cases}\qquad(0\leqslant u\leqslant 1)\tag{3-52}$$

对于 $n=3$ 时,由定义可得:

$$
\left.\begin{aligned}
B_{0,3} &= (1-u)^3 \\
B_{1,3} &= 3u(1-u)^2 \\
B_{2,3} &= 3u^2(1-u) \\
B_{3,3} &= u^3
\end{aligned}\right\} \tag{3-53}
$$

$B_{i,n}(u)(i=0,1,2,3)$的图形($n=3$)如图 3-9 所示。

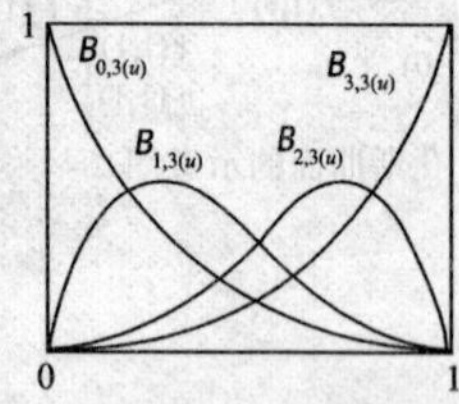

图 3-9　三次伯恩斯坦基函数

由图 3-9 可知,$B_{0,3}(u)$在 $u=0$ 附近影响最大,$B_{1,3}(u)$在 $u=\frac{1}{3}$附近、$B_{2,3}(u)$在 $u=\frac{2}{3}$附近影响最大,而 $B_{3,3}(u)$在 $u=1$ 处附近影响最大。

当 $u=0$,$\boldsymbol{P}(0)=\boldsymbol{P}_0$,$\boldsymbol{P}_0$ 决定曲线起点,同时通过 $B_{0,3}(u)$主要影响控制在 $u=0$ 附近的曲线形状。

当 $u=1$,$\boldsymbol{P}(1)=\boldsymbol{P}_3$,$\boldsymbol{P}_1$ 决定曲线终点,同时通过 $B_{3,3}(u)$主要影响控制在 $u=1$ 附近的曲线形状。

$\boldsymbol{P}_1$ 则通过 $B_{1,3}(u)$对 $u=\frac{1}{3}$附近的曲线形状影响较大;$\boldsymbol{P}_2$ 则通过 $B_{2,3}(u)$对 $u=\frac{2}{3}$附近的曲线形状影响较大。

2. 伯恩斯坦基函数的主要性质

1)非负性

$$
B_{i,n}(u)=\begin{cases} C_n^i(1-u)^{n-i}, & i=0,1,\cdots,n \\ 0 & \text{其他} \end{cases} \tag{3-54}
$$

$$
B_{i,n}(u)=\begin{cases} =0 & u=0,1 \\ >0 & u\in(0,1)\ i=1,2,\cdots,n-1 \end{cases} \tag{3-55}
$$

2)端点性质

$$
B_{i,n}(0)=\begin{cases} 1 & i=0 \\ 0 & \text{其他} \end{cases} \tag{3-56}
$$

$$
B_{i,n}(1)=\begin{cases} 1 & i=n \\ 0 & \text{其他} \end{cases} \tag{3-57}
$$

3)规范性

$$
\sum_{i=0}^{n} B_{i,n}(u)\equiv 1 \quad u\in(0,1) \tag{3-58}
$$

4)对称性

$$
B_{i,n}(u)=B_{n-i,n}(1-u) \tag{3-59}
$$

5)最大值

$B_{i,n}(u)$在 $u=\frac{i}{n}$处达到最大值。

3. 贝齐尔曲线的性质

1)端点性质

从贝齐尔曲线定义中的伯恩斯坦基函数可知:当 $u=0$ 时,$\boldsymbol{P}(0)=\boldsymbol{P}_0$;当 $u=1$ 时,$\boldsymbol{P}(1)=\boldsymbol{P}_n$。由此可见,贝齐尔曲线的起点、终点与相应的特征多边形的起点、终点重合,$\boldsymbol{P}_0$,$\boldsymbol{P}_n$ 就是贝

齐尔曲线的起点和终点，如图 3-10 所示。

2）对称性

保持贝齐尔曲线各控制顶点的位置不变，只把次序完全颠倒过来，由新的控制顶点序列 $\boldsymbol{P}_i^* = \boldsymbol{P}_{n-i}(i=0,1,\cdots,n)$ 构成的贝齐尔曲线，与原贝齐尔曲线形状完全相同，但参数化方向相反，也就是贝齐尔曲线具有对称性（并不是形状对称），曲线的对称性表明，由同一特征多边形定义的贝齐尔曲线是唯一的。

3）凸包性

点的集合$\{\sum_{i=0}^{n}\lambda_i\boldsymbol{P}_i \mid \sum_{i=0}^{n}\lambda_i \equiv 1, 0\leqslant\lambda\leqslant 1, (i=0,1,\cdots,n)\}$称为由点列 $\boldsymbol{P}_0,\boldsymbol{P}_1,\cdots,\boldsymbol{P}_n$ 张成的凸包（Convex hull）。贝齐尔曲线具有凸包性，就意味着在几何图形上贝齐尔曲线上各点均应在特征多边形的凸包之中，如图 3-11 所示。

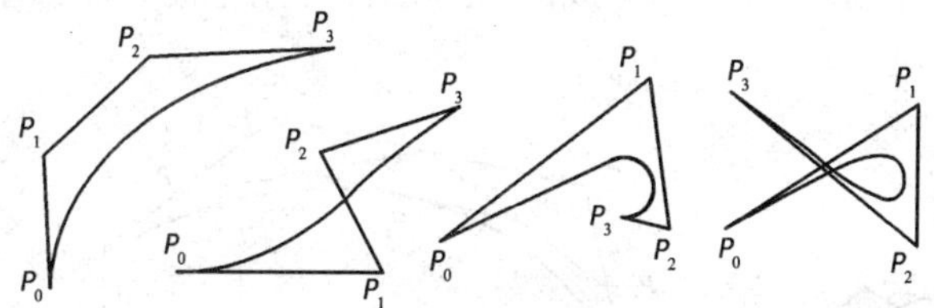

图 3-10　三次贝齐尔曲线

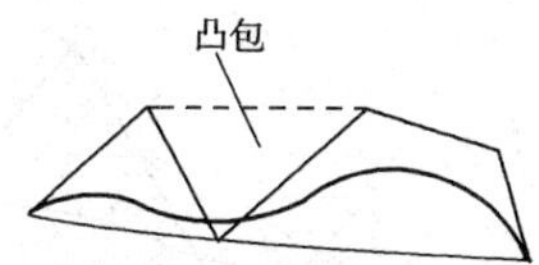

图 3-11　贝齐尔曲线的凸包性

4）几何不变性

贝齐尔曲线的几何不变性是指贝齐尔曲线的某些几何特性不随着坐标变换而变化的特性。贝齐尔曲线的形状只和其特征多边形顶点 $\boldsymbol{P}_i(i=0,1,\cdots,n)$ 有关，而不依赖于坐标系的选择。

5）交互能力

根据控制多边形顶点 $\boldsymbol{P}_0,\boldsymbol{P}_1,\cdots,\boldsymbol{P}_n$ 可以画出贝齐尔曲线 $\boldsymbol{P}(u)$ 的形状，要改变贝齐尔曲线的形状，只要改变控制点 $\boldsymbol{P}_0,\boldsymbol{P}_1,\cdots,\boldsymbol{P}_n$ 就可以实现曲线的修改，如图 3-12 所示。

6）保凸性

如果平面上的凸多边形能导致所生成的曲线为凸曲线，则称这个生成曲线的方法具有保凸性。我们把控制顶点按顺序连接起来，如果这样形成一个凸多边形，则由此顺序的控制顶点按式（3-49）确定的贝齐尔曲线是一条凸的平面曲线，如图 3-13 所示。

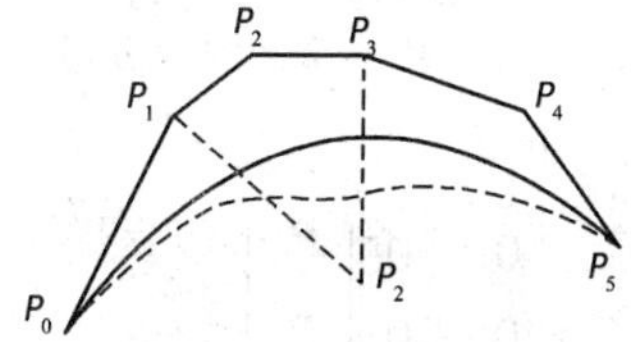

图 3-12　贝齐尔曲线的交互性

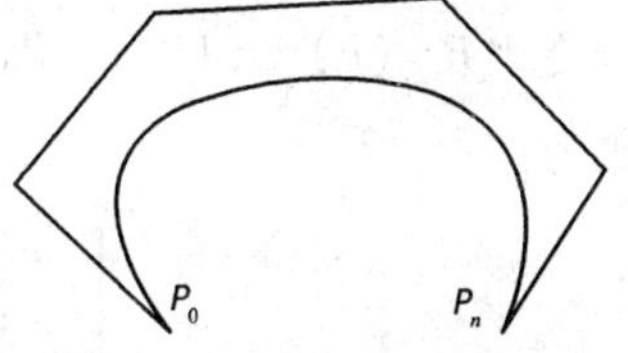

图 3-13　贝齐尔曲线的保凸性

7）变差缩减性

如果贝齐尔曲线 $\boldsymbol{P}(u)$ 的控制多边形 $\boldsymbol{P}_0\boldsymbol{P}_1\cdots\boldsymbol{P}_n$ 是一平面图形，则该平面内的任意直线与 $\boldsymbol{P}(u)$ 的交点个数不多于该直线与控制多边形 $\boldsymbol{P}_0\boldsymbol{P}_1\cdots\boldsymbol{P}_n$ 的交点个数。贝齐尔曲线比控制多边形的波动数少，也就是贝齐尔曲线比控制多边形所在的折线更光顺，如图 3-14 所示 。

8）可分割性

设 $\boldsymbol{P}_k(k=0,1,\cdots,n)$ 是控制多边形的顶点，在每个边上取点 $\boldsymbol{P}_k^1(\lambda)=\boldsymbol{P}_k+\lambda(\boldsymbol{P}_{k+1}-\boldsymbol{P}_k)$，

$(k=0,1,\cdots,n-1)$，重复上面的过程，$\boldsymbol{P}_k^2(\lambda)=\boldsymbol{P}_k^1(\lambda)+\lambda(\boldsymbol{P}_{k+1}^1(\lambda)-\boldsymbol{P}_k^1(\lambda))$，$(k=0,1,\cdots,n-2)$。

一般有 $\boldsymbol{P}_k^j(\lambda)=\boldsymbol{P}_k^{j-1}(\lambda)+\lambda(\boldsymbol{P}_{k+1}^{j-1}(\lambda)-\boldsymbol{P}_k^{j-1}(\lambda))(k=0,1,\cdots,n-j;j=1,2,\cdots,n)$。

可以证明，$\boldsymbol{P}(\lambda)=\boldsymbol{P}_0^n(\lambda)$，以 $\boldsymbol{P}_0^j(\lambda)(j=0,1,\cdots,n)$ 作为控制顶点的贝齐尔曲线是以 $\boldsymbol{P}_k$ $(k=0,1,\cdots,n)$ 作为控制顶点所得的贝齐尔曲线的前半部分。以 $\boldsymbol{P}_k^{n-k}(k=0,1,\cdots,n)$ 为控制顶点所得的贝齐尔曲线是以 $\boldsymbol{P}_k(k=0,1,\cdots,n)$ 作为控制顶点所得的贝齐尔曲线的后半部分。$\boldsymbol{P}_k^n(\lambda)$ 是两段贝齐尔曲线的连接点。这个过程可以继续下去，由此可得到贝齐尔曲线的作图法，亦给出了用折线逼近贝齐尔曲线的方法。通常取 $\lambda=\frac{1}{2}$ 最为方便，即每次求出贝齐尔曲线的中点，如图 3-15 所示。这一性质称为贝齐尔曲线的可分割性。$\boldsymbol{P}_j^{n-j}(j=0,1,\cdots,n)$ 称为 $\boldsymbol{P}_k$ $(k=0,1,\cdots,n)$ 的分割多边形或细分多边形。贝齐尔曲线的可分割性可用于曲线曲面求值及求交等各种计算。

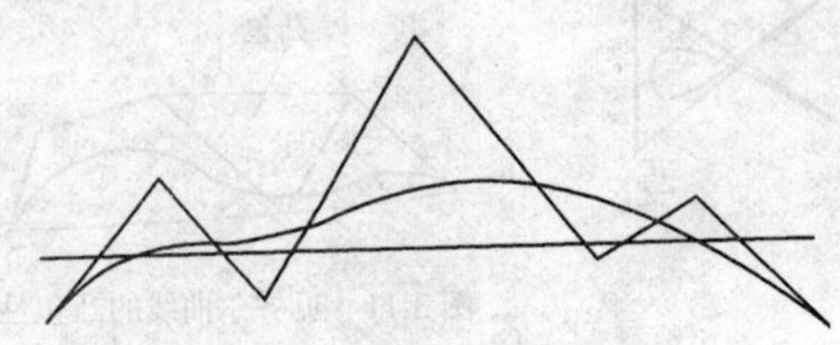

图 3-14　贝齐尔曲线的变差缩减性

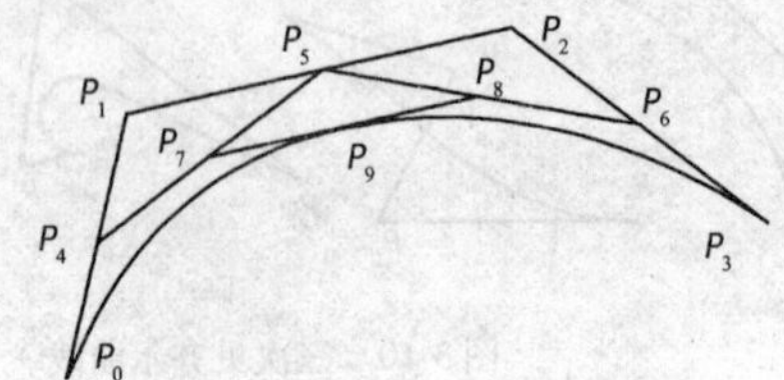

图 3-15　贝齐尔曲线的可分割性

二、三次贝齐尔样条曲线

在几何设计中，一条贝齐尔曲线往往难以描述复杂的曲线形状。一般来说，曲线本身能够达到 C^2 阶连续的三次贝齐尔曲线用于车身零件设计，基本能够达到设计要求，而更高阶次的贝齐尔曲线相对比较复杂。这是由于增加了特征多边形的控制顶点数，会引起贝齐尔曲线次数的提高，而高次多项式又会带来计算上的困难，实际使用中，一般都不超过 5 次。因此，应用分段的、能够保持 C^2 阶连续的三次贝齐尔曲线拼接生成曲线，并在接合处保持一定的连续条件，比应用 $n+1$ 个控制顶点直接生成的 n 次贝齐尔曲线，显得更加灵活和便于控制。

根据贝齐尔曲线的表达式(3-49)可知，当 $n=3$ 时，$i=0,1,2,3$，有：

$$\boldsymbol{P}(u)=\sum_{i=0}^{3}\boldsymbol{P}_iB_{i,3}(u)=(1-u)^3\boldsymbol{P}_0+3u(1-u)^2\boldsymbol{P}_1+3u^2(1-u)\boldsymbol{P}_2+u^3\boldsymbol{P}_3 \tag{3-60}$$

写成矩阵形式为：

$$\boldsymbol{P}(u)=[1\quad u\quad u^2\quad u^3]\begin{bmatrix}1&0&0&0\\-3&3&0&0\\3&-6&3&0\\-1&3&-3&3\end{bmatrix}\begin{bmatrix}\boldsymbol{P}_0\\\boldsymbol{P}_1\\\boldsymbol{P}_2\\\boldsymbol{P}_3\end{bmatrix}\quad(0\leqslant u\leqslant 1) \tag{3-61}$$

此时伯恩斯坦基函数为 $B_{0,3}=(1-u)^3$；$B_{1,3}=3u(1-u)^2$；$B_{2,3}=3u^2(1-u)$；$B_{3,3}=u^3$。

将分段的三次贝齐尔曲线拼接起来构成三次贝齐尔样条曲线，关键的问题是要确保拼接点处具有一定的连续性。

设有两条贝齐尔曲线段 $\boldsymbol{P}(u)$ 和 $\boldsymbol{Q}(u)$，它们保持 G^1 阶连续的充要条件为：

(1)$\boldsymbol{P}(1)=\boldsymbol{Q}(0)$，拼接点处的点位置坐标重合。

(2) $\boldsymbol{P}'(1)=\alpha\boldsymbol{Q}'(0)$，$\alpha$ 是常数。也就是说，实现两条曲线拼接点处的 G^1 阶连续条件是此拼接点及其相邻的控制顶点在同一直线上，且分别位于此拼接点的两侧。

为保证曲线达到 G^2 阶连续，除了上面两个保证两条曲线能够实现 G^1 连续的条件以外还要有：

(1) 在拼接点处两曲线的副法矢同向；

(2) 在拼接点处两曲线的曲率相等。

图 3-16 是贝齐尔曲线的拼接示意图。

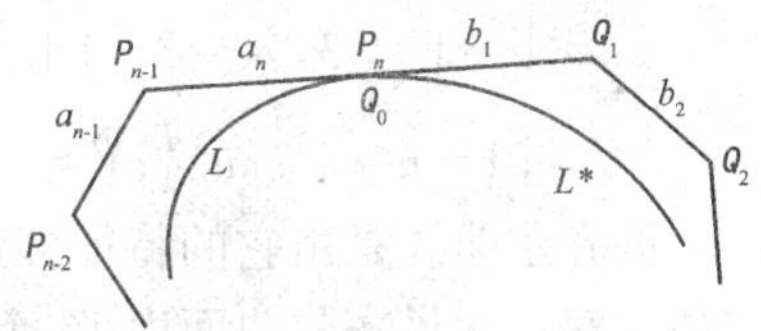

图 3-16　贝齐尔曲线的拼接

由于三次贝齐尔样条曲线具有良好的性能表现，实现起来又比较方便，因此在 20 世纪的 70 年代以后得到了广泛的应用。

在实际的工程设计当中，经常会遇到贝齐尔曲线的升阶和降阶的问题。

贝齐尔曲线是参数多项式曲线，具有整体性质，在某种情况下，有可能无论怎样地调整控制顶点都达不到理想的曲线形状。采用升阶的方法可以更好地控制贝齐尔曲线的形状。所谓升阶是指保持贝齐尔曲线的形状与方向不变，增加定义它的控制顶点数，也即是提高该贝齐尔曲线的次数。

升阶可以降低曲线的“刚性”，增加曲线的“柔性”。增加了控制顶点数，能够增加对曲线进行形状控制的潜在灵活性，同时对构造曲面也有着重要的应用。对于一些由曲线生成曲面的算法，有时要求那些曲线必须是同次的。应用升阶的方法，我们可以把低于最高次数的曲线提升到最高次数，使得各条曲线具有相同的次数。

而降阶与升阶类似，是升阶的逆过程。曲线升阶后和降阶后，原来的控制顶点都会发生改变。

三、贝齐尔曲面

基于贝齐尔曲线的定义和性质，我们可以方便地给出贝齐尔曲面的定义和性质，贝齐尔曲线的一些算法也可以很容易扩展到贝齐尔曲面。

考虑 $(n+1)\times(m+1)$ 个排成网格的控制顶点 $\boldsymbol{P}_{i,j}(i=0,1,\cdots,n;j=0,1,\cdots,m)$ 利用基函数 $B_{i,n}(u)$，$B_{j,m}(v)$ 就可以生成一块曲面：

$$\boldsymbol{P}(u,v)=\sum_{i=0}^{n}\sum_{j=0}^{m}\boldsymbol{P}_{i,j}B_{i,n}(u)B_{j,m}(v)\qquad(u,v)\in[0,1]\times[0,1]\tag{3-62}$$

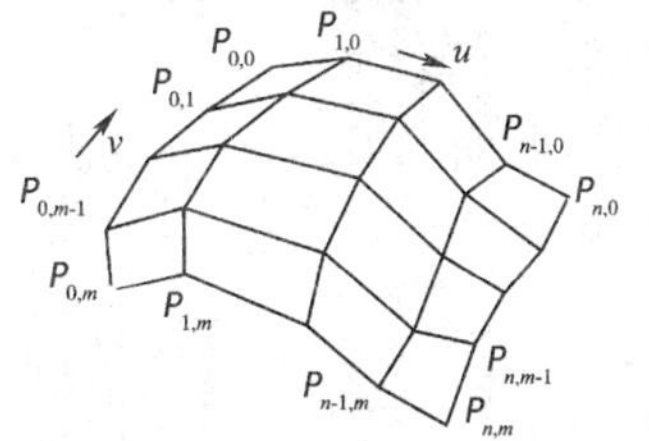

图 3-17　$n\times m$ 次贝齐尔曲面

该曲面称为 $n\times m$ 次的贝齐尔曲面。图 3-17 是 $n\times m$ 次贝齐尔曲面示意图。

对于 3×3 次贝齐尔曲面的情况，要 4×4 个控制点阵。根据定义用矩阵表示为：

$$\boldsymbol{P}(u,v)=[(1-u)^3\quad 3u(1-u^2)\quad 3u^2(1-u)\quad u^3]\boldsymbol{B}\begin{bmatrix}(1-v)^3\\3v(1-v)^2\\3v^2(1-v)\\v^3\end{bmatrix}$$

$$=\boldsymbol{UMBM}^T\boldsymbol{V}^T\tag{3-63}$$

式中：$M = \begin{bmatrix} 1 & 0 & 0 & 0 \\ -3 & 3 & 0 & 0 \\ 3 & -6 & 3 & 0 \\ -1 & 3 & -3 & 1 \end{bmatrix}$；$B = \begin{bmatrix} P_{0,0} & P_{0,1} & P_{0,2} & P_{0,3} \\ P_{1,0} & P_{1,1} & P_{1,2} & P_{1,3} \\ P_{2,0} & P_{2,1} & P_{2,2} & P_{2,3} \\ P_{3,0} & P_{3,1} & P_{3,2} & P_{3,3} \end{bmatrix}$；

$U = [1 \quad u \quad u^2 \quad u^3]$；$V = [1 \quad v \quad v^2 \quad v^3]$。

贝齐尔曲线是由它的特征多边形顶点决定的，而贝齐尔曲面则是由其特征网格的顶点决定的。双三次贝齐尔曲面由16个控制顶点生成。其矩阵 B 由 4×4 个矢量元素组成，就是特征网格顶点。B 的周边12个点分别控制着曲面的4条边界，而中心四个点的变化不影响双三次贝齐尔曲面的四条边界曲线，它控制着边界内部的曲面的形状。

贝齐尔曲线的许多性质，如端点性质、对称性、几何不变性等，对贝齐尔曲面也相应成立。类似的，为了保证贝齐尔曲面的有效控制，一般贝齐尔曲面参数的次数不宜取得过高，m、n 的取值一般不超过5。

如果有两块 3×3 次贝齐尔曲面：

$$P^{[1]}(u,v) = UMB^{[1]}M^TV^T \tag{3-64}$$

$$P^{[2]}(u,v) = UMB^{[2]}M^TV^T \tag{3-65}$$

曲面拼接时，如果拼接处两块曲面保持 G^0 阶连续，则有 $P^{(1)}(1,v) = P^{(2)}(0,v)$，对所有的 $0 \leqslant v \leqslant 1$ 都成立，这时只要满足控制顶点条件：

$$P_{3,i}^{(1)} = P_{0,i}^{(2)} \quad i = 0,1,2,3 \tag{3-66}$$

即可。而如果拼接处两块曲面保持 G^1 阶连续，则还要满足条件：

$$P_u^{(1)}(1,v) \times P_v^{(1)}(1,v) = \lambda P_u^{(2)}(0,v) \times P_v^{(2)}(0,v) \tag{3-67}$$

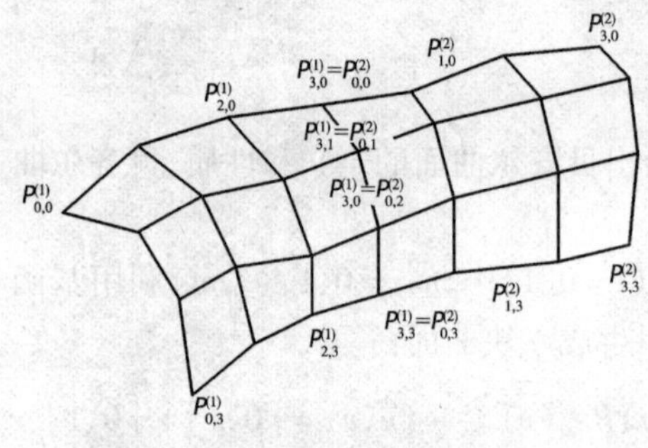

图3-18　两块贝齐尔曲面片的拼接

其中，$0 \leqslant v \leqslant 1$；$\lambda$ 为常数，是两个曲面片在公共边界上法矢模的比例因子。这时除条件 $P_{3,i}^{(1)} = P_{0,i}^{(2)}$ $(i = 0,1,2,3)$ 外，最简单的充分条件是：

$$P_{3,i}^{(1)} - P_{2,i}^{(1)} = \lambda(P_{1,i}^{(2)} - P_{0,i}^{(2)}) \quad (i = 0,1,2,3) \tag{3-68}$$

这时表示两个曲面达到 G^1 阶连续，如图3-18所示。

如果要实现两个贝齐尔曲面的 G^2 阶连续，则相应的还需要给定更多的约束条件。

第四节　B样条曲线曲面

一、B样条方法引论

贝齐尔方法可以理解为对给定特征多边形的“逼近”，这种逼近形式很适合于自由型曲线外形的设计。

由于贝齐尔方法有很多的优点，如直观性、凸包性、变差缩减性、可分割性等，所以它是目前计算机辅助几何设计中一种广泛应用的方法。

但是，由于贝齐尔方法曲线曲面是采用单一参数多项式的整体表示，它难以构造形状复杂的曲线曲面。因此不得不借助于拼接,拼接虽然使用灵活,但是用起来不够方便。

贝齐尔方法存在的主要缺点有:

(1)贝齐尔曲线曲面有整体性,不可能作局部的修改,移动一个控制顶点将波及整条曲线或整张曲面,局部修改很困难。

(2)贝齐尔曲线曲面的拼接比较复杂。

(3)当控制顶点较多,即 n 较大时,特征多边形的边数较多,则多边形对曲线的控制减弱。

在 1972 ~ 1976 年,戈登(W. J. Gordon)、里森费尔德(R. F. Riesenfeld)和福雷斯特(Forrest)等人在研究贝齐尔曲线的基础上,用 B 样条基函数代替贝齐尔曲线的伯恩斯坦基函数,用这种方法构造的曲线曲面,叫做 B 样条曲线曲面。

B 样条方法兼具贝齐尔方法的一切优点,具有表示与设计自由型曲线曲面的强大功能,是最广泛流行的形状数学描述的主流方法之一。B 样条方法具有统一、通用、有效的标准算法和强有力的配套技术。B 样条方法比贝齐尔方法更为优越,使设计的曲线曲面具有很好的局部修改能力和更大的灵活性,同时也容易保证曲线的连续性,使曲线光顺拼接问题简单化。

与贝齐尔曲线的定义方法类似,B 样条曲线方程为:

$$\boldsymbol{r}_i(u)=\sum_{j=0}^{k}\boldsymbol{B}_{i+j}N_{j,k}(u) \tag{3-69}$$

其中,$\boldsymbol{B}_{i+j}(j=0,1,\cdots,n)$是控制顶点,又称为德布尔点,它们顺序连成的折线称为 B 样条曲线控制多边形。$N_{j,k}(u)$ $(i=0,1,\cdots,n)$称为 k 次 B 样条基函数,其中每一段曲线称为一段 k 次 B 样条曲线段。

二、三次 B 样条曲线段

B 样条基函数可以由多种方法推导,如差商定义、德布尔-考克斯递推公式等。由于推导的方法不同,B 样条基函数的表达式各有不同,但其实质是完全统一的。下面引用的是工程上常用的 B 样条基函数表达方式。

三次 B 样条基函数矩阵表达式为:

$$\begin{aligned}[N_{0,3}(u)\quad N_{1,3}(u)\quad N_{2,3}(u)\quad N_{3,3}(u)]&=[1\quad u\quad u^2\quad u^3]\frac{1}{3!}\begin{bmatrix}1&4&1&0\\-3&0&3&0\\3&-6&3&0\\-1&3&-3&1\end{bmatrix}\\&=[1\quad u\quad u^2\quad u^3]\boldsymbol{M}_B\quad(0\leqslant u\leqslant 1)\end{aligned} \tag{3-70}$$

利用 $N_{j,k}(u)$ $(j=0,1,2,3)$和四个相邻控制顶点线性组合,可构成三次 B 样条曲线段。

三次 B 样条曲线段的计算式为:

$$\boldsymbol{r}_i(u)=[N_{0,3}(u)\quad N_{1,3}(u)\quad N_{2,3}(u)\quad N_{3,3}(u)]\begin{bmatrix}\boldsymbol{B}_i\\\boldsymbol{B}_{i+1}\\\boldsymbol{B}_{i+2}\\\boldsymbol{B}_{i+3}\end{bmatrix}\quad(0\leqslant u\leqslant 1) \tag{3-71}$$

其中,$\boldsymbol{r}_i(u)$为第 i 段三次 B 样条曲线段;$N_{0,3}(u)$,$N_{1,3}(u)$,$N_{2,3}(u)$,$N_{3,3}(u)$为三次 B 样条基函数;$\boldsymbol{B}_i$,$\boldsymbol{B}_{i+1}$,$\boldsymbol{B}_{i+2}$,$\boldsymbol{B}_{i+3}$为第 i 段三次 B 样条曲线段的控制顶点。

三次 B 样条曲线段的端点有如下的性质(六个关系式):

$$r_i(0)=\frac{1}{6}(B_i+4B_{i+1}+B_{i+2})=B_{i+1}+\frac{1}{3}\left[\frac{1}{2}(B_i+B_{i+2})-B_{i+1}\right]$$

$$r_i(1)=\frac{1}{6}(B_{i+1}+4B_{i+2}+B_{i+3})=B_{i+2}+\frac{1}{3}\left[\frac{1}{2}(B_{i+1}+B_{i+3})-B_{i+2}\right]$$

$$r'_i(0)=\frac{1}{2}(B_{i+2}-B_i) \tag{3-72}$$

$$r'_i(1)=\frac{1}{2}(B_{i+3}-B_{i+1})$$

$$r''_i(0)=(B_{i+2}-B_{i+1})+(B_i-B_{i+1})$$

$$r''_i(1)=(B_{i+3}-B_{i+2})+(B_{i+1}-B_{i+2})$$

由这六个关系式可知，三次 B 样条曲线段的起点 $r_i(0)$ 落在三角形 $B_iB_{i+1}B_{i+2}$ 的中线 $B_{i+1}m$ 上距离 B_{i+1} 的 1/3 处，起点的切矢量 $r'_i(0)$ 平行于三角形 $B_iB_{i+1}B_{i+2}$ 的底边 $B_{i+1}B_{i+2}$，长度为其底边的一半，起点的二阶导矢量 $r''_i(0)$ 等于中线 $B_{i+1}m$ 的二倍。终点的情况同起点的情况对称。

根据上述的端点几何性质，三次 B 样条曲线段的形状就大体确定了，如图 3-19 所示。

三、三次 B 样条曲线

对于三次 B 样条曲线来说，当特征多边形的顶点超过 4 个时，每增加一个顶点，则相应的在样条上增加一段曲线，如图 3-20 所示。

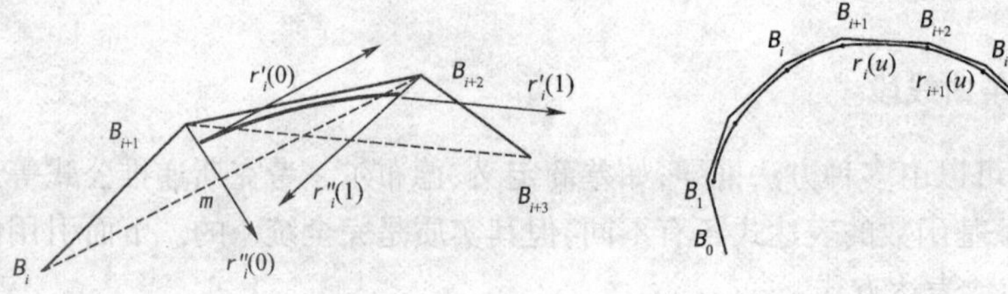

图 3-19　三次 B 样条曲线段的端点性质　　　　图 3-20　三次 B 样条曲线

已知有 $n+2$ 个按顺序排列的位置矢量 $B_0, B_1, \cdots, B_n, B_{n+1}$，即特征多边形的控制顶点矢量；设 $N_{0,3}(u), N_{1,3}(u), N_{2,3}(u), N_{3,3}(u)$ 分别为 u 的三次多项式。顺次以相邻的四个顶点 $B_i, B_{i+1}, B_{i+2}, B_{i+3}$ 为第 i 段三次 B 样条曲线段的控制顶点，则一共有 $n-1$ 个线性组合。

$$r_i(u)=N_{0,3}(u)B_i+N_{1,3}(u)B_{i+1}+N_{2,3}(u)B_{i+2}+N_{3,3}(u)B_{i+3}$$
$$(i=0,1,2,\cdots,n-2)\ (0\leqslant u\leqslant 1) \tag{3-73}$$

这些线性组合在连接点处要求直到二阶连续，即：

$$r_i(1)=r_{i+1}(0) \tag{3-74}$$

$$r'_i(1)=r'_{i+1}(0) \tag{3-75}$$

$$r''_i(1)=r''_{i+1}(0) \tag{3-76}$$

由式(3-74)，将 $u=1$ 代入第 i 段曲线方程，$u=0$ 代入第 $i+1$ 段曲线方程，得到：

$$[N_{0,3}(1)B_i+N_{1,3}(1)B_{i+1}+N_{2,3}(1)B_{i+2}+N_{3,3}(1)B_{i+3}]-[N_{0,3}(0)B_{i+1}+N_{1,3}(0)B_{i+2}+N_{2,3}(0)B_{i+3}+N_{3,3}(0)B_{i+4}]=0 \tag{3-77}$$

为使上式成立，由比较系数法，则下式必须成立

$$\begin{cases}N_{0,3}(1)=0\\N_{1,3}(1)=N_{0,3}(0)\\N_{2,3}(1)=N_{1,3}(0)\\N_{3,3}(1)=N_{2,3}(0)\\N_{3,3}(0)=0\end{cases}\tag{3-78}$$

同理,为了在连接点处 C^1 阶连续,由式(3-75),则下式必须成立:

$$\begin{cases}N'_{0,3}(1)=0\\N'_{1,3}(1)=N'_{0,3}(0)\\N'_{2,3}(1)=N'_{1,3}(0)\\N'_{3,3}(1)=N'_{2,3}(0)\\N'_{3,3}(0)=0\end{cases}\tag{3-79}$$

为了在连接点处 C^2 阶连续,由式(3-76),则下式必须成立:

$$\begin{cases}N''_{0,3}(1)=0\\N''_{1,3}(1)=N''_{0,3}(0)\\N''_{2,3}(1)=N''_{1,3}(0)\\N''_{3,3}(1)=N''_{2,3}(0)\\N''_{3,3}(0)=0\end{cases}\tag{3-80}$$

再考虑到四个相邻顶点重合的情况,即 $\boldsymbol{B}_i=\boldsymbol{B}_{i+1}=\boldsymbol{B}_{i+2}=\boldsymbol{B}_{i+3}$,这时第 i 段曲线退化为一点,即 $\boldsymbol{r}_i(u)=\boldsymbol{B}_i$,因此得到附加条件:

$$N_{0,3}(u)+N_{1,3}(u)+N_{2,3}(u)+N_{3,3}(u)\equiv 1\tag{3-81}$$

$N_{0,3}(u)$,$N_{1,3}(u)$,$N_{2,3}(u)$,$N_{3,3}(u)$分别为 u 的三次多项式,共有 16 个待定系数。上面三个联立方程组(3-78)、(3-79)、(3-80)以及恒等式(3-81)共计 16 个关系式,构成线性方程组。解此方程组,得到如式(3-82)的三次 B 样条基函数。

$$\begin{cases}N_{0,3}(u)=\dfrac{1}{3!}(1-3u+3u^2-u^3)\\N_{1,3}(u)=\dfrac{1}{3!}(4-6u^2+3u^3)\\N_{2,3}(u)=\dfrac{1}{3!}(1+3u+3u^2-3u^3)\\N_{3,3}(u)=\dfrac{1}{3!}u^3\end{cases}\tag{3-82}$$

在式(3-73)中,特征多边形顶点 $\boldsymbol{B}_{i+j}$ 和三次 B 样条基函数 $N_{j,3}(u)(j=0,1,2,3)$ 线性组合得到 $\boldsymbol{r}_i(u)$。当参数 u 从 0 变化到 1 时,式(3-73)描绘出第 i 段曲线。各段曲线在连接点处保持 C^2 阶连续。由于 $N_{j,3}(u)(j=0,1,2,3)$ 是三次 B 样条基函数,故上述曲线叫三次 B 样条曲线。三次 B 样条曲线在工程中应用广泛,其矩阵形式为:

$$\boldsymbol{r}_i(u)=[N_{0,3}(u)\quad N_{1,3}(u)\quad N_{2,3}(u)\quad N_{3,3}(u)]\begin{bmatrix}\boldsymbol{B}_i\\\boldsymbol{B}_{i+1}\\\boldsymbol{B}_{i+2}\\\boldsymbol{B}_{i+3}\end{bmatrix}$$

$$= \sum_{j=0}^{3} N_{j,3}(u)\boldsymbol{B}_{i+j} = [1 \quad u \quad u^2 \quad u^3]\frac{1}{3!}\begin{bmatrix} 1 & 4 & 1 & 0 \\ -3 & 0 & 3 & 0 \\ 3 & -6 & 3 & 0 \\ -1 & 3 & -3 & 1 \end{bmatrix}\begin{bmatrix} \boldsymbol{B}_i \\ \boldsymbol{B}_{i+1} \\ \boldsymbol{B}_{i+2} \\ \boldsymbol{B}_{i+3} \end{bmatrix}$$

$$= [1 \quad u \quad u^2 \quad u^3]\boldsymbol{M}_B\begin{bmatrix} \boldsymbol{B}_i \\ \boldsymbol{B}_{i+1} \\ \boldsymbol{B}_{i+2} \\ \boldsymbol{B}_{i+3} \end{bmatrix} = \boldsymbol{U}\boldsymbol{M}_B\boldsymbol{B} \tag{3-83}$$

其中，$\boldsymbol{U} = [1 \quad u \quad u^2 \quad u^3]$，$\boldsymbol{M}_B = \frac{1}{3!}\begin{bmatrix} 1 & 4 & 1 & 0 \\ -3 & 0 & 3 & 0 \\ 3 & -6 & 3 & 0 \\ -1 & 3 & -3 & 1 \end{bmatrix}$，$\boldsymbol{B} = \begin{bmatrix} \boldsymbol{B}_i \\ \boldsymbol{B}_{i+1} \\ \boldsymbol{B}_{i+2} \\ \boldsymbol{B}_{i+3} \end{bmatrix}$。

在实际应用中，三次 B 样条曲线应用广泛，它能够满足曲线 C^2 连续的要求。更高次数的 B 样条曲线则能够达到更高阶数的连续，但是也会不可避免地带来计算复杂程度的增加。高于三次的 B 样条曲线在一般机械 CAD 中应用较少，但在车身 CAD 的自由曲线曲面设计中常有应用。

在 CAD 的实际应用当中，有时也会用到二次 B 样条曲线，其式为：

$$\boldsymbol{r}_i(u) = [N_{0,2}(u) \quad N_{1,2}(u) \quad N_{2,2}(u)]\begin{bmatrix} \boldsymbol{B}_i \\ \boldsymbol{B}_{i+1} \\ \boldsymbol{B}_{i+2} \end{bmatrix} \quad (0 \leqslant u \leqslant 1) \tag{3-84}$$

二次均匀 B 样条曲线是抛物线，它的端点具有如下性质：

$$\begin{aligned} \boldsymbol{r}_i(0) &= \frac{1}{2}(\boldsymbol{B}_i + \boldsymbol{B}_{i+1}) \\ \boldsymbol{r}_i(1) &= \frac{1}{2}(\boldsymbol{B}_{i+1} + \boldsymbol{B}_{i+2}) \\ \boldsymbol{r}'_i(0) &= \boldsymbol{B}_{i+1} - \boldsymbol{B}_i \\ \boldsymbol{r}'_i(1) &= \boldsymbol{B}_{i+2} - \boldsymbol{B}_{i+1} \end{aligned} \tag{3-85}$$

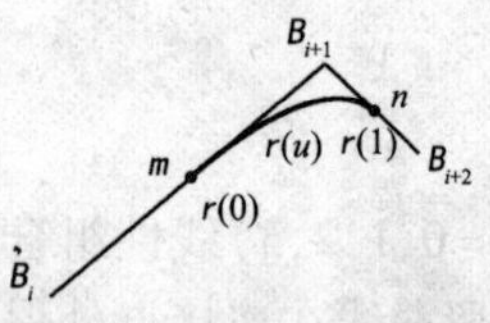

图 3-21　二次 B 样条曲线段

这些关系式表明：曲线段的两端点是二次 B 样条特征多边形两边的中点，并且两边为曲线在端点处的切线，如图 3-21 所示。式(3-84)也可以写成矩阵形式：

$$\boldsymbol{r}_i(u) = [1 \quad u \quad u^2]\frac{1}{2}\begin{bmatrix} 1 & 1 & 0 \\ -2 & 2 & 0 \\ 1 & -2 & 1 \end{bmatrix}\begin{bmatrix} \boldsymbol{B}_i \\ \boldsymbol{B}_{i+1} \\ \boldsymbol{B}_{i+2} \end{bmatrix} \tag{3-86}$$

由 B 样条曲线的方程式(3-69)可知，一次 B 样条曲线就是 B 样条特征多边形本身。

对于同一特征多边形而言，随着曲线次数的增高，曲线拉紧，离特征多边形越来越远。三次 B 样条曲线能保持 C^2 连续，对特征多边形又相当的逼近，所以应用广泛。二次 B 样条曲线由于简单，与特征多边形更加逼近，尽管只能保持 C^1 连续，因此在工程中也经常应用。

四、B 样条曲线的几何性质

下面以三次 B 样条曲线为例对 B 样条曲线的几何性质加以介绍。这些性质对任意次数 B 样条曲线都成立。

1)端点性质

如图 3-19 和式(3-72)所示的 B 样条曲线的端点性质。

2)直观性

B 样条曲线的形状决定于 B 样条特征多边形,而且曲线和特征多边形相当逼近。

3)局部交互性

由于三次 B 样条曲线段 $\boldsymbol{r}_i(u)$ 仅由 4 个顶点矢量确定,而与其他顶点矢量无关。所以,改变特征多边形的某一个顶点矢量,只对相邻的 4 段曲线段产生影响,而对其他的曲线段不会引起任何改变。对于其他次数的 B 样条曲线,也是小局部修改,只影响 B 样条曲线的局部。B 样条曲线的局部性是 B 样条曲线非常重要的几何性质。

4)凸包性

所谓空间点的凸包是指连接各空间点所围成的空间区域。B 样条曲线的凸包性也就是说曲线上的点必落在其顶点所围成的凸包范围之内。

由于 $\sum_{j=0}^{3} N_{j,3}(u)=1$ 及 $0 \leqslant N_{j,3}(u) \leqslant 1$,B 样条曲线段必在 $\boldsymbol{B}_i$、$\boldsymbol{B}_{i+1}$、$\boldsymbol{B}_{i+2}$、$\boldsymbol{B}_{i+3}$ 所张成的凸包内。而整条 B 样条曲线必定落在由相继的四个多边形控制顶点所组成的凸包的并集之中,如图 3-22 所示。

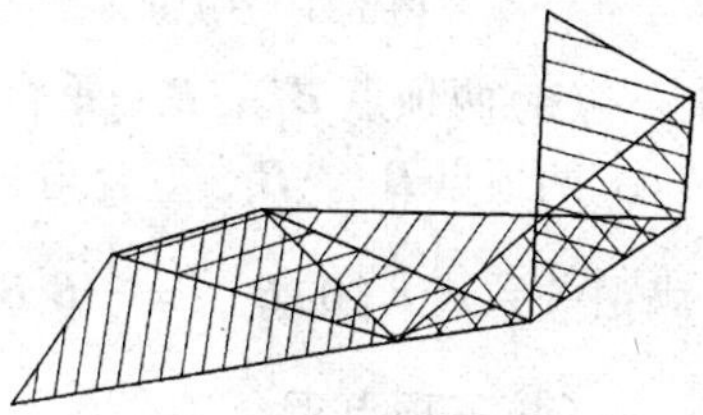

图 3-22 B 样条曲线的凸包性

5)对称性

由于三次 B 样条基函数具有对称性 $N_{j,3}(u)=N_{3-j,3}(1-u)$ $(j=0,1,2,3)$,把特征多边形的顶点 $\boldsymbol{B}_0,\boldsymbol{B}_1,\cdots,\boldsymbol{B}_n$,反序排成 $\boldsymbol{B}_n,\boldsymbol{B}_{n-1},\cdots,\boldsymbol{B}_1,\boldsymbol{B}_0$,按此顶点矢量序列用式(3-83)构成曲线,就将沿相反的方向描画出一条形状相同的曲线。也就是说,顶点顺序刚好相反的两条 B 样条曲线形状相同。

6)几何不变性

B 样条曲线的形状只与生成该曲线的特征多边形顶点 $\boldsymbol{B}_i(i=0,1,\cdots,n)$ 有关,而不依赖坐标系的选择。B 样条曲线的某些几何特性不随着坐标的变换而改变。

7)保凸性

如果 B 样条曲线特征多边形是凸的,则由其确定的 B 样条曲线也是凸的。

8)变差缩减性

与贝齐尔方法类似,设平面内 $n+1$ 个控制顶点 $\boldsymbol{B}_0,\boldsymbol{B}_1,\cdots,\boldsymbol{B}_n$ 构成 B 样条曲线 $\boldsymbol{r}_i(u)$ 的特征多边形。在该平面内的任意一条直线与 $\boldsymbol{r}_i(u)$ 的交点个数不多于该直线和特征多边形的交点个数。

9)B 样条曲线具有灵活的造型能力

用 B 样条曲线可以构造直线段、尖点等特殊情况,以下介绍一些常用的三次 B 样条曲线的几种退化情况。

(1)三顶点 $\boldsymbol{B}_i$、$\boldsymbol{B}_{i+1}$、$\boldsymbol{B}_{i+2}$ 共线。

三顶点 $\boldsymbol{B}_i$、$\boldsymbol{B}_{i+1}$、$\boldsymbol{B}_{i+2}$ 共线时,起点 $\boldsymbol{r}_i(u)$ 在其共线的直线上,并与之相切,如图 3-23 所示。

利用 B 样条曲线的端点性质可知，$\boldsymbol{m}$ 是特征多边形的边 $\boldsymbol{B}_i\boldsymbol{B}_{i+2}$ 的中点，则三次 B 样条曲线段的起点 $\boldsymbol{r}_i(u)$ 所在位置为 $\boldsymbol{r}_i(0)\boldsymbol{B}_{i+1}=\frac{1}{3}\boldsymbol{m}\boldsymbol{B}_{i+1}$，即在直线段 $\boldsymbol{B}_{i+1}\boldsymbol{m}$ 上靠近 $\boldsymbol{B}_{i+1}$ 点的$\frac{1}{3}$处，$\boldsymbol{r}_i(0)$ 处的曲率 $K=0$，曲线起点 $\boldsymbol{r}_i(0)$ 与直线段 $\boldsymbol{B}_i\boldsymbol{B}_{i+1}$ 相切，利用此性质可设计出需要的拐点。

(2) 四顶点 $\boldsymbol{B}_i$、$\boldsymbol{B}_{i+1}$、$\boldsymbol{B}_{i+2}$、$\boldsymbol{B}_{i+3}$ 共线。

对于三次 B 样条曲线 $\boldsymbol{r}_i(u)$，若要得到一条直线段，只要四个顶点 $\boldsymbol{B}_i$、$\boldsymbol{B}_{i+1}$、$\boldsymbol{B}_{i+2}$、$\boldsymbol{B}_{i+3}$ 位于同一条直线上，此时生成的 B 样条曲线 $\boldsymbol{r}_i(u)$ 退化为一条直线段，且和 $\boldsymbol{B}_i$、$\boldsymbol{B}_{i+1}$、$\boldsymbol{B}_{i+2}$、$\boldsymbol{B}_{i+3}$ 所在的直线重合，如图 3-24 所示。

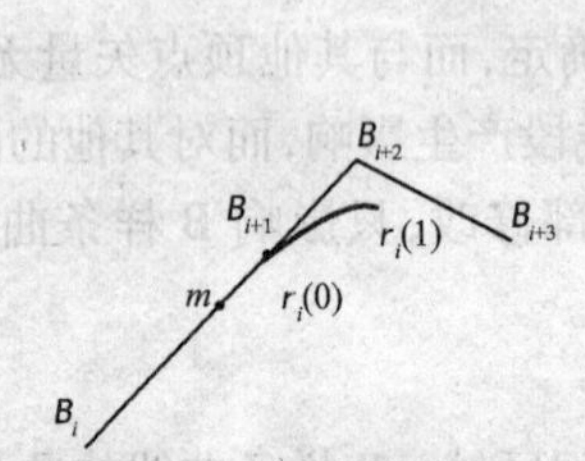

图 3-23　三次 B 样条曲线的三顶点共线

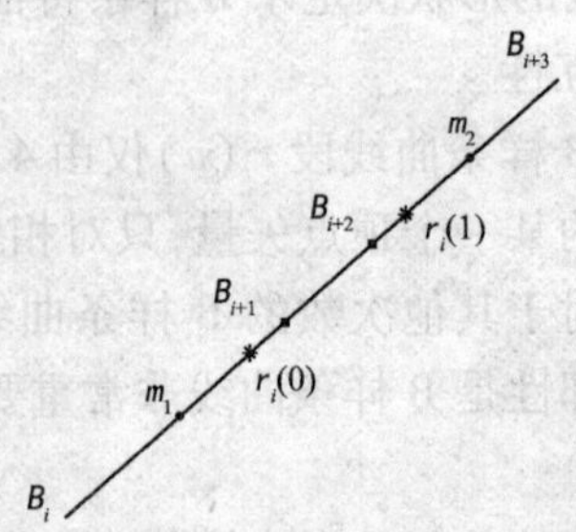

图 3-24　三次 B 样条曲线的四顶点共线

(3) 两顶点 $\boldsymbol{B}_{i+1}$、$\boldsymbol{B}_{i+2}$ 重合。

两顶点 $\boldsymbol{B}_{i+1}$、$\boldsymbol{B}_{i+2}$ 重合与三顶点 $\boldsymbol{B}_i$、$\boldsymbol{B}_{i+1}$、$\boldsymbol{B}_{i+2}$ 共线情况相似，三次 B 样条曲线的端点 $\boldsymbol{r}_i(u)$ 满足关系式 $\boldsymbol{r}_i(0)\boldsymbol{B}_{i+1}=\frac{1}{6}\boldsymbol{B}_i\boldsymbol{B}_{i+1}$，而且端点曲率 $K=0$，如图 3-25 所示。

(4) 三顶点重合。

为了构造含有尖点的 B 样条曲线，可以取三次重合顶点情况，即把一个顶点重复三次。如图 3-26 所示，由顶点 $\boldsymbol{B}_i$、$\boldsymbol{B}_{i+1}$、$\boldsymbol{B}_{i+2}$、$\boldsymbol{B}_{i+3}$、$\boldsymbol{B}_{i+4}$ 可定义三次 B 样条曲线 $\boldsymbol{r}_i(0)\boldsymbol{r}_{i+1}(0)\boldsymbol{r}_{i+2}(0)$，并且 $\boldsymbol{r}_i(0)\boldsymbol{r}_{i+1}(0)$ 和 $\boldsymbol{r}_{i+1}(0)\boldsymbol{r}_{i+2}(0)$ 在 $\boldsymbol{r}_{i+1}(0)$ 处 C^2 连续。若把 $\boldsymbol{B}_{i+2}$ 看作重复的两个顶点，则由顶点 $\boldsymbol{B}_i$、$\boldsymbol{B}_{i+1}$、$\boldsymbol{B}_{i+2}$、$\boldsymbol{B}_{i+2}$、$\boldsymbol{B}_{i+3}$、$\boldsymbol{B}_{i+4}$ 可构成 B 样条曲线 $\boldsymbol{r}_{i+1}(0)\boldsymbol{A}\boldsymbol{B}\boldsymbol{r}_{i+2}(0)$，由三段曲线构成。若把 $\boldsymbol{B}_{i+2}$ 看作为重复三次的顶点，则由顶点 $\boldsymbol{B}_i$、$\boldsymbol{B}_{i+1}$、$\boldsymbol{B}_{i+2}$、$\boldsymbol{B}_{i+2}$、$\boldsymbol{B}_{i+2}$、$\boldsymbol{B}_{i+3}$、$\boldsymbol{B}_{i+4}$ 可定义三次 B 样条曲线 $\boldsymbol{r}_i(0)\boldsymbol{A}\boldsymbol{B}_{i+2}\boldsymbol{B}\boldsymbol{r}_{i+2}(0)$，由四段曲线构成。三重顶点 $\boldsymbol{B}_{i+2}$ 处，曲线的斜率不连续形成尖点，而且两侧含有直线段 $\boldsymbol{A}\boldsymbol{B}_{i+2}$ 和 $\boldsymbol{B}_{i+2}\boldsymbol{B}$。在尖点处斜率尽管不连续，然而对于参数曲线来说，该曲线达到了 C^2 连续。因为在三重顶点处的一阶和二阶导矢都退化为零。

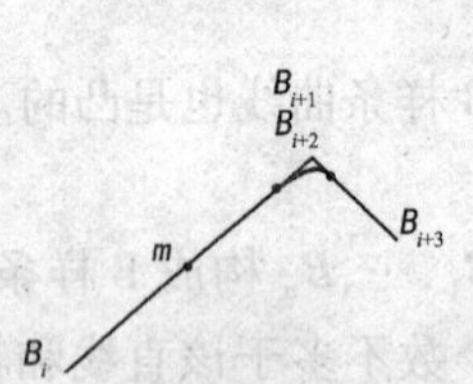

图 3-25　三次 B 样条曲线的二顶点重合

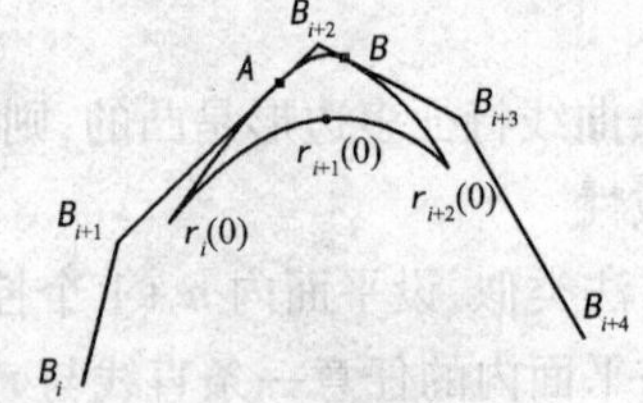

图 3-26　三次 B 样条曲线的三顶点重合

上述的几种情况表明了利用 B 样条曲线方法的灵活性。

①如想构造一段直线，只要使四个顶点共线就可以了。

②为了使样条曲线和特征多边形相切，可以采用三顶点共线或两顶点重合的方法。

③要使样条曲线通过某一顶点，即在曲线上使之形成一个尖点，可以采用三顶点重合的方法。

五、三次 B 样条曲线的算法

从已知的 B 样条特征多边形顶点计算三次 B 样条曲线,这是 B 样条曲线的逼近过程,称为曲线的正算;而从已知型值点序列反推控制多边形顶点,是 B 样条曲线的插值过程,也称为曲线的反算。

1. 正算

给定特征多边形顶点 $\boldsymbol{B}_i$,计算 B 样条曲线 $\boldsymbol{r}_i(u)$,按照式(3-83)计算曲线。

2. 反算

在车身 CAD 中,实际常常是给出曲线上一批型值点,希望用 B 样条曲线来拟合这些点,然后求出它需要的插值点。这时首先要求出 B 样条曲线特征多边形顶点,才能对曲线进行插值计算。

设已知 $n+1$ 个有序型值点 $\boldsymbol{P}_i(i=0,1,2,\cdots,n)$,求特征多边形顶点位置矢量 $\boldsymbol{B}_i(i=-1,0,1,\cdots,n+1)$。从式(3-72)的第一和第二式可以看出,反算归结为下列线性代数方程组的求解:

$$\frac{1}{6}(\boldsymbol{B}_{i-1}+4\boldsymbol{B}_i+\boldsymbol{B}_{i+1})=\boldsymbol{P}_i \qquad (i=0,1,2,\cdots,n) \tag{3-87}$$

如果补充两个适当的端点条件,方程组就有唯一的解。工程中常见的情况有

1)给出两端点的切矢量

补充条件为:

$$\begin{cases}\frac{1}{2}(\boldsymbol{B}_1-\boldsymbol{B}_{-1})=\boldsymbol{P}'_0\\ \frac{1}{2}(\boldsymbol{B}_{n+1}-\boldsymbol{B}_{n-1})=\boldsymbol{P}'_n\end{cases} \tag{3-88}$$

其中 $\boldsymbol{P}'_0$ 和 $\boldsymbol{P}'_n$ 在实际设计中可以依据抛物线端点条件给出。由式(3-87)和式(3-88)分别联立消去 $\boldsymbol{B}_{-1}$ 和 $\boldsymbol{B}_{n+1}$,得:

$$2\boldsymbol{B}_0+\boldsymbol{B}_1=3\boldsymbol{P}_0+\boldsymbol{P}'_0 \tag{3-89}$$

$$\boldsymbol{B}_{n-1}+2\boldsymbol{B}_n=3\boldsymbol{P}_n-\boldsymbol{P}'_n \tag{3-90}$$

由式(3-89)、(3-90)和(3-87)联立构成三对角线型方程组。

$$\begin{bmatrix}2 & 1 & & & & & \\ 1 & 4 & 1 & & & & \\ & 1 & 4 & 1 & & & \\ & & \cdot & \cdot & \cdot & & \\ & & & \cdot & \cdot & \cdot & \\ & & & & \cdot & \cdot & \cdot \\ & & & & 1 & 4 & 1 \\ & & & & & 1 & 4 & 1 \\ & & & & & & 1 & 2\end{bmatrix}\begin{bmatrix}\boldsymbol{B}_0\\ \boldsymbol{B}_1\\ \boldsymbol{B}_2\\ \cdot\\ \cdot\\ \cdot\\ \boldsymbol{B}_{n-2}\\ \boldsymbol{B}_{n-1}\\ \boldsymbol{B}_n\end{bmatrix}=\begin{bmatrix}3\boldsymbol{P}_0+\boldsymbol{P}'_0\\ 6\boldsymbol{P}_1\\ 6\boldsymbol{P}_2\\ \cdot\\ \cdot\\ \cdot\\ 6\boldsymbol{P}_{n-2}\\ 6\boldsymbol{P}_{n-1}\\ 3\boldsymbol{P}_n-\boldsymbol{P}'_n\end{bmatrix} \tag{3-91}$$

用追赶法求解方程组(3-91),并将结果代入式(3-88)中求出 $\boldsymbol{B}_i(i=-1,0,\cdots,n+1)$,全部未知数求解完毕。关于追赶法求解方程的原理和程序参见附录二。

2）自由端点条件

一般取 $$B_{-1}=B_0, B_{n+1}=B_n \tag{3-92}$$

由式(3-92)和式(3-87)构成三对角线型方程组：

$$\begin{bmatrix} 5 & 1 & & & & & & \\ 1 & 4 & 1 & & & & & \\ & 1 & 4 & 1 & & & & \\ & & \cdot & \cdot & \cdot & & & \\ & & & \cdot & \cdot & \cdot & & \\ & & & & \cdot & \cdot & \cdot & \\ & & & & & 1 & 4 & 1 \\ & & & & & & 1 & 4 & 1 \\ & & & & & & & 1 & 5 \end{bmatrix} \begin{bmatrix} B_0 \\ B_1 \\ B_2 \\ \cdot \\ \cdot \\ \cdot \\ B_{n-2} \\ B_{n-1} \\ B_n \end{bmatrix} = 6 \begin{bmatrix} P_0 \\ P_1 \\ P_2 \\ \cdot \\ \cdot \\ \cdot \\ P_{n-2} \\ P_{n-1} \\ P_n \end{bmatrix} \tag{3-93}$$

同样可以用追赶法解方程组(3-93)。

3）封闭曲线条件

为了使曲线的起点和终点光滑连接，应考虑多生成一小段曲线连接 P_n 和 P_0，将原来曲线光滑封闭。

考虑 P_n 点的连续性，这小段的曲线应由 $B_{n-1}B_nB_{n+1}B_x$ 生成，其中 B_x 为生成曲线 P_nP_0 的第四个顶点。考虑点 P_0 的连续性，曲线 P_nP_0 应由顶点 $B_yB_{-1}B_0B_1$ 生成，其中 B_y 为生成曲线 P_nP_0 的第一个顶点。又知是同一条曲线，所以必有：

$$\begin{cases} B_{n-1}=B_y \\ B_n=B_{-1} \\ B_{n+1}=B_0 \\ B_x=B_1 \end{cases} \tag{3-94}$$

也就是说，如果给定顶点 $B_n=B_{-1}$、$B_{n+1}=B_0$，那么只要用 $B_{n-1}B_n$（或 B_{-1}）B_{n+1}（或 B_0）B_1 四个顶点生成曲线 P_nP_0，即能将原曲线封闭且满足 C^2 连续。因此，要曲线封闭，必有：

$$B_n=B_{-1}, B_{n+1}=B_0 \tag{3-95}$$

由式(3-95)和式(3-87)联立，所得方程组不是三对角线型方程组，不能采用追赶法求解，只能用一般的线性方程组求解方法。关于一般线性方程组的求解可参见附录一。方程组的形式为：

$$\begin{bmatrix} 4 & 1 & & & & & & & 1 \\ 1 & 4 & 1 & & & & & & \\ & 1 & 4 & 1 & & & & & \\ & & \cdot & \cdot & \cdot & & & & \\ & & & \cdot & \cdot & \cdot & & & \\ & & & & \cdot & \cdot & \cdot & & \\ & & & & & 1 & 4 & 1 & \\ & & & & & & 1 & 4 & 1 \\ 1 & & & & & & & 1 & 4 \end{bmatrix} \begin{bmatrix} B_0 \\ B_1 \\ B_2 \\ \cdot \\ \cdot \\ \cdot \\ B_{n-2} \\ B_{n-1} \\ B_n \end{bmatrix} = 6 \begin{bmatrix} P_0 \\ P_1 \\ P_2 \\ \cdot \\ \cdot \\ \cdot \\ P_{n-2} \\ P_{n-1} \\ P_n \end{bmatrix} \tag{3-96}$$

六、B 样条曲线的节点与阶数

1. 节点插入

节点插入算法是 B 样条方法重要的配套技术之一，有较高的理论价值，在曲线曲面设计中有着广泛的用途。通过插入节点：

(1)能很简单地证明 B 样条曲线的变差缩减性质；

(2)可以进一步改善 B 样条曲线的局部性质，提高对 B 样条曲线形状控制的潜在灵活性；

(3)可以求出 B 样条曲线上的点；

(4)可以生成曲线的贝齐尔点，得到 B 样条曲线的分段贝齐尔表示；

(5)可以实现对曲线的分割；

(6)在生成曲面时，可以使不相同的节点矢量统一起来。

2. 升阶

B 样条曲线的升阶，即 B 样条曲线的次数的提升，也是 B 样条方法的一个重要配套技术。

贝齐尔曲线通过升阶可以增加曲线的柔性，B 样条曲线的升阶也可以增加曲线的柔性，或者说可以提高其形状控制的潜在灵活性。因为通过升阶，增加了控制顶点数，也就增加了自由度。

通过插入节点的分割过程可以精确地在某个区域增加形状控制的灵活性。但是，一旦移动对应于插入节点后生成的新的控制顶点，样条曲线在插入节点处的连续性将遭受损失。

如果采用升阶的方法，不论怎样移动升阶后生成的新控制顶点，样条曲线曲面的参数连续性都没有降低。其主要意义不仅在于此，还在于曲线曲面的表示和设计的要求。

B 样条曲线的升阶，在表示与设计组合曲线时是必不可少的手段之一。两条或者若干条不同阶次的 B 样条曲线要顺序连接成为一条组合 B 样条曲线，用一个统一的方程表示，就必须采用升阶的方法，使它们的次数统一起来，才有可能实现这样的连续。

B 样条曲线的升阶在生成曲面以及在表示与设计组合曲面时同样有重要的用途。

与贝齐尔曲线的升阶相比，B 样条曲线的升阶要复杂得多。

3. 节点消去和降阶

在保持 B 样条曲线形状不变的前提下，精确的节点消去和降阶分别是节点插入和升阶的逆过程。就是在节点消去和降阶后，B 样条曲线的形状保持不变。实际上消去节点后所得到的 B 样条曲线是对消去节点前曲线的近似。在节点过于细密的情况下，节点消去算法具有工程实际意义。

如果次数 k 既是 B 样条曲线的名义次数又是曲线的真实次数，则 k 次 B 样条曲线就不能精确降阶。如果名义次数 k 高于曲线的真实次数，则该 k 次 B 样条曲线就可以精确的降阶。

降阶要求的条件很严格，一般情况下难以满足。所以，实践中在构造组合曲线与生成曲面时，为了获得统一的次数，通常是采用升阶算法来实现。

七、三次参数曲线段的等价关系

前面介绍了三次参数曲线的 3 种不同的构造方法，分别是弗格森曲线、贝齐尔曲线和 B

样条曲线，这三种构造方法是有内在联系的，下面加以总结，如图 3-27 所示。

从几何的角度分析，$\boldsymbol{P}_0$ 和 $\boldsymbol{P}_3$ 是曲线段 $\boldsymbol{r}(u)$ 的始点 $\boldsymbol{r}(0)$ 和终点 $\boldsymbol{r}(1)$，$\boldsymbol{r}'(0)$ 和 $\boldsymbol{r}'(1)$ 是曲线段 $\boldsymbol{r}(u)$ 始点和终点的切矢量。这是弗格森曲线的特征表示。

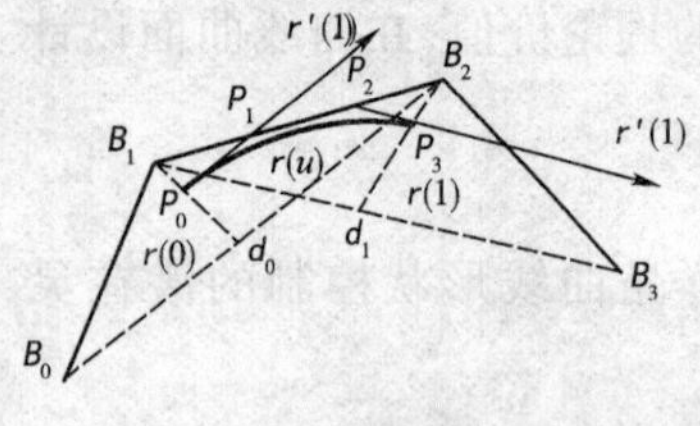

图 3-27　三种参数曲线段的等价表示关系

根据贝齐尔曲线的性质可以验证，从 $\boldsymbol{P}_0$ 开始，沿 $\boldsymbol{r}'(0)$ 的方向截取其模长的$\frac{1}{3}$，得到点 $\boldsymbol{P}_1$。从 $\boldsymbol{P}_3$ 开始，沿 $\boldsymbol{r}'(1)$ 反方向截取其模长的$\frac{1}{3}$，得到点 $\boldsymbol{P}_2$。则 $\boldsymbol{P}_0\boldsymbol{P}_1\boldsymbol{P}_2\boldsymbol{P}_3$ 即为曲线段 $\boldsymbol{r}(u)$ 的贝齐尔特征多边形。

再根据 B 样条曲线的端点性质，将线段 $\boldsymbol{P}_1\boldsymbol{P}_2$ 向两侧各延长与自身相等的长度，分别得到 $\boldsymbol{B}_1$ 和 $\boldsymbol{B}_2$。用线段连接 $\boldsymbol{B}_1$、$\boldsymbol{P}_0$，并延长两倍得到 $\boldsymbol{d}_0$，再连接 $\boldsymbol{B}_2$、$\boldsymbol{d}_0$，并延长 $\boldsymbol{B}_2\boldsymbol{d}_0$ 与自身相等的长度得到 $\boldsymbol{B}_0$。在 $\boldsymbol{B}_2$ 和 $\boldsymbol{P}_3$ 一侧作对称的操作得到 $\boldsymbol{B}_3$，则 $\boldsymbol{B}_0\boldsymbol{B}_1\boldsymbol{B}_2\boldsymbol{B}_3$ 即为曲线段 $\boldsymbol{r}(u)$ 的 B 样条特征多边形。

三种参数曲线的几何关系是很明显的，三种参数曲线的几何表示方法可以相互转换。由一种表示方法很容易用作图法找出另外两种等价的几何表示形式，如表 3-1 所示。

三次参数曲线的三种等价构造方法　　表 3-1

名称	弗格森曲线	贝齐尔曲线	B 样条曲线
曲线方程	$\boldsymbol{r}(u)=[1\quad u\quad u^2\quad u^3]\boldsymbol{M}_c\begin{bmatrix}\boldsymbol{r}(0)\\\boldsymbol{r}(1)\\\boldsymbol{r}'(0)\\\boldsymbol{r}'(1)\end{bmatrix}$	$\boldsymbol{r}(u)=[1\quad u\quad u^2\quad u^3]\boldsymbol{M}_{BE}\begin{bmatrix}\boldsymbol{P}_0\\\boldsymbol{P}_1\\\boldsymbol{P}_2\\\boldsymbol{P}_3\end{bmatrix}$	$\boldsymbol{r}(u)=[1\quad u\quad u^2\quad u^3]\boldsymbol{M}_B\begin{bmatrix}\boldsymbol{B}_0\\\boldsymbol{B}_1\\\boldsymbol{B}_2\\\boldsymbol{B}_3\end{bmatrix}$
图形	r'(0)　r(1)　r(0)　r'(1)	P_1　P_2　P_3　P_0	B_1　B_2　B_3　B_0
基函数系数阵	$\boldsymbol{M}_c=\begin{bmatrix}1&0&0&0\\0&0&1&0\\-3&3&-2&-1\\2&-2&1&1\end{bmatrix}$	$\boldsymbol{M}_{BE}=\begin{bmatrix}1&0&0&0\\-3&3&0&0\\3&-6&3&0\\-1&3&-3&1\end{bmatrix}$	$\boldsymbol{M}_B=\frac{1}{6}\begin{bmatrix}1&4&1&0\\-3&0&3&0\\3&-6&3&0\\-1&3&-3&1\end{bmatrix}$

从上述的等价表示中也可以看出，贝齐尔方法和 B 样条方法用特征多边形表示曲线，比一般参数曲线表示更加直观。

八、B 样条基函数及其性质

1. B 样条基函数

为了讨论 B 样条基函数，需要引入节点的概念。节点是参数轴上的分割点。将参数轴等距离分割，得到均匀节点。如果分割不是等距离，则得到非均匀节点。

B 样条基函数有多种等价定义，下面介绍德布尔 – 考克斯递推定义，又称为德布尔 – 考克斯递推公式。

在区间$[a,b]$上，取分割$a=x_0<x_1<\cdots<x_n=b$为节点，构造B样条基函数。基函数的递推关系式为：

$$\begin{cases} N_{i,0}(x)=\begin{cases}1 & x_i\leqslant x\leqslant x_{i+1}\\ 0 & x\notin[x_i,x_{i+1}]\end{cases} \\ N_{i,k}(x)=\dfrac{x-x_i}{x_{i+k}-x_i}N_{i,k-1}(x)+\dfrac{x_{i+k+1}-x}{x_{i+k+1}-x_{i+1}}N_{i+1,k-1}(x) \qquad k\geqslant 1 \\ \text{规定}\dfrac{0}{0}=0 \qquad i=0,1,\cdots,n-k+1 \end{cases} \tag{3-97}$$

$N_{i,k}(x)$的双下标中的第一下标i表示序号，第二下标k表示次数。递推公式(3-97)的几何意义可以归结为“移位”、“升阶”和“线性组合”。$N_{i,k}(x)$“移位”得到$N_{i+1,k}(x)$，对非均匀节点而言则指$N_{i,k}(x)$的下一个基函数$N_{i+1,k}(x)$；k阶的基函数乘以x的线性函数，就是“升阶”；再将其“线性组合”，得到$k+1$阶B样条基函数。

由上述递推公式(3-97)可知，k次$(k+1$阶$)$B样条基函数是一个只在区间$[x_i,x_{i+k}]$上非零的分段k次多项式，它具有直到k-1阶连续导数。

当$k=0$时，零次(一阶)B样条基函数为：

$$N_{i,0}(x)=\begin{cases}1 & x_i\leqslant x\leqslant x_{i+1}\\ 0 & x\notin[x_i,x_{i+1}]\end{cases} \tag{3-98}$$

$N_{i,0}(x)$的图形如图3-28所示，它只在整个区间的一个子区间$[x_i,x_{i+1}]$上非零，且为常数1，即为零次多项式，在其他的子区间均为零。$N_{i,0}(x)$称为平台函数。

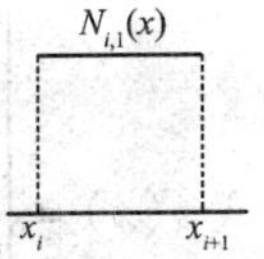

图3-28　零次B样条基函数

当$k=1$时，一次(二阶)B样条基函数为：

由式(3-98)$N_{i,0}(x)$的“移位”得

$$N_{i+1,0}(x)=\begin{cases}1 & x_i\leqslant x\leqslant x_{i+1}\\ 0 & x\notin[x_i,x_{i+1}]\end{cases} \tag{3-99}$$

将$N_{i,0}(x)$和$N_{i+1,0}(x)$带入递推公式(3-97)，得：

$$N_{i,1}(x)=\begin{cases}\dfrac{x-x_i}{x_{i+1}-x_i} & x_i\leqslant x<x_{i+1}\\ \dfrac{x_{i+2}-x}{x_{i+2}-x_{i+1}} & x_{i+1}\leqslant x\leqslant x_{i+2}\\ 0 & x\notin[x_i,x_{i+2}]\end{cases} \tag{3-100}$$

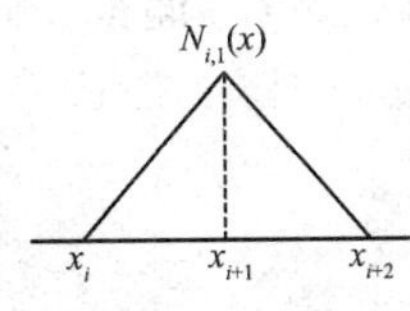

图3-29　一次B样条基函数

由递推所得到的$N_{i,1}(x)$如图3-29所示。一次B样条基函数是一个屋顶形状的函数，人们形象地称$N_{i,1}(x)$为屋顶函数。$N_{i,1}(x)$只在两个子区间$[x_i,x_{i+1}]$和$[x_{i+1},x_{i+2}]$上非零，而且各段均为x的一次多项式。

当$k=2$时，二次(三阶)B样条基函数

将$N_{i,1}(x)$的表达式(3-100)的下标i换成$i+1$，即得到$N_{i+1,1}(x)$的表达式，再将$N_{i,1}(x)$和$N_{i+1,1}(x)$带入递推公式，即可得到$N_{i,2}(x)$。但随着阶数的增高，由递推公式得到的B样条基函数表达式比较烦琐。

二次(三阶)B样条基函数为：

$$
N_{i,2}(x)=\begin{cases}
\dfrac{(x-x_i)^2}{(x_{i+2}-x_i)(x_{i+1}-x_i)} & x_i\leqslant x<x_{i+1}\\[2ex]
\dfrac{(x-x_i)^2}{(x_{i+2}-x_i)(x_{i+1}-x_i)}+\dfrac{(x_{i+3}-x_i)(x-x_{i+1})^2}{(x_{i+3}-x_{i+1})(x_{i+2}-x_{i+1})(x_i-x_{i+1})} & x_{i+1}\leqslant x<x_{i+2}\\[2ex]
\dfrac{(x_{i+3}-x)^2}{(x_{i+3}-x_{i+2})(x_{i+3}-x_{i+1})} & x_{i+2}\leqslant x\leqslant x_{i+3}\\[2ex]
0 & x\notin[x_i,x_{i+3}]
\end{cases}
\tag{3-101}
$$

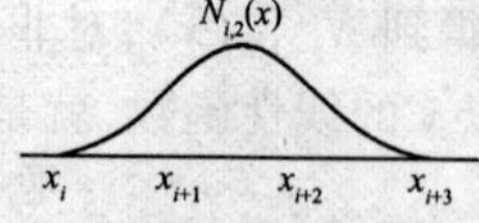

图 3-30　二次 B 样条基函数

由递推所得到的 $N_{i,2}(x)$ 如图 3-30 所示。$N_{i,2}(x)$ 在三个子区间上非零，且为分段的二次多项式，形象地被称为钟形函数。

当 $k=3$ 时，三次（四阶）B 样条基函数的表达式为：

$$
N_{i,3}(x)=\begin{cases}
\dfrac{(x-x_i)^3}{(x_{i+3}-x_i)(x_{i+2}-x_i)(x_{i+1}-x_i)} & x_i\leqslant x<x_{i+1}\\[2ex]
\dfrac{(x-x_i)^3}{(x_{i+3}-x_i)(x_{i+2}-x_i)(x_{i+1}-x_i)}+\dfrac{(x_{i+4}-x_i)(x-x_{i+1})^3}{(x_{i+4}-x_{i+1})(x_{i+3}-x_{i+1})(x_{i+2}-x_{i+1})(x_i-x_{i+1})} & x_{i+1}\leqslant x<x_{i+2}\\[2ex]
\dfrac{(x_{i+3}-x)^3(x_{i+4}-x_i)}{(x_i-x_{i+3})(x_{i+1}-x_{i+3})(x_{i+2}-x_{i+3})(x_{i+4}-x_{i+3})}+\dfrac{(x-x_{i+4})^3}{(x_{i+1}-x_{i+4})(x_{i+2}-x_{i+4})(x_{i+3}-x_{i+4})} & x_{i+2}\leqslant x<x_{i+3}\\[2ex]
\dfrac{(x-x_{i+4})^3}{(x_{i+1}-x_{i+4})(x_{i+2}-x_{i+4})(x_{i+3}-x_{i+4})} & x_{i+3}\leqslant x\leqslant x_{i+4}\\[2ex]
0 & x\notin[x_i,x_{i+4}]
\end{cases}
\tag{3-102}
$$

$N_{i,3}(x)$ 是工程上常用的一种 B 样条基函数，它只在四个子区间上非零，且为分段的三次多项式。其图形如图 3-31 所示，形如草帽，被形象地称为草帽函数。

由递推公式，可以得到任意次数的 B 样条基函数的分段表达式。按式（3-97）递推公式，可编制简洁的程序，用以计算任意次 B 样条基函数。

例如以 0、2、5、6、8、10 为节点的三次 B 样条基函数，如图 3-32 所示。

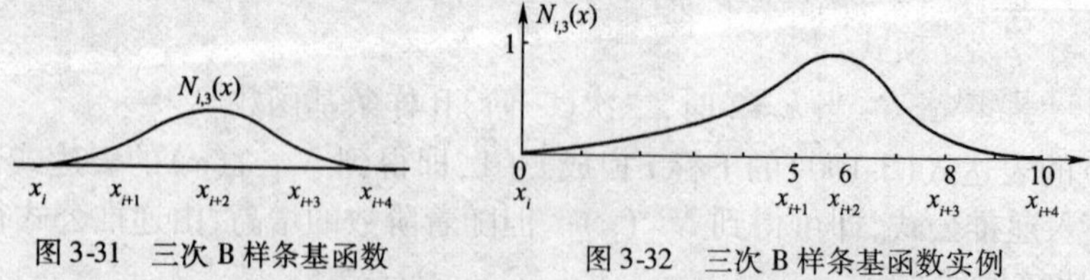

图 3-31　三次 B 样条基函数　　　图 3-32　三次 B 样条基函数实例

取参数 $x_i=i(i=0,1,\cdots,n)$ 为节点，即可在等距节点参数轴上形成均匀 B 样条基函数。由式(3-97)或者直接由式(3-98)、(3-100)、(3-101)、(3-102)可得均匀B样条基函数的表达式：

$$N_{i,0}(x)=\begin{cases}1 & i\leqslant x\leqslant i+1\\ 0 & x\notin[i,i+1]\end{cases} \tag{3-103}$$

$$N_{i,1}(x)=\begin{cases}x-i & i\leqslant x<i+1\\ i+2-x & i+1\leqslant x<i+2\\ 0 & x\notin[i,i+2]\end{cases} \tag{3-104}$$

以及 $N_{i,2}(x)$ 和 $N_{i,3}(x)$ 的均匀表达式,这里不一一列出。

再对均匀B样条基函数作参数变换,在每一个子区间内以参数 u 代换 x,令 $u=x-i$,使 u 在每个子区间的值均为 $0\leqslant u\leqslant 1$。参数变换后,0~3次均匀B样条基函数表达式依次为：

$$N_{i,0}(u)=1 \qquad 0\leqslant u\leqslant 1 \tag{3-105}$$

$$N_{i,1}(u)=\begin{cases}1-u\\ u\end{cases} \qquad 0\leqslant u\leqslant 1 \tag{3-106}$$

$$N_{i,2}(u)=\begin{cases}\frac{1}{2}(u^3-2u+1)\\ \frac{1}{2}(-2u^2+2u+1)\\ \frac{1}{2}u^3\end{cases} \qquad 0\leqslant u\leqslant 1 \tag{3-107}$$

$$N_{i,3}(u)=\begin{cases}\frac{1}{6}(-u^3+3u^2-3u+1)\\ \frac{1}{6}(3u^3-6u^2+4)\\ \frac{1}{6}(-3u^3+3u^2+3u+1)\\ \frac{1}{6}u^3\end{cases} \qquad 0\leqslant u\leqslant 1 \tag{3-108}$$

以上的分段表达式又可改写为矩阵形式：

$$N_{i,1}(u)=[1\quad u]\frac{1}{1!}\begin{bmatrix}1 & 0\\ -1 & 1\end{bmatrix} \qquad 0\leqslant u\leqslant 1 \tag{3-109}$$

$$N_{i,2}(u)=[1\quad u\quad u^2]\frac{1}{2!}\begin{bmatrix}1 & 1 & 0\\ -2 & 2 & 0\\ 1 & -2 & 1\end{bmatrix} \qquad 0\leqslant u\leqslant 1 \tag{3-110}$$

$$N_{i,3}(u)=[1\quad u\quad u^2\quad u^3]\frac{1}{3!}\begin{bmatrix}1 & 4 & 1 & 0\\ -3 & 0 & 3 & 0\\ 3 & -6 & 3 & 0\\ -1 & 3 & -3 & 1\end{bmatrix} \qquad 0\leqslant u\leqslant 1 \tag{3-111}$$

由此可推得 k 次$(k+1)$阶B样条基函数为：

$$N_{i,k}(u)=\frac{1}{k!}\boldsymbol{A} \qquad 0\leqslant u\leqslant 1 \tag{3-112}$$

式中 $\boldsymbol{A}$ 为系数矩阵,其中元素也可以找出递推算法,这里不再介绍。

2. B 样条基函数的性质

1)局部性

$N_{i,k}(x)$ 只在 $[x_i, x_{i+k}]$ 范围内有值,且为分段 k 次多项式。在其他子区间上值为零。随着次数 k(阶数 $k+1$)的增高,B 样条基函数非零的跨度增加,而基函数的最大值则相应减小。

2)非负性

$$N_{i,k}(x) = \begin{cases} \geqslant 0 & x \in [x_i, x_{i+k}] \\ =0 & \text{其他} \end{cases} \tag{3-113}$$

3)权性(规范性)

$$\int_{-\infty}^{+\infty} N_{i,k}(x)\,\mathrm{d}x = 1 \tag{3-114}$$

$$\sum_{i=0}^{k} N_{i,k}(x) = 1 \tag{3-115}$$

4)递推性

由上述递推公式表明。

5)微分公式

$$N'_{i,k}(x) = \frac{k-1}{x_{i+k-1} - x_i} N_{i,k-1}(x) + \frac{k-1}{x_{i+k} - x_{i+1}} N_{i+1,k-1}(x) \tag{3-116}$$

6)对称性

均匀 B 样条基函数具备对称性

$$N_{i,k}(u) = N_{k-i,k}(1-u) \quad (i = 0, 1, \cdots, k) \tag{3-117}$$

九、非均匀 B 样条曲线

在车身 CAD 过程中,经常涉及到非均匀的 B 样条曲线,它是在基函数里用节点的不均匀分割来适应特征多边形顶点或型值点的严重不均匀情况。虽然这对曲线的计算有所增加,但是与均匀的 B 样条曲线相比,其设计能力和效果都有提高,也增加了 B 样条曲线的应用灵活性。

1. 一次非均匀 B 样条曲线

设有顶点序列 $\boldsymbol{B}_i$ $(i = 0, 1, \cdots, n)$,一次非均匀 B 样条曲线由位于所在区间内的两个一次非均匀 B 样条基函数与特征多边形顶点线性组合而成。其表达式为:

$$r_i(x) = \boldsymbol{B}_i \frac{x_{i+1} - x}{x_{i+1} - x_i} + \boldsymbol{B}_{i+1} \frac{x - x_i}{x_{i+1} - x_i} (i = 0, 1, \cdots, n-1; x_i \leqslant x < x_{i+1}) \tag{3-118}$$

在引用一次非均匀 B 样条基函数时,要进行区间变换,使基函数在区间 $[x_i, x_{i+1}]$ 内。

一次非均匀 B 样条曲线为折线多边形,与特征多边形重合,而且与一次均匀 B 样条曲线没有区别。

2. 二次非均匀 B 样条曲线

二次非均匀 B 样条曲线由位于所在区间内的三个二次非均匀 B 样条基函数与特征多边形顶点线性组合而成。在引用二次非均匀 B 样条基函数时,同样要进行区间变换,使基函数在区间 $[x_i, x_{i+1}]$ 内。其表达式为:

$$r_i(x) = \boldsymbol{B}_i \frac{(x_{i+1} - x)^2}{(x_{i+1} - x_i)(x_{i+1} - x_{i-1})} +$$

$$\boldsymbol{B}_{i+1}\left[\frac{(x-x_{i-1})^2}{(x_i-x_{i-1})(x_{i+1}-x_{i-1})}+\frac{(x_{i+2}-x_{i-1})(x-x_i)^2}{(x_{i+2}-x_i)(x_{i+1}-x_i)(x_{i-1}-x_i)}\right]+ \tag{3-119}$$

$$\boldsymbol{B}_{i+2}\frac{(x-x_i)^2}{(x_{i+1}-x_i)(x_{i+2}-x_i)} \qquad (i=0,1,\cdots,n-2;x_i\leqslant x<x_{i+1})$$

3. 三次非均匀 B 样条曲线

任何一段三次非均匀 B 样条曲线都是由位于该曲线所在区间内的四个三次非均匀 B 样条基函数与特征多边形顶点线性组合而成。在引用三次非均匀 B 样条基函数时，经过区间变换，使基函数都在区间$[x_i,x_{i+1}]$内。三次非均匀 B 样条曲线的表达式为：

$$r_{i,3}(x)=\boldsymbol{B}_i\frac{(x_{i+1}-x)^3}{(x_{i+1}-x_{i-2})(x_{i+1}-x_{i-1})(x_{i+1}-x_i)}+$$

$$\boldsymbol{B}_{i+1}\left[\frac{(x_{i+1}-x)^3(x_{i+2}-x_{i-2})}{(x_{i+1}-x_{i-2})(x_{i+1}-x_{i-1})(x_{i+1}-x_i)(x_{i+1}-x_{i+2})}+\frac{(x_{i+2}-x)^3}{(x_{i+2}-x_{i-1})(x_{i+2}-x_i)(x_{i+2}-x_{i+1})}\right]+$$

$$\boldsymbol{B}_{i+2}\left[\frac{(x-x_{i-1})^3}{(x_{i+2}-x_{i-1})(x_{i+1}-x_{i-1})(x_i-x_{i-1})}+\frac{(x_{i+3}-x_{i-1})(x-x_i)^3}{(x_i-x_{i-1})(x_i-x_{i+1})(x_i-x_{i+2})(x_i-x_{i+3})}\right]+$$

$$\boldsymbol{B}_{i+3}\frac{(x-x_i)^3}{(x_{i+3}-x_i)(x_{i+2}-x_i)(x_{i+1}-x_i)} \qquad (i=0,1,\cdots,n-3;x_i\leqslant x<x_{i+1}) \tag{3-120}$$

比较均匀 B 样条曲线和非均匀 B 样条曲线得知：两者的公式相似，前者系数方阵 M_B 的元素是固定值，而后者的元素随节点距离而改变。也就是说，均匀 B 样条曲线的形状只是取决于特征多边形顶点，而非均匀 B 样条曲线不仅取决于特征多边形顶点，而且还受到基函数节点的距离的影响。

在实际工程应用中，非均匀 B 样条基函数的节点如何分割，其主要的考虑就是要用节点的不均匀分割适应型值点或顶点的不均匀性，以下三种处理方法是简单有效的。

(1)对一次曲线，曲线即是特征多边形本身，节点距离按与型值点的实际距离（也就是折线边长）成比例选取。

(2)对于二次和三次曲线，在一般情况下，可取节点距离与特征多边形顶点距离（边长）成某一比例；在反算情况下，可取节点与型值点实际距离成某一比例。

(3)两端如果还需要补充一定的节点，可向端点外侧等距延伸，也可取重节点。

十、双三次 B 样条曲面

双三次 B 样条曲面是 B 样条曲线在两个参数方向的推广，类似于贝齐尔曲线到贝齐尔曲面的推广。

设给定空间 16 个点的位置矢量 $\boldsymbol{B}_{i,j}(i=0,1,2,3;j=0,1,2,3)$，并按序排成一个四阶方阵：

$$\boldsymbol{B}=\begin{bmatrix}\boldsymbol{B}_{0,0} & \boldsymbol{B}_{0,1} & \boldsymbol{B}_{0,2} & \boldsymbol{B}_{0,3}\\ \boldsymbol{B}_{1,0} & \boldsymbol{B}_{1,1} & \boldsymbol{B}_{1,2} & \boldsymbol{B}_{1,3}\\ \boldsymbol{B}_{2,0} & \boldsymbol{B}_{2,1} & \boldsymbol{B}_{2,2} & \boldsymbol{B}_{2,3}\\ \boldsymbol{B}_{3,0} & \boldsymbol{B}_{3,1} & \boldsymbol{B}_{3,2} & \boldsymbol{B}_{3,3}\end{bmatrix}$$

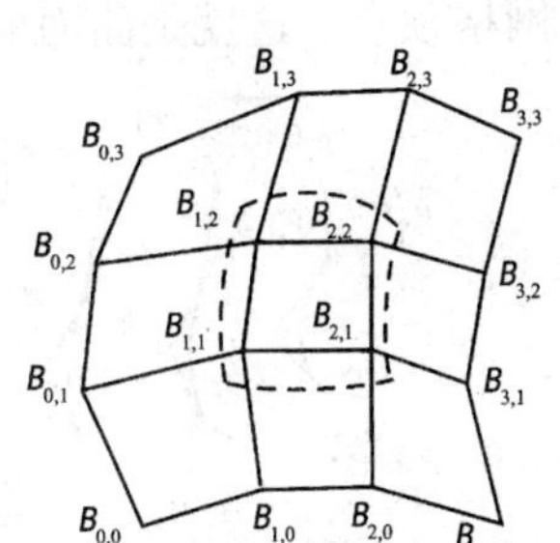

图 3-33　单片双三次 B 样条曲面

我们把这些位置矢量叫做顶点，上述的四阶方阵叫做顶点信息方阵。将这些顶点沿参数方向分别联成特征多边形，构成特征网格，如图 3-33 所示。双三次 B 样条曲面计算式为：

$$\boldsymbol{r}_i(u,v)=[N_{0,3}(u)\quad N_{1,3}(u)\quad N_{2,3}(u)\quad N_{3,3}(u)]\boldsymbol{B}\begin{bmatrix}N_{0,3}(v)\\N_{1,3}(v)\\N_{2,3}(v)\\N_{3,3}(v)\end{bmatrix}\quad(0\leqslant u\leqslant 1,0\leqslant v\leqslant 1)$$

(3-121)

曲面可以很紧凑地表示为：

$$\begin{aligned}\boldsymbol{r}(u,v)&=\sum_{i=0}^{3}\sum_{j=0}^{3}N_{i,3}(u)N_{j,3}(v)\boldsymbol{B}_{i,j}\\&=\boldsymbol{U}\boldsymbol{M}_B\boldsymbol{B}\boldsymbol{M}_B^T\boldsymbol{V}^T\end{aligned}\tag{3-122}$$

其中，$\boldsymbol{U}=[1\quad u\quad u^2\quad u^3]$，$\boldsymbol{M}_B=\frac{1}{3!}\begin{bmatrix}1&4&1&0\\-3&0&3&0\\3&-6&3&0\\-1&3&-3&1\end{bmatrix}$，$\boldsymbol{V}=[1\quad v\quad v^2\quad v^3]$。

如果改变曲面的两个参数的取向，就是交换 u,v 两个参数方向，得出的双三次 B 样条曲面是完全相同的。

这 16 个顶点是双三次 B 样条曲面的控制网格顶点，而不是曲面的通过点。

如给定 $n\times m$ 个排成网格的空间顶点，排成一个 $n\times m$ 阶矩阵 $\boldsymbol{B}_{i,j}(i=0,1,\cdots,n-1;j=0,1,\cdots,m-1)$。他们构成了双三次 B 样条曲面的特征网格。双三次 B 样条曲面的方程为：

$$\boldsymbol{r}(u,v)=\boldsymbol{r}_{i,j}(u,v)=\boldsymbol{U}\boldsymbol{M}_B\boldsymbol{B}\boldsymbol{M}_B^T\boldsymbol{V}^T\tag{3-123}$$

$$(0\leqslant u\leqslant 1;0\leqslant v\leqslant 1)(i=0,1,2,\cdots,n-3;j=0,1,2,\cdots,m-3)$$

此双三次 B 样条曲面是由 $(n-3)\times(m-3)$ 块双三次 B 样条曲面片拼合而成，每两片相邻曲面片之间都达到 C^2 连续，这是由三次 B 样条基函数的 C^2 连续保证的。因此，双三次 B 样条曲面很自然地解决了曲面片之间的拼合问题。

十一、双三次 B 样条曲面的计算及其等价表示

1. 曲面的正算

给定特征网格顶点 $\boldsymbol{B}_{i,j}(i=0,1,\cdots,n-1;j=0,1,\cdots,m-1)$，构造 B 样条曲面，再计算曲面上任意点的位置矢量及法矢量。

按照式(3-123)可计算曲面上任意参数 $(0\leqslant u\leqslant 1,0\leqslant v\leqslant 1)$ 的位置矢量。

2. 曲面的反算

要构造通过型值点 $\boldsymbol{P}_{i,j}(i=0,1,\cdots,n;j=0,1,\cdots,m)$ 的 B 样条曲面，先要反算 B 样条特征网格顶点。这就是曲面的反算问题，如图 3-34 所示。

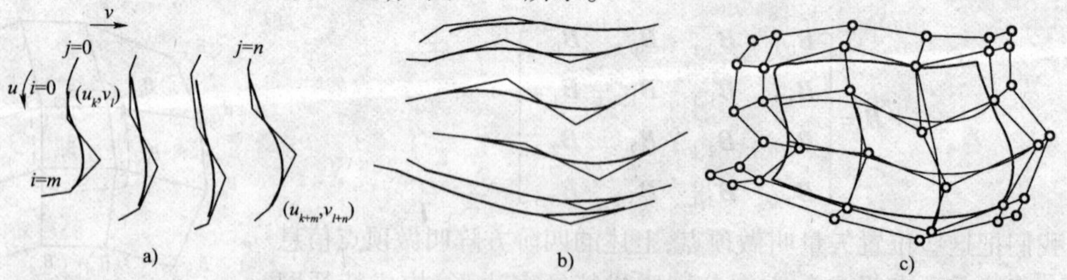

图 3-34　B 样条曲面的反算过程

a) 截面曲线及其控制多边形；b) 控制曲线及其控制多边形；c) 插值曲面及其控制网格

首先对 u 方向的 $n+1$ 组型值点，按 B 样条曲线的反算方法，得到各条插值曲线的特征多边形顶点 $\boldsymbol{Q}_{i,j}(i=-1,0,1,\cdots,n,n+1;j=0,1,\cdots,m)$。然后，把上面算出的 $\boldsymbol{Q}_{i,j}$，看成在 v 方向的 $m+1$ 组型值点列，再按照 B 样条曲线的反算法得到 $\boldsymbol{B}_{i,j}(i=-1,0,1,\cdots,n,n+1;j=-1,0,1,\cdots,m,m+1)$。$\boldsymbol{B}_{i,j}$ 点就是双三次 B 样条曲面的特征网格顶点，利用它们可以算出曲面上任意点的位置矢量。型值点 $\boldsymbol{P}_{i,j}$ 都是这个曲面上的点。

3. 双三次 B 样条曲面的等价表示

双三次参数曲面片的构造，可以采用不同的方法，而得到相同形状的曲面。虽然它们的构造方法各不相同，但是在原理上都有相通之处。

对于同一双三次曲面片而言，可以写成孔斯曲面形式，也可以写成贝齐尔形式或者 B 样条形式，三种构造方法有其内在的联系。

$$\begin{cases}\boldsymbol{r}_C(u,v)=\boldsymbol{U}\boldsymbol{M}_C\boldsymbol{B}_C\boldsymbol{M}_C^T\boldsymbol{V}^T\\ \boldsymbol{r}_{BE}(u,v)=\boldsymbol{U}\boldsymbol{M}_{BE}\boldsymbol{B}_{BE}\boldsymbol{M}_{BE}^T\boldsymbol{V}^T\\ \boldsymbol{r}_B(u,v)=\boldsymbol{U}\boldsymbol{M}_B\boldsymbol{B}_B\boldsymbol{M}_B^T\boldsymbol{V}^T\end{cases} \tag{3-124}$$

式中：$\boldsymbol{B}_C$——孔斯曲面形式的角点信息矩阵；

$\boldsymbol{B}_{BE}$——贝齐尔曲面形式的控制网格顶点信息矩阵；

$\boldsymbol{B}_B$——B 样条曲面形式的控制网格顶点信息矩阵；

$\boldsymbol{M}_C$——孔斯曲面形式的基函数系数信息矩阵；

$\boldsymbol{M}_{BE}$——贝齐尔曲面形式的基函数系数信息矩阵；

$\boldsymbol{M}_B$——B 样条曲面形式的基函数系数信息矩阵。

由于在 $0\leqslant u\leqslant 1,0\leqslant v\leqslant 1$ 的范围内：

$$\boldsymbol{r}_C(u,v)=\boldsymbol{r}_{BE}(u,v)=\boldsymbol{r}_B(u,v) \tag{3-125}$$

从而得到：

$$\boldsymbol{M}_C\boldsymbol{B}_C\boldsymbol{M}_C^T=\boldsymbol{M}_{BE}\boldsymbol{B}_{BE}\boldsymbol{M}_{BE}^T=\boldsymbol{M}_B\boldsymbol{B}_B\boldsymbol{M}_B^T \tag{3-126}$$

通过矩阵运算，孔斯曲面形式的角点信息矩阵与贝齐尔或 B 样条曲面形式的控制网格顶点信息矩阵可以相互转换。这些矩阵的元素自然也可以相互转换。这些等价表示的关系式反映了三种构造方法的内在联系。

尽管这三种形式是等价的，但是 B 样条形式直观，有良好的局部性，便于实现对曲面形状的控制，因此应用最为广泛。

第五节　非均匀有理 B 样条(NURBS)曲线曲面

前面的内容对 B 样条曲线作了比较全面的介绍，但多是针对均匀 B 样条的介绍。其最主要的特征就是各段 B 样条曲线采用相同的基函数，这时的基函数只是曲线参数 u 的函数。

均匀 B 样条曲线的特点是节点等距分布，由各节点形成的 B 样条相同，故可以看作同一条 B 样条曲线的简单平移。一般情况下，应用均匀 B 样条方法可以获得满意的结果，而且计算效率高。

但均匀 B 样条曲线存在如下问题：

(1)不能贴切地反映控制顶点的分布特点。

(2)当型值点分布不均匀时，难以获得理想的插值曲线。

此外，在汽车、飞机等机械零件的外形设计当中，经常遇到由二次曲线与二次曲面表示的形状。圆弧、椭圆弧、抛物线等二次曲线，圆柱面、圆锥面、圆环面等二次曲面构造的形状应用十分广泛。

虽然B样条方法在表示与设计自由型曲线曲面形状时，显示了强大的能力，然而在表示与设计这些由二次曲面与平面构成的初等曲面时，却遇到了麻烦。因为B样条曲线和贝齐尔曲线都不能精确表示除抛物线外的二次曲线，B样条曲面和贝齐尔曲面也都不能精确表示除抛物面外的二次曲面，而只能给出近似的表示。近似表示将带来处理上的麻烦，使本来简单的问题复杂化，还带来原本不存在的设计误差问题。

专门用于自由型曲线曲面的B样条方法和贝齐尔方法都不能适应对初等曲面的表示与设计的要求。为了解决这个问题，只有改造现有的B样条方法，保留它描述自由型形状的长处，同时扩充其统一表示二次曲线与二次曲面的能力，这种方法就是有理B样条方法。

由于在形状描述实践中，有理B样条方法更多地是以非均匀类型出现，均匀B样条方法及贝齐尔方法可以看成非均匀B样条方法的特例，所以人们习惯称之为非均匀有理B样条(Non-Uniform Rational B-Spline, NURBS)。

NURBS方法既与描述自由型曲线曲面的B样条方法相统一，又是能精确表示二次曲线曲面的数学方法。

一、NURBS曲线

一条 k 次NURBS曲线可以表示为一分段有理多项式函数：

$$\boldsymbol{r}(u)=\frac{\sum_{i=0}^{n}w_i\boldsymbol{B}_iN_{i,k}(u)}{\sum_{i=0}^{n}w_iN_{i,k}(u)} \tag{3-127}$$

这给出了NURBS曲线的数学定义。

其中，$\boldsymbol{B}_i(i=0,1,\cdots,n)$ 称为控制顶点，顺序连接成控制多边形。

$N_{i,k}(u)$ 是由节点矢量 $\boldsymbol{U}=[u_0,u_1,u_i,\cdots,u_{n+k+1}]$ 按照德布尔－考克斯递推公式(3-97)决定的 k 次规范B样条基函数。

$w_i(i=0,1,\cdots,n)$ 称为权或权因子(Weights)，分别与控制顶点 $\boldsymbol{B}_i(i=0,1,\cdots,n)$ 相联系。首末权因子 $w_0,w_n>0$，其余 $w_i\geqslant0$，并且顺序 k 个权因子不同时为零，以防止分母为零、保留凸包性质及曲线不致因权因子而退化为一点。

当移动 k 次NURBS曲线的一个控制顶点 $\boldsymbol{B}_i$ 或改变所联系的权因子 w_i，将仅仅影响定义在区间 $[u_i,u_{i+k+1}]$ 上那部分曲线的形状，对曲线其他部分不发生影响。

若固定所有控制顶点及除了 w_i 之外的所有其他权因子不变，当 w_i 变化时，NURBS曲线随之变化。w_i 增加，曲线被拉向控制顶点 $\boldsymbol{B}_i$；若 w_i 减小，曲线被推离控制顶点 $\boldsymbol{B}_i$；当 $w_i\to+\infty$ 时，曲线通过 $\boldsymbol{B}_i$ 点。即是，权因子 w_i 的减小和增加，起到对曲线相对于顶点 $\boldsymbol{B}_i$ 的推拉作用。

二、NURBS曲面

类似于NURBS曲线，一张 $k\times l$ 次NURBS曲面的有理分式表示为：

$$\boldsymbol{r}(u,v)=\frac{\sum_{i=0}^{m}\sum_{j=0}^{n}w_{i,j}\boldsymbol{B}_{i,j}N_{i,k}(u)N_{j,l}(v)}{\sum_{i=0}^{m}\sum_{j=0}^{n}w_{i,j}N_{i,k}(u)N_{j,l}(v)} \tag{3-128}$$

其中,控制顶点 $\boldsymbol{B}_{i,j}(i=0,1,\cdots,m;j=0,1,\cdots,n)$ 是拓扑矩形阵列,形成一个控制网格。

$w_{i,j}$ 是与顶点 $\boldsymbol{B}_{i,j}$ 联系的权因子,规定四个角顶点处用正权因子,即 $w_{0,0},w_{m,0},w_{0,n},w_{m,n}>0$,其余 $w_{i,j}\geqslant 0$,并且顺序 $k\times l$ 个权因子不同时为零。

$N_{i,k}(u)(i=0,1,\cdots,m)$ 和 $N_{j,l}(v)(j=0,1,\cdots,n)$ 分别为 u 向 k 次和 v 向 l 次的规范 B 样条基函数。它们分别由 u 向和 v 向的节点矢量 $\boldsymbol{U}=[u_0,u_1,\cdots,u_{m+k+1}]$ 和 $\boldsymbol{V}=[v_0,v_1,\cdots,v_{n+l+1}]$ 按照德布尔 - 考克斯递推公式决定。

三、NURBS 曲线曲面的应用

NURBS 在形状定义方面具有强大的功能和潜力,在该方法还没有完全成熟的 1983 年,美国国家标准化学会制定 IGES 标准第二版时,就将 NURBS 列为优化类型。

1991 年国际标准化组织正式颁布了 STEP 标准,作为产品数据交换的国际标准。在 STEP 标准中,自由型曲线曲面唯一地采用了 NURBS 表示。

1992 年,国际标准化组织又将 NURBS 纳入独立于设备的交互图形编程接口 PHIGS,作为 PHIGS Plus 的扩充部分。

NURBS 方法在车身 CAD/CAM 领域应用广泛,它具有如下优点:

(1)为标准解析图形(即初等曲线曲面)和自由型曲线曲面的精确表示与设计提供了一个公共的数学形式,因此能够使用一个统一的数据库存储这两类形状信息。

(2)修改控制顶点及权因子为各种形状设计提供了充分的灵活性。权因子的引入成为几何连续样条曲线曲面中形状参数的替代物。

(3)计算稳定并且速度快。

(4)NURBS 有明显的几何解释。

(5)NURBS 有强有力的几何配套技术(包括插入节点/细分/消去、升阶、分裂等),能用于设计、分析与处理等各个环节。

(6)NURBS 在比例、旋转、平移、剪切、平行与透视投影等变换下是几何不变的。

(7)NURBS 是非均匀有理 B 样条形式以及有理与非有理贝齐尔形式的合适的推广。

NURBS 存在的缺点:

(1)当应用 NURBS 定义解析曲线曲面时,需要额外的存储空间。如在空间定义一个整圆,用常规方法仅需要 7 个数,即圆心坐标 (x_0,y_0,z_0),圆所在平面法矢 (n_x,n_y,n_z) 和半径 R。而当用 NURBS 方法以外切三角形的 7 个控制顶点定义时,则需要 38 个数,即节点矢量的 10 个节点,再加上顶点坐标 (x,y,z,w) 的 28 个数。

(2)权因子的应用虽为设计工作提供了灵活性,但是从另一个方面考虑,也对设计人员和用户提出了更高的要求。

(3)某些技术用传统形式比用 NURBS 更好。例如曲面和曲面的求交问题,NURBS 方法的求交是比较复杂的。

(4)某些基本算法,例如反求曲线曲面上的点的参数值,存在数值不稳定问题。

实际上,这些问题并非 NURBS 所特有。对于任何一种方法,都必须扬长避短,在 CAD/CAM 领域,NURBS 方法最重要的优点就是其统一表达自由曲线曲面和解析曲线曲面的能力。因而,当几何形体同时存在自由曲线曲面和解析曲线曲面时,应用 NURBS 方法最为有效。

现在的大型 CAD 商品软件系统都开发和推出了 NURBS 功能,并且大都将 NURBS 作为曲线曲面的统一标准。关于 NURBS 的理论研究成果已经并正在迅速转化为现实的生产力。目前国内广泛应用的 CATIA、NX、Pro/ENGINEER、AliasStudio 等国际著名的三维 CAD/CAM 软件都具有应用 NURBS 方法生成曲线曲面的功能。

NURBS 方法有着广泛应用，例如 Maya、Rhinoceros、Coreldraw、Adobe Photpshop、3DSMAX 等软件的平面图设计与制作，影视动画中制作人物丰富的肢体和面部形象，场景中的风云雨雪、山地、树林、激流、瀑布、烈火等，飞机的外形（包括机翼、螺旋桨等）与结构设计，船舶结构设计，汽车车身的造型与结构设计等。

图 3-35 是应用 CAD 软件得到的计算机辅助汽车造型。

图 3-35　计算机辅助汽车造型

复习与思考题

1. 空间中曲线上某一点的曲率和挠率分别对曲线的形状有什么样的影响？

2. 空间中两段拼接的曲线，在拼接点处两端点 $G^0G^1G^2$ 连续，请分别解释并画图示意它们的连续性情况。

3. 计算机绘制三次样条曲线时要补充两个边界条件，请说明三种补充条件的含义？

4. 伯恩斯坦基函数和贝齐尔曲线有哪些性质？

5. 画出两条三次贝齐尔曲线拼接的流程图。

6. 贝齐尔曲线的升阶和降阶对曲线及其控制多边形有怎样的影响？

7. B 样条基函数和 B 样条曲线有哪些性质？

8. 画出三次 B 样条曲线的反算算法的流程图。

9. 图示并说明三次参数曲线段的等价表示方法。

10. NUBRS 方法是在怎样的历史条件下发展起来的？

11. NUBRS 方法的优点和缺点都有哪些？

第四章　车身坐标测量技术

本章介绍坐标测量机的作用与类型，接触式和非接触式坐标测量机的原理和应用特点，测量点的数据处理，及坐标测量在车身CAD领域的应用情况。

第一节　坐标测量的概念

在坐标测量技术中，需要通过测量的方法建立实际可见的坐标系，然后将测量点用坐标表示方法一一对应在坐标系中，再利用空间几何关系就可以获得所需的各测量数据。例如在常用的坐标测量中，选取测量机或工件上的参考平面，建立工件测量坐标系，采集被测工件表面上的被测点的坐标值，并投射到空间坐标系中，构建工件的空间数字模型。

坐标测量机（Coordinate Measuring Machines，简称CMM）是20世纪50年代发展起来的一种高效的精密测量设备。坐标测量机有二维的也有三维的，目前使用的多是三维坐标测量机，也就是常说的坐标测量机。

由于工业生产的迅猛发展，特别是汽车、航空航天和电子工业兴起后，各种复杂零件的研制和生产需要先进的检测技术与仪器，因而体现三维测量技术的坐标测量机应运而生，并迅速发展和日趋成熟。

三维坐标测量是基于以下的客观要求而发展起来的。

（1）越来越多的工件需要进行空间三维测量，而传统的测量方法不能满足生产的需要。

（2）由于机械加工、数控机床加工及自动加工线的发展，生产节拍的加快，要求加快对复杂工件的检测。

（3）随着生产规模日益扩大，加工精度不断提高，除了需要高精度坐标测量机在计量室检测外，为了便于直接检测工件，测量往往需要在加工车间进行，或将测量机直接串联到生产线上。检验的零件数量加大，科学化管理程度加强，因而需要各种精度的坐标测量机，以满足生产的需要。

（4）实现逆向工程的需要，例如随着汽车工业的发展，车身改型换代加快，往往要按已有的零件模型去仿制改型，所以需要测量出零件的三维形状数据。根据这些数据建模，再编制加工程序，然后将程序输入到数控机床加工模具。因此，需要与“数控机床”或“加工中心”相配合的三维检测技术。

综上所述，坐标测量机是标志计量仪器从古典的手动方式向现代化自动检测技术过渡的一个里程碑。

坐标测量机广泛的应用于机械制造、电子、汽车和航空航天等工业中。它可以进行零部件的尺寸、形状及相对位置的检测，例如轿车车身、厢体、导轨、涡轮、叶片、凸轮、缸体、齿轮等空间形面的测量。此外，还可以用于划线、定中心孔、光刻集成线路等，并可以对连续曲面进行扫描及制备数控机床的加工程序等。

由于它的通用性强、测量范围大、精度高、效率高、性能好、能与柔性制造系统相连接，已成为一类大型的精密仪器。

坐标测量机在车身的设计、开发和制造过程中,已经是一种必不可少的设备。坐标测量机能够高效率、高精度地实现复杂车身零部件的测量,是车身逆向工程实现的基础和关键技术,也是车身质量检测的重要手段。

第二节　坐标测量机的作用与类型

一、坐标测量机的作用

(1)解决了复杂形状表面轮廓尺寸的测量,例如箱体零件的孔径与孔位、叶片与齿轮、汽车与飞机等的外廓尺寸检测等。

(2)提高了三维测量的测量精度,目前高精度的坐标测量机的单轴精度,每米长度内可达1μm以内,三维空间精度达到1~2μm。对于车间检测用的坐标测量机,每米测量精度单轴也达到3~4μm。

(3)由于坐标测量机可与数控机床和加工中心配套组成生产加工线或柔性制造系统,从而促进了自动生产线的发展。

(4)随着坐标测量机的精度不断提高,自动化程度不断发展,促进了坐标测量技术的进步,大大地提高了测量效率。尤其是电子计算机的引入,不但便于数据处理,而且可以完成CNC(Computerized Numerical Control)的控制功能,可大大缩短测量时间。

坐标测量工作的实质是将模拟量转化为数字量。测量结果的输出不仅是数值量,而且可以进行数据处理,甚至建立数字模型,进行实物编程,生成数控加工或绘图用的程序等。

二、坐标测量机的类型

(1)按照坐标测量机的测量范围,可将它分为小型、中型与大型。

小型坐标测量机主要用于精密的模具、刀具、工具、首饰、微刻与集成线路板等。这些零件要求精度高,因而要求测量机的精度要高。测量范围一般是最长的坐标方向小于500mm。可以是手动的,也可以是数控的。

中型坐标测量机的测量范围在500~2000mm。此类型的规格较多,需求量大,主要用于对模具类零件的测量。操作控制有手动与机动,有的还有CNC控制系统。精密等级一般为中等或高精度。

大型坐标测量机的测量范围大于2000mm,主要应用于汽车和飞机外形、发动机与推进器叶片等大型零件的测量与检测。一般自动化程度较高,多为CNC型,也有手动或机动。精密等级一般为中等,也有一些采用非正交坐标系的大型测量机。近年来,非接触式的大型坐标测量机应用较多。

(2)按坐标测量机的测量精度分类,有低精度、中精度和高精度的测量机。

低精度的测量机主要是具有水平臂的坐标测量划线机,单轴的最大测量不确定度大约在$1\times10^{-4}L$,空间的最大测量不确定度在$(2\sim3)\times10^{-4}L$,其中L为最大测量程。

中等精度与部分低精度测量机常称为生产型测量机,多在车间或生产线上使用,也有在实验室使用的。中等精度的坐标测量机的单轴最大测量不确定度大约在$1\times10^{-5}L$,空间的最大测量不确定度在$(2\sim3)\times10^{-5}L$。

高精度坐标测量机多称为精密型或计量型测量机，主要在计量室使用，单轴的最大测量不确定度大约在 $1 \times 10^{-6}L$，空间的最大测量不确定度在 $(2 \sim 3) \times 10^{-6}L$。

上述的划分不是绝对的，随着生产技术的进步与误差补偿技术的应用，以及对产品质量要求的提高，测量机的测量不确定度在不断减小。光学非接触式坐标测量机的精度受到多种因素影响，包括被测件表面反射情况、表面粗糙度、测量环境、测量时的焦距调整等，一般精度水平在百分之一毫米级。

(3)按照测头是否和零部件表面接触，可以将测量机分为接触式坐标测量机和非接触式坐标测量机。

接触式测量的基本原理是力变形原理，它可以进行触发式或者连续的数据采集。

对于接触式坐标测量机又可以按自动化程度分类，分为手动型、机动型和 CNC 型。

若按照主机的结构形式与运动关系分类，接触式坐标测量机可分为桥框式、龙门式、悬臂式、立柱式、卧镗式、仪器台式和极坐标式等。

非接触式测量方法主要运用光学原理进行，它有激光三角测量法、激光测距法、结构光学法等，还有图形分析法、工业计算机断层数据测量法、磁共振成像术测量法、超声波法和层去扫描法等。

在接触式测量方法中，汽车用机械接触式坐标测量机是应用最为广泛的一种测量设备。

而采用非接触式的光学(激光)测头的机械坐标测量机就成为非接触式坐标测量设备。一般将只带有光学测头，即电荷耦合器(Charge Coupled Device，简称 CCD)摄像头的坐标测量机，称为光学测量机。目前，在车身非接触式测量方法中，激光三角法和结构光学法是比较常用的三维测量方法。

第三节　接触式坐标测量机

在坐标测量机出现以前，通常采用一些比较原始的方法进行空间尺寸的测量，比如使用高度尺和量规等通用量具在平板上进行测量。后来的坐标测量机对这种方法进行完善，逐渐发展成为目前的机械接触式坐标测量机。

接触式坐标测量机是最早发展起来的一种坐标测量设备，在汽车车身制造行业应用广泛。接触式坐标测量机可对车身油泥模型、白车身总成，及前风窗、仪表板、座椅、灯具等部件进行测量，也可以配合零件检测数据进行车身焊装质量的检测。如图 4-1 ~ 图 4-4 所示。

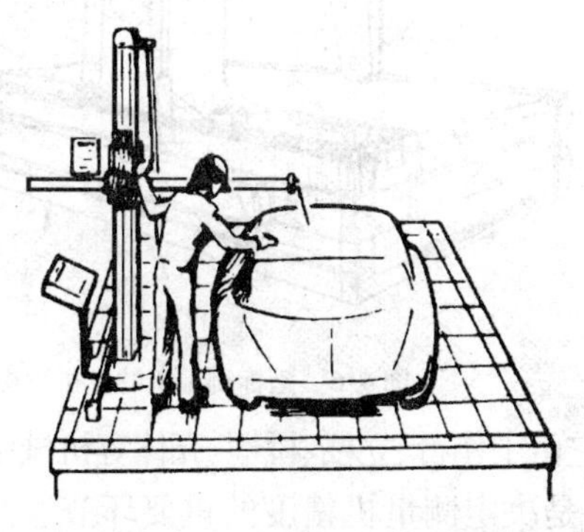
图 4-1　油泥模型测量

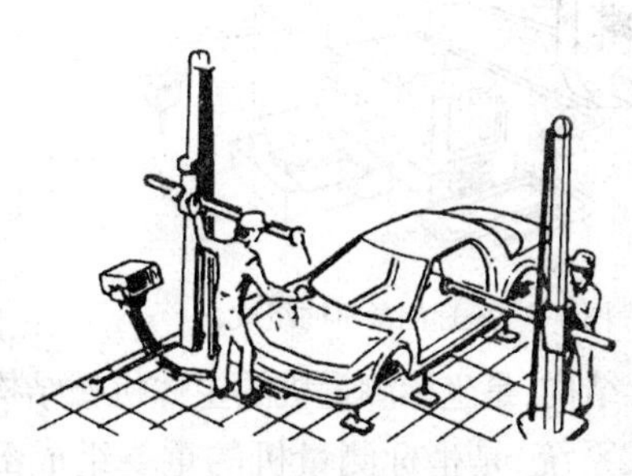
图 4-2　车身本体表面测量

一、测量原理

接触式坐标测量机的原理是：将被测件置于坐标的测量空间之内，测出接触点处的坐标位置，根据这些点的空间坐标值，经过计算可以求出被测件的几何尺寸、形状及位置。

图 4-3　车身零部件测量　　图 4-4　车身质量检测

作为一种测量仪器，坐标测量机主要是比较被测量与标准量，并将比较结果用数值表示出来。

坐标测量机需要三个方向的标准器（标尺），利用导轨实现沿相应方向的运动，还需要三维测头对被测量进行探测和瞄准。

此外，测量机还具有数据自动处理和自动检测等功能，需要由相应的电气控制系统与计算机软硬件来实现。

二、基本结构

接触式坐标测量机的基本结构可分为主机、测头、电气系统三大部分，如图 4-5 所示。

1）主机

（1）坐标测量机主机的结构如图 4-6 所示。

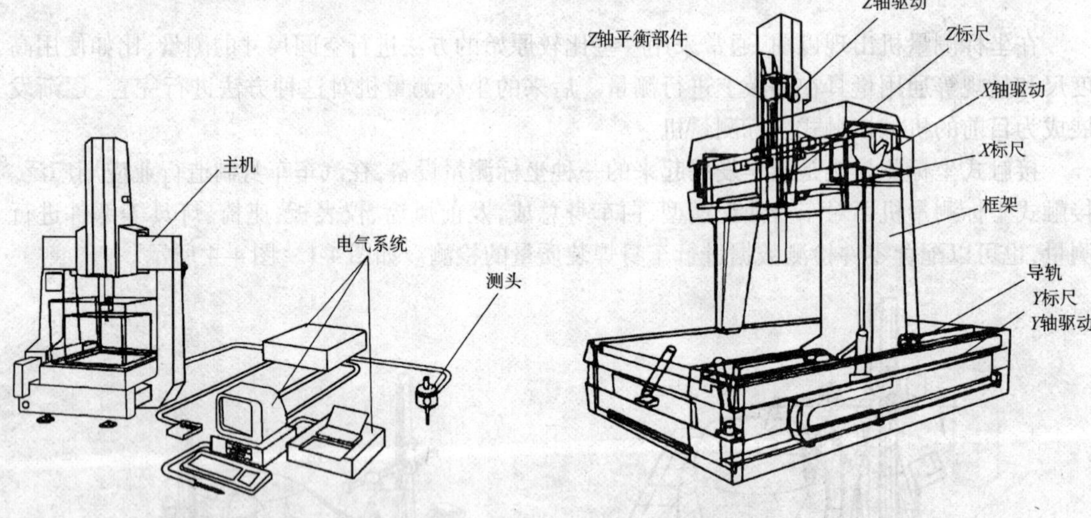

图 4-5　坐标测量机的组成　　图 4-6　坐标测量机的主机结构

①框架结构，是坐标测量机的主体机械结构。它由工作台、立柱、桥框、壳体等机械结构组成。

②标尺系统，是坐标测量机的重要组成部分，是决定测量机精度的重要环节。按系统的性质可分为机械式标尺、光学标尺和电气式标尺。

③导轨，是坐标测量机实现三维运动的重要部件。多采用滑动摩擦导轨、滚动导轨和气浮导轨，而以气浮导轨为主要形式。气浮导轨由导轨体和气垫组成，还应包括气源、稳压器、过滤器、气管、分流器等气动装置。

④驱动装置，是坐标测量机的重要运动机构，可实现机动和程序控制运动的功能。一般采用的驱动装置有丝杠传动、齿轮齿条传动、钢带传动、齿形带传动、摩擦轮传动、气压传动、直线电动机驱动等。

⑤平衡部件，主要是保证移动部件在任何工作位置时的平衡。常用的平衡机构有重锤平衡机构、弹簧平衡机构、气压平衡机构等，还有的用传动机构实现平衡。

⑥转台与附件。转台使坐标测量机增加一个转动运动的自由度，便于某些种类零件的测量。转台又称为分度台或回转台。用于坐标测量机的附件很多，一般指基准平尺、角尺、步距规、标准球体或立方体、测微仪及用于自检的精度检测样板等。

（2）坐标测量机主机的结构形式与材料。坐标测量机主机的结构形式可归纳为七大类：由平板测量原理发展而来的桥框式、悬臂式和龙门式，这三类即是我们通常所称的坐标测量机；由镗床演变而来的立柱式和卧镗式，通常称这两类为万能测量机（Universal Measuring Machine，简称 UMM）；由测量显微镜演变而来的仪器台式，又称坐标测量仪；以及根据极坐标原理制成的极坐标式。

下面是几种常用坐标测量机的结构形式示意图，图 4-7 是移动桥式，图 4-8 是固定桥式，图 4-9 是龙门式，图 4-10 是水平臂式（也是悬臂式的一种），图 4-11 是悬臂式。

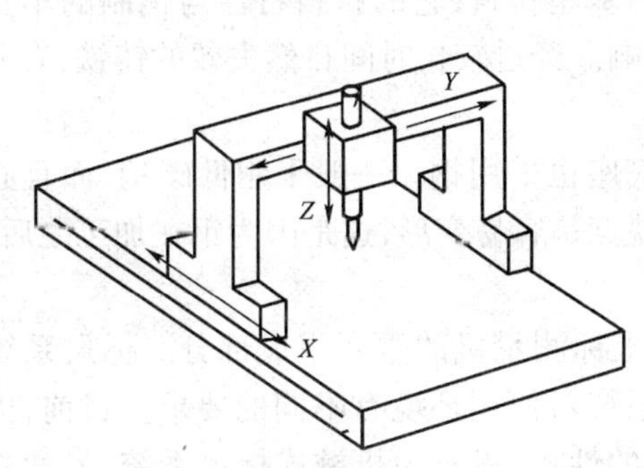

图 4-7　移动桥式坐标测量机

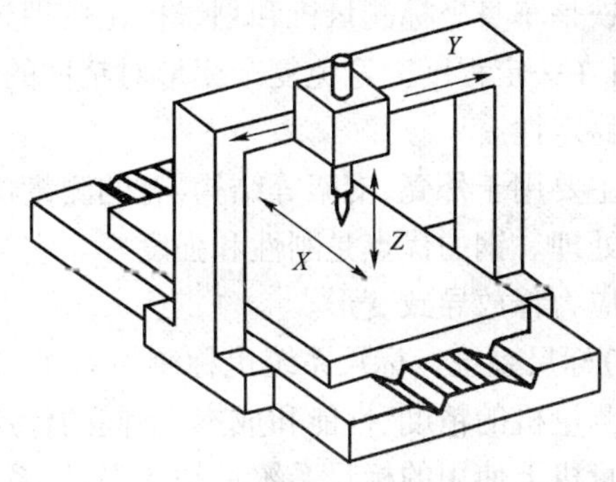

图 4-8　固定桥式坐标测量机

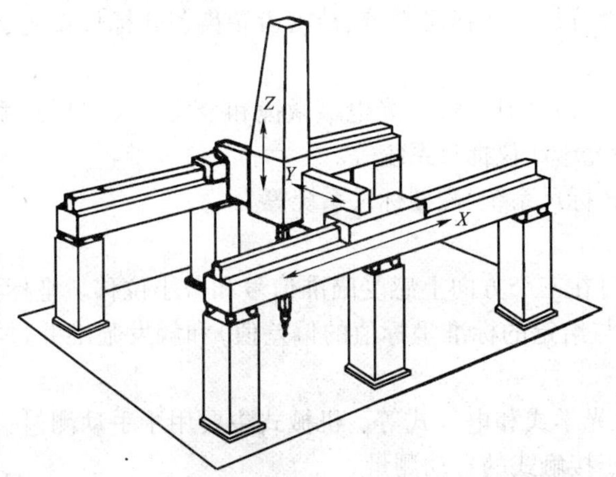

图 4-9　龙门式坐标测量机

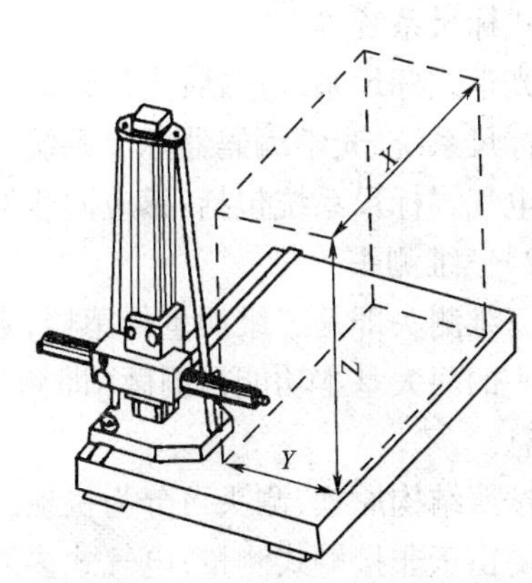

图 4-10　水平臂式坐标测量机

高精度大中型测量机多采用桥框式或龙门式机构，多用于车身质量检测。而水平臂式和悬臂式坐标测量机多用于车身形面的全尺寸测量。

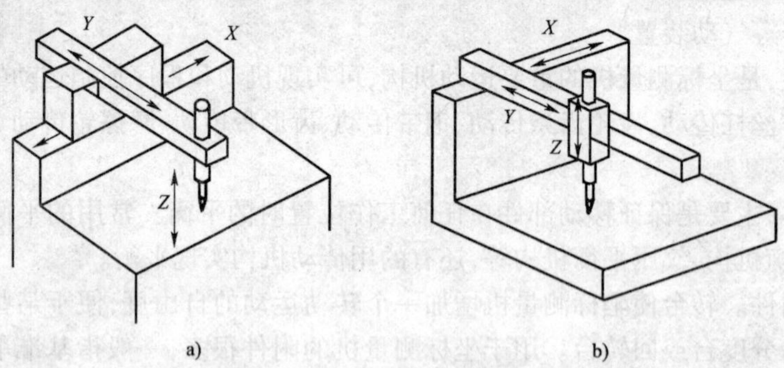

图 4-11　悬臂式坐标测量机

a）悬臂移动式；b）悬臂固定式

坐标测量机的结构材料对其测量精度、性能有很大影响，常用的结构材料主要有：铸铁、钢、花岗石、陶瓷和铝。此处所列材料的排列顺序也是坐标测量机的结构材料的先后发展顺序。目前，坐标测量机的结构材料正向着轻型、变形小、易加工的方向发展。

铸铁是应用较为普遍的一种材料，主要用于底座、滑动与滚动导轨、立柱、支架、床身等。它的优点是变形小、耐磨性好、易于加工、成本低、线膨胀系数与多数被测件（钢件）接近，是坐标测量机广泛使用的材料。铸铁材料的缺点是：易受腐蚀，耐磨性低于花岗石，强度不高。

铸铁是车身坐标测量机和划线机比较理想的基座材料，它的材料特性与钢制的车身零件接近，可在一定程度上避免复杂变形对精度的影响。经过较长时间自然失效的铸铁，有利于保持长期稳定性。

钢主要用于外壳、支架等结构，有的测量机底座也采用钢。一般采用低碳钢，而且必须要进行热处理。钢的优点是刚性和强度好。它的缺点是容易变形，这是因为钢在加工之后，内部的残余应力释放导致变形。

（3）标尺系统。标尺系统也称测量系统，是坐标测量机的重要组成部分。标尺系统直接决定着测量机的精度、性能和成本，不同的标尺系统对使用环境有不同的要求。目前，国内外坐标测量机上使用的标尺系统种类繁多，按系统的性质，可分为机械式标尺系统、光学式标尺系统和电气式标尺系统。

机械式标尺系统包括：精密丝杠加微分鼓轮式标尺系统、精密齿轮齿条式标尺系统、滚轮直尺式标尺系统等。

光学式标尺系统包括：光学读数刻度尺式标尺系统、光电显微镜和金属刻尺式标尺系统、光栅标尺系统、光学编码器标尺系统、激光干涉仪标尺系统等。

电气式标尺系统包括：感应同步器式标尺系统、磁栅标尺系统等。

2）三维测头

三维测头即是三维测量传感器，它可在三个方向上感受瞄准信号和微小位移。坐标测量机测头的两大基本功能是测微（即测出与给定的标准坐标值的偏差值）和触发瞄准并过零发出信息。

按照结构原理，测头可分为机械式、光学式和电气式等。机械式主要用于手动测量；光学式主要由于非接触式测量；电气式多用于接触式的自动测量。

接触式测头便于拾取三向尺寸信号，应用广泛，种类也较多。接触式测头可分为硬测头和软测头两类。硬测头主要用于手动测量，由于人手直接操作，所以测量力不易控制。软测头的测端与被测件接触后，测端可作偏移，传感器进而输出开关信号或模拟信号。软测头包括触发式测头与模拟式测头。在测端接触工件后仅发出瞄准信号的测头称为触发式测头。除发信号外，还能进行偏移量读数的称为模拟式测头。

(1)硬测头。硬测头即机械测头，主要用于人手直接操作的手动测量，有的也可用于数控自动测量。硬测头多用于精度要求不太高的小型测量机中，成本较低、操作简单。其缺点是测量时用力不易控制，这不仅与操作者有关，还和测量机运动部件的摩擦阻力大小有关。用力过大会引起测头和被测件的变形；测量力过小，又不能保持测头与被测件的正常接触。因此采用机械测头时，要求摩擦阻力越小越好，以保证精度，一般要求测量力在 0.1 ~ 0.4N 的范围内，至多不大于 1N。

硬测头种类较多，按形状可分为球形测头、圆锥测头、圆柱形测头、回转式半圆和回转式四分之一柱面测头、盘形测头、凹圆锥测头、点测头、V 形块测头及直角测头等，如图 4-12 所示。

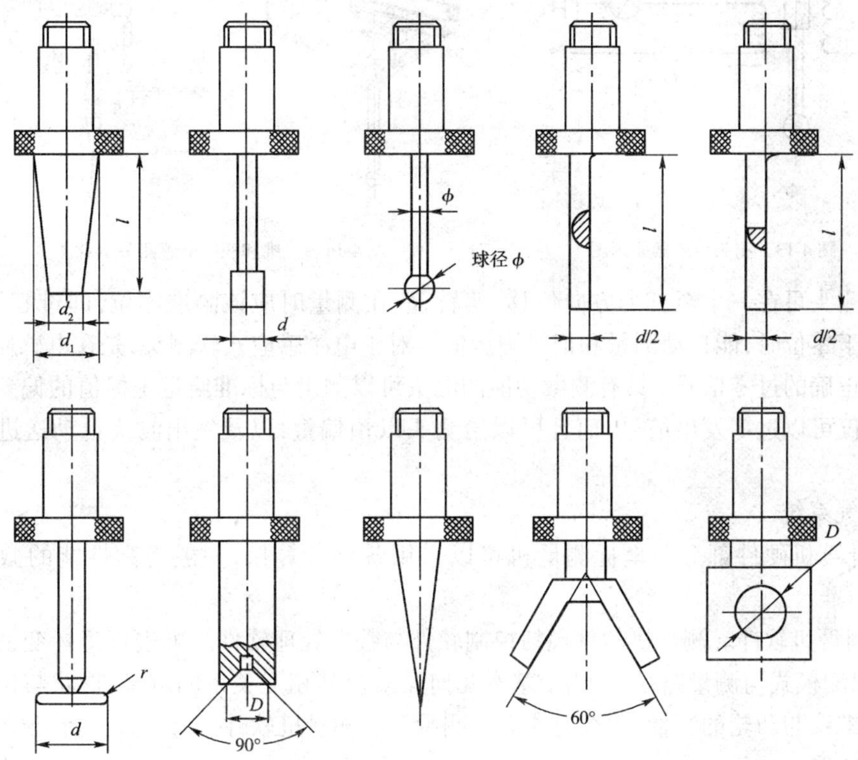

图 4-12　常用的硬测头

车身测量常用的是球形测头和点测头。球形测头的金属杆的尖端包着用宝石制成的球体，其功能是在测量时保持测头刚性地与被测表面接触。球形测头是通用型测头，使用最为广泛。球形测头的宝石球体相当重要，球度误差直接影响测量结果。

(2)电气测头。现在的坐标测量机中，使用最多、应用范围最广的是电气测头。电气测头多采用电触、电感、电容、应变片、压电晶体等作为传感器来接受测量信号，可以达到很高的测量精度，所以电气测头在各类坐标测头中占主要位置。

按照功能，电气测头可分为开关测头与模拟测头。开关测头只作瞄准；模拟测头既可进行瞄准，又具有测微功能。

按照能感受的运动维数，测头可分为：单向（即一坐标）电测头、双向（即二坐标）电测头、三向（即三坐标）电测头。

开关式电气测头包括：电触式开关测头、压电式开关测头、应变片式测头、振动式触发测头等；模拟式电气测头包括：二维电感测头、三层式三维电感测头、套装式三维电感测头、膜片式三维电测头等。图 4-13 是测头传感器原理图，图 4-14 是二维和三维电感测头示意图。

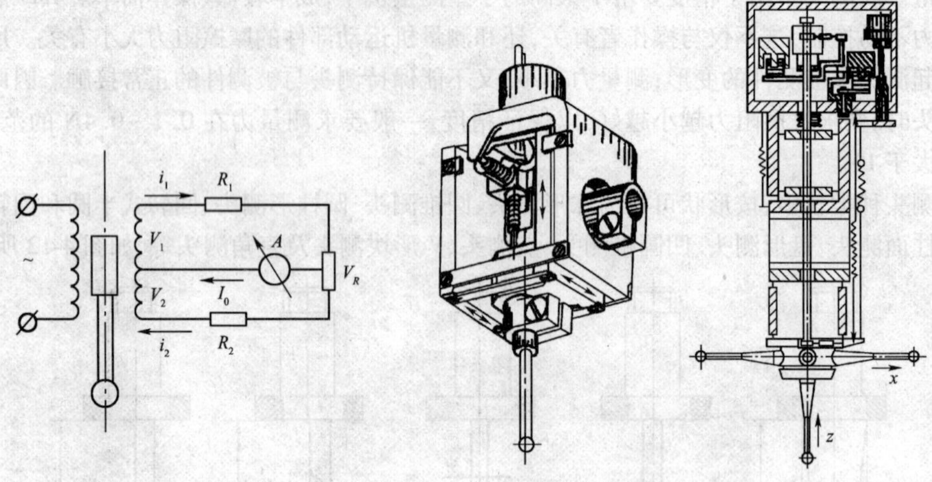

图 4-13　测头传感器原理图　　　图 4-14　二维和三维电感测头示意图

电气测头可在一个至三个方向位移、偏转，故在测量时应该瞄准零位，即过零发出信号。当测头处于零位时，能自动测量和记录测量值。对于电磁感应式软测头，是在电感应值最大时发出瞄准正确的过零信号。具有测微功能的测头可以测出与标准给定坐标值的偏差量。自动测头则不仅可以过零发出信号，而且可以给测头以预偏量，以及发出测头自动送进的变速信号等。

3）电气系统

（1）计算机硬件部分。坐标测量机可以采用各种计算机，一般为高性能的微机或工作站等。

（2）测量机软件。测量机软件包括控制软件与数据处理软件。可进行坐标变换与测头校正，生成探测模式与测量路径，还用于基本几何元素及其相互关系的测量，形状与位置误差测量，齿轮、螺纹与凸轮的测量，曲线与曲面的测量等。测量机软件具有统计分析、误差补偿和网络通信等功能。

（3）打印与绘图装置。此装置可根据测量要求，打印数据、表格，也可以绘制图形，是测量结果的一种输出设备。更为多见的输出形式是存储数据文件。

（4）电气控制系统，是测量机的电气控制部分，具有单轴与多轴联动控制、外围设备控制、通信控制和保护与逻辑控制等。

电气控制系统是坐标测量机的关键组成部分之一。其主要功能是：读取空间坐标值；控制测量瞄准系统对测头信号进行实时响应与处理；控制机械系统实现必需的运动；实时监控坐标测量机的状态以保障整个系统的安全性与可靠性；有的还包括对坐标测量机进行几何误差与温度误差补偿以提高坐标测量机的测量精度等。

CNC 型坐标测量机通过主计算机程序控制坐标测量机自动进给进行数据采样，并在主计算机中完成数据处理。CNC 型控制系统可以实现自动测量、学习测量、扫描测量,也可以通过操纵杆进行手工测量。其结构形式多种多样,根据功能、所用计算机系统和测头的不同,CNC 型可以分为集中控制与分布式控制两类,分布式控制又可分为集中分布式和全分布式。图 4-15是集中分布式 CNC 控制系统框图。

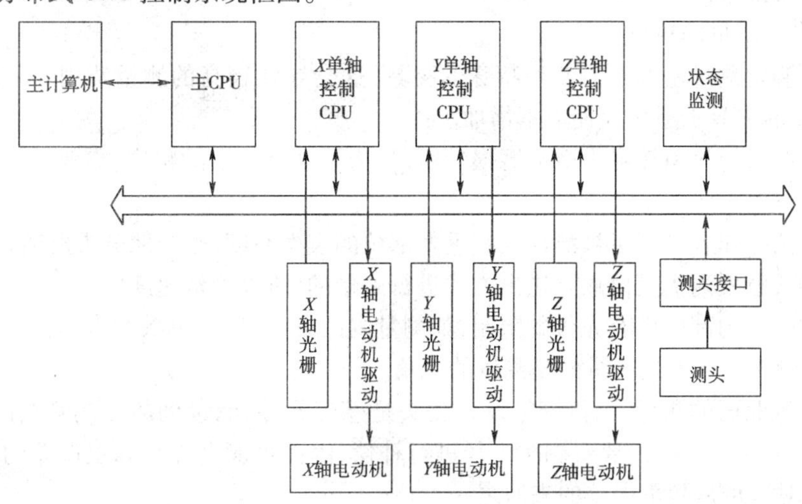

图 4-15　集中分布式 CNC 控制系统框图

三、应用特点

接触式坐标测量机是车身行业不可或缺的测量设备,无论对车身外形和零部件的设计、制造等,都发挥着重要的作用。就车身 CAD 来说,对油泥模型的测量,对车身样件的测量,以及对车身整体外形的测量等,都需要应用坐标测量机将外形、结构等的模拟量转化为数字量。测量数据的准确与否直接关系到整个设计结果的正确性。

目前,接触式坐标测量机是这一过程中应用广泛的测量设备。根据实际的应用情况来看,相对其他的测量设备,接触式坐标测量机价格较低,应用范围广泛,使用直观灵活,维护方便,产品也比较成熟。而且,一般能够达到必要的测量精度,能够满足车身 CAD 对测量的要求。

接触式坐标测量机精度的表示方法主要有 3 种:

(1)测量机本身的精度,主要是指坐标位置的点位精度。它与测量机的最小尺寸分辨率有关。一般情况下,其分辨率越高,测量精度也越高。根据测量机产品的情况,可以将分辨率分为 1μm、10μm、50μm 等几个等级。

(2)重复精度,是测量机重复测量某一尺寸时测量结果的变动范围。一般按照误差的正态分布带 $\pm 3\sigma$ 表示。重复精度包括了测头、被测工件本身定位表面的状况、测量时环境温度、操作等对误差的影响。

(3)示值精度,是测量机测量任何已知尺寸所得测量结果的误差范围。它反映了测量机精度和重复精度的综合效应。一般示值精度都由生产厂家提供检验项目和检验方法。通常有直线度误差和垂直度误差两个主要项目。

接触式坐标测量的优点:

(1)因为接触式坐标测量机的接触式测头已发展了几十年,其机械结构及电子系统已相当成熟,故有较高的准确性和可靠性。

(2)因为接触式坐标测量机的测头直接接触工件表面,故与被测件表面的反射特性、颜色及曲率关系不大。

(3)被测件固定在坐标测量机上,并配合测量软件,可快速准确地测量出被测件表面的基本几何形状,如面、圆、圆柱、圆锥、圆球等。

接触式坐标测量的缺点:

(1)为了确定测量基准点需使用特殊的夹具,这会导致较高的测量费用。不同形状的产品会造成原来的夹具不适用而使成本增加。

(2)球形测头容易因接触力造成磨损。所以,为了维持一定的精度,需要经常校正球形测头的直径。

(3)不当的操作容易损害被测件某些重要部位的表面精度,也会使测头损坏。

(4)接触式触发测头是以逐点进出方式进行测量的,所以测量速度慢。

(5)检测一些内部元件有先天的限制,如测量内圆直径,触发测头的直径必定要小于被测内圆直径,被测件内部不易测量处是测量的死角。

(6)对三维曲面的测量,因传统触发式测头是感应元件,测量到的点是测头的球心位置,故欲求得物体真实外形则需要对测头半径进行补偿,因而可能会导致修正误差的问题。计算比较繁琐,同时这也是测量误差的来源之一。

(7)接触测头在测量时,测头的接触力将使测头尖端部分与被测件之间发生局部变形而影响测量值的实际读数。

(8)测量系统的支撑结构存在静态及动态误差。

(9)由于测头触发机构的惯性及时间延迟而使测头产生超越(Overshoot)现象,趋近速度会产生动态误差。

(10)因为接触面积与被测件表面的几何形状有关,即使测量接触力保持一定,测量压力并不能保证一定。

第四节　非接触式坐标测量机

近几年来,在车身CAD/CAM技术应用中常用到非接触式坐标测量方法。由于其特有的优点,非接触式坐标测量机的应用日益广泛。

一、测量原理

常用的非接触式测量方法如下:

1)三角测量法

其工作原理是,由激光器(通常是半导体激光器)发出的光,经光学系统形成一个很细的平行光束,照到被测工件表面上。由工件表面反射回来的光,可能是镜面反射光,也可能是漫反射光。三角法测量应用漫反射光进行测量,可以测量倾斜的表面。利用漫反射还可以测量粗糙、无光泽的表面。漫反射光斑按照一定三角关系成像于光电检测器件的不同位置,从而测量出被测表面的坐标。

激光三角法根据入射光不同,可以分为点测量、线测量和面测量。激光三角法有工作距离大、测量范围广、测量速度快、光斑直径小等优点,但测量精度不太高。在车身零件、模具及模型的测量中应用广泛。

2）光纤式测量法

其原理是通过被测量的形面变化来调制光波，使光纤的光波参量随被测量的形面变化而变化，从而根据被测信号的大小求得被测形面的空间位置关系。

光纤式测量法具有灵敏度高、耐腐蚀、电绝缘、不受电磁干扰、光路可绕曲、便于遥测等优点。但其价格较高，被测量表面状态的变化对测量精度影响较大。

3）视像测量法

视像测头是用显微镜和投影的方法进行瞄准的发展。测头通常由照明、放大镜、CCD 摄像头与监视器组成。通过一定方式的照明，将物体的几何轮廓变为光学轮廓。为了提高分辨率，采用具有一定放大率的镜组放大，由 CCD 摄像头拾取并存储光学轮廓的信息。

视觉测量一般使用三种激光光源：点结构光、线结构光和面条纹结构光。视像法测量可一次获得整个视野内的测量信息，具有较好的精度，所以应用范围较广，但是影响测量精度的因素较多。在车身逆向工程测量中应用较多。

4）计算机断层扫描（Computed Tomography，简称 CT）技术

最具代表性的是基于 X 射线的 CT 扫描机，它以测量物体对 X 射线的衰减系数为基础，用数学方法经过计算机处理而重建断层图像。

这种方法最早用于医学上，目前开始用于工业领域，形成工业 CT（ICT），特别适合对中空物体的无损检测。这种方法是目前最先进的非接触测量方法之一，它可对物体的内部结构、壁厚等进行测量。但是它的空间分辨率较低，获得数据需要较长的时间，重建图像计算量大，造价高。

5）磁共振成像（Magnetic Resonance Imaging，简称 MRI）

磁共振成像也称为核磁共振，该技术的理论基础是核物理学的磁共振理论，是 20 世纪 70 年代末以后发展的一种新式影像技术。其基本原理是：在磁场与射频脉冲的作用下，人体组织内的大量氢原子核（即 H^+）发生共振吸收，吸收相同频率的射频脉冲，而吸收能量的一部分又以电磁波的形式共振发射出去。依据所释放的能量在物质内部不同结构环境中的不同衰减，通过外加梯度磁场检测所发射出的电磁波，再经计算机处理成像，即可绘制出物体内部的结构图像。

MRI 可提供大量的测量信息，能够深入到物体内部且不破坏物体，对生物没有损害。但这种方法造价高，空间分辨率不及 CT，且目前对非生物材料不适用，在医疗上具有广泛应用。

6）超声波测量法

超声波测量法是一种超声波的数字化方法，其原理是当超声波脉冲到达被测物体时，在被测物体的两种介质边界表面会发生回波反射，通过测量回波与零点脉冲的时间间隔，即可计算出各面到零点的距离。

这种方法相对 CT 和 MRI 而言，设备简单，成本较低，但是测量数度较慢，且测量精度不稳定。目前主要应用于物体的无损检测和壁厚测量等。

7）层去扫描法

不同于以上 4）、5）、6）三种设备造价昂贵的非破坏性测量方法。层去扫描法是一种破坏性测量方法，它适用于测量物体截面轮廓的几何尺寸。其工作过程为：将待测零件用专用树脂材料（填充石墨粉或颜料）完全封装，待树脂固化后，把它装夹到铣床上，进行微进刀量平面铣削，得到包含有零件与树脂材料的截面，然后由数控铣床控制工作台移动到 CCD 摄像机下，位置传感器向计算机发出信号，计算机收到信号后，触发图像采集系统驱动 CCD 摄像机对当前

截面进行采样、量化,从而得到三维离散数字图像。

层去法可对有孔及内腔的物体进行测量,测量精度高,能得到完整的数据。不足之处是这种测量是破坏性的。

二、基本组成

1. 光学测头

近年来,光学测头发展非常迅速,是探测技术的一个重要发展方向。可以将目前在坐标测量机上应用的光学测头分为如下五类:

(1)一维测头,如三角法测头、光纤测头等。

(2)二维测头,主要是各种视像测头,如利用 CCD 摄像机测量平面轮廓的测头。

(3)二维加一维测头,是在二维测头基础上,再增加对焦功能,使它能实现三维测量。

(4)三维测头,如用莫尔条纹技术形成等高线进行条纹计数的测头、体视式测头。

(5)接触式测头,是首先利用测端拾取工件表面位置信息,然后用光学原理进行转换。

根据测量方法,光学测头可分为三角法测头、光纤式测头、视像测头等。

2. ATOS 坐标测量机

ATOS 坐标测量机是德国 GOM 公司开发的产品,自 1989 年在德国问世以来,经过多年的发展,已成为世界上使用广泛的光学坐标测量机。为机械工业、特别是汽车工业的发展提供了高效的测量手段。

ATOS 坐标测量机主要包括光学测头、支架、控制器、标尺、Tritop 数码相机测量定位系统和相应的计算机软件及硬件等,如图 4-16 所示。图 4-17 是 ATOS 光学坐标测量机的测头。测量机的软件控制着整个系统的所有功能,可以实现标定、测量、编辑、显示、评价、输出和打印等功能。

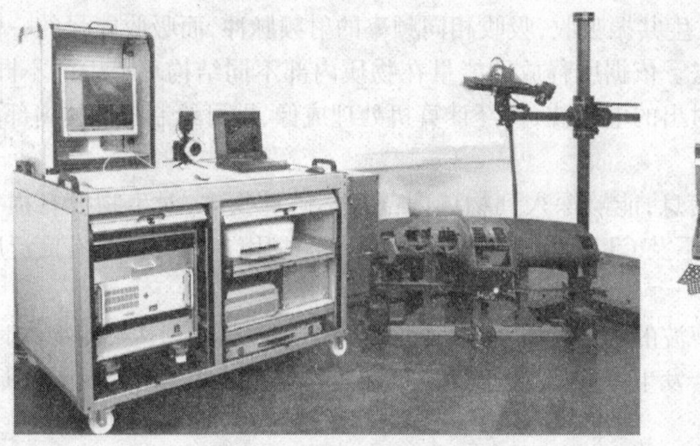

图 4-16　ATOS 光学测量机

ATOS 坐标测量机分为 ATOS 模块和 Tritop 模块。ATOS 模块的功能是光学测量,Tritop 模块的功能是照相测量定位。

ATOS 光学测量模块可测量得到被测件详尽的点云数据,测量的范围也较大,适合大型工件的快速测量。其数据对齐方式是采用参考点技术,即将两次测量得到的数据通过共有的 3 个及 3 个以上参考点进行拼合对齐,最后得到完整的点云数据。

Tritop 模块是利用照相机技术来获取某些特征参考点的坐标位置。它是根据全球卫星定位原理,即如果在空间 3 个不同位置可以看到同一个位置点,那么该点就是可以计算出空间位置坐标值的点。根据这个原理,利用专用高分辨率的数码相机,对被测工件及布置在其周围的数码点、参考点、标尺拍照得到一组照片,然后将照片送到 Tritop 软件里分析,可得到参考点的三维坐标位置。

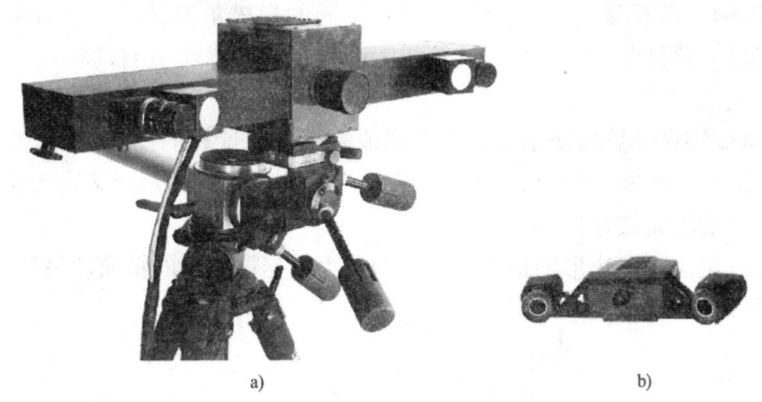

图 4-17　ATOS 光学坐标测量机测头

a) ATOS 标准测量镜头;b) ATOS II 测量镜头

Tritop 数码相机系统既可以辅助 ATOS 确定被测件坐标系,也可以用来单独测量某些特征标志点的坐标位置。该系统主要应用于大型工件的测量。使用 ATOS 测量机进行测量时,如果仅仅利用参考点拼合对齐,会产生比较大的累积对齐偏差。利用 Tritop 系统,先计算出贴在被测件表面的参考点的三维坐标值,形成一个固定的坐标系统,然后将扫描数据直接、自动对齐到该坐标系中,就可以在一定程度上减小累积对齐偏差,提高测量精度。

在 ATOS 光学测头上紧凑地安装着条纹投射单元和两个摄像镜头,如图 4-18 所示。在进行测量之前,先要根据光学测量方法进行系统几何配置参数和镜头光学扭曲参数的标定。标定时计算机能自动依据标准的标定工具配置各项影响参数,如温度、湿度、扭曲参数等。

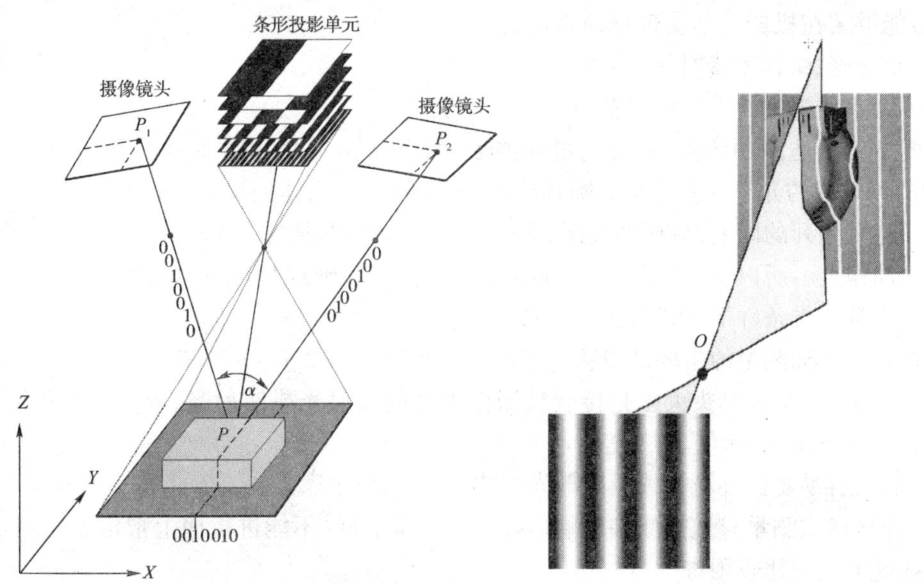

图 4-18　ATOS 光学测量机测量原理

ATOS 坐标测量机的整个测量过程是基于光学三角形原理的。测量过程中,系统投射一束光带条纹到被测量件,以这些投射到被测件上的条纹为基础,由两个摄像镜头完成接收和测量。根据光学的变形原理,计算机能够从接收到的精确像素信息自动计算出被测件的三维位置坐标。按照这种摄像解决方法,每一次单独的扫描测量可以得到被测曲面的多达数百万个点的信息。

为了能够准确计算被测件的坐标位置,要从不同的扫描角度进行多次的单独测量。对于每次单独的测量扫描得到的测量点云,计算机能够根据这些参考点自动将点云精确对齐在统一的坐标系下。

而测量人员能够在计算机显示器前面直观地看到点云计算的连续过程,各个单独的测量点云逐渐地构建出被测件的三维结构点云图形。应用测量系统的点云多边形化等不同渲染显示功能,可以更加清晰完整地描述被测件形状。

当然,也可以用这些多边形网格以曲率的变化为依据做点云的精简。另外,也可以将特征孔和边界线计算出来。

三、应用特点

采用非接触式坐标测量,有如下突出的优点:

(1)能够快速收集到测量曲面的计算机建模信息,用于 CAD、FEM(Finite Element Method)、CFD(Computerational Fluid Dynamics)分析等。

(2)测量点云能够实现与 CAD 数据、工程图或样本的对比。

(3)能够对零件进行快速复制,快速成型或数控加工。

(4)能够应用数字化样机。

(5)能够测量体积小、形状复杂和体积很大的被测零件。

(6)测量点云的噪声点数量小,并且可以经过调整而进一步减少噪声点。

(7)接触式测量设备不能测量的结构,如内部结构,各种柔软的、易变形的物体和不可接触的高精密被测件等。

(8)能够装在机器人上实现自动测量。

(9)重量轻,结构紧凑,操作简单。

(10)带有先进的计算和渲染测量点云的功能。

需要指出的是,采用光学测头测量物体表面,并不是测量物体本身的几何形状,而是所"看"到的物体像的光学反差结构。除物体的尺寸特性外,物体的反射特征对测量结果也有较大影响。有一系列的因素,如照明情况、表面状态反射情况、阴影、挡光、对谱线吸收情况等,都会引入附加误差。所以,光学测头也不能简单地以测量不确定度或最大允许误差来表征,而要在非常确定的工作条件下,来讨论测量不确定性。

非接触式坐标测量的主要缺点:

(1)因为非接触式测头大多是接收被测件表面的反射光或散射光,容易受到被测件表面的反射特性的影响,如颜色、斜率等。

(2)测头容易受到环境光线及杂散光影响。

(3)非接触式测量只做被测件轮廓坐标点的大量取样,不能进行面上指定点的测量,对边线及凹孔等的处理比较困难。

(4)使用光学测头测量时,测量镜头的焦距调整会影响测量精度。

(5)被测件表面的粗糙度会影响测量结果。

(6)光学阴影处及光学焦距变化处是测量死角。

第五节　测量点的数据处理

接触式坐标测量机和非接触式坐标测量机得到的测量数据不完全一样。接触测量得到的点比较稀疏，但大多有一定的针对性，点的总体数据量相对较小；而非接触测量得到的点都很密集，像一片云一样，所以叫做“点云”（Clouds），点云数据的文件也相对要大得多。

1.应用接触式坐标测量机得到的测量点的数据处理

1）测量数据中的异常点的剔除

在测量机的测量过程中会出现测量机的误测点情况，有时是由于测量设备的标定参数发生改变和测量环境突然变化造成，有时对测量机的误操作也可能得到错误的测点数据。数据中的这些异常的跳点和坏点对曲线曲面的光顺会带来比较大的偏差。

判断异常点的方法有：

①直接观察法。用肉眼直接将与截面数据点偏离较大的、与测量顺序连线有突然变化或相差较大的、存在于屏幕上的孤点剔除。

②曲线检查法。对截面数据点拟和得到一条曲线，根据曲线的光顺情况，剔除曲线上的偏差较大点。

③弦高差方法。连接检查点的前后两点，计算弦高，如果大于给定的允许差，则剔除该点。

2）测量数据的球形测头半径补偿

车身表面多是自由曲面，应用球形测头对车身自由曲面的测量，如图4-19所示。

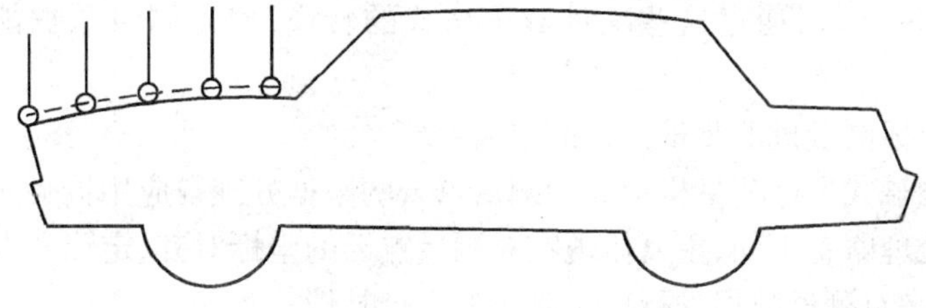

图4-19　应用球形测头测量被测曲面

采用球形测头测量时，由于测头半径的影响，得到的坐标数据并不是所触及的表面的坐标，而是测头球心的坐标，当被测点的表面法矢和测轴方向一致时，测点坐标和测头中心相差一个测头半径值。

通常的测头半径在0.25～2mm之间，如果忽略测头半径，即测量得到的数据不进行半径补偿处理，就会带来数据补偿偏差。

一般地，当反求模型的精度要求较高时，应对测量数据进行测头补偿，否则重建的模型将在尺寸上与被测件有偏差。图4-20所示是球形测头的半径补偿示意图。

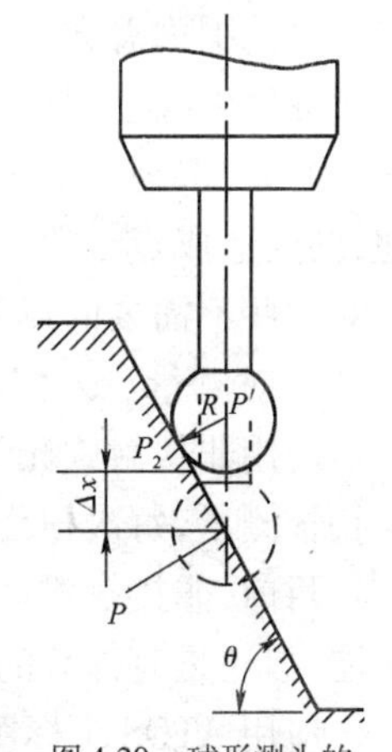

图4-20　球形测头的半径补偿

目前的CMM测量中，广泛采用一种二维自动补偿方法，即在测量时，将测量点和测头半径的关系都处理成二维情况，并将补偿计算编入测量程序中，在测量时自动完成数据的测头补偿。这种补偿方法比较简单化，不影响测量的速度，对规则的表面补偿比较准确。

采用微平面法能够实现对自由曲面测量数据的三维补偿，这种补偿方法更加准确。应用三维补偿时，测量后要根据测头半径、表面曲面的性质和所采取的测量方法来计算每个点的补偿量，计算较为烦琐，工作量大，适合处理复杂曲面和轮廓曲线的补偿。其核心是根据测量点云信息计算接触点的法矢，通常有三点共圆法、拟合法、三角面片法和参数曲面法等。

3）测量点云数据的编辑

对测量数据的编辑主要是对测量点云的分割、复制、删改、分块、对齐和定位等。

为了实现完整的测量点云的获取，在测量过程中可能需要移动被测件，这将会造成测量点的坐标系不统一现象。大多数情况下，需要通过人工方法应用后处理软件来完成测量点数据的坐标系对齐。

一般在接触式测量之前，要对被测件进行准确的坐标系定位，有时根据被测件的具体情况，也需要人工将测量点数据定位到被测件的工件坐标系位置。

现有的软件对测量点的对齐和定位，大都是利用基准点、线、面等来达到准确的对齐和定位。其做法是在被测件上黏上标准球体或利用待测工件上的直线、曲线和平面等基本几何元素。当获取测量点数据后，分割出这些基本几何元素的点，并应用软件拟合功能求出这些几何元素，再根据相同位置的几何元素重合等类似的条件进行测量点数据对齐，或按照给定的坐标位置对测量点数据进行坐标定位。

4）测量点云数据的标准格式转换

目前常用的 CAD/CAM 系统内部产品模型的数据结构和格式各不相同，这极大影响了设计及制造之间的数据传输和程序衔接的自动化，也给 CMM 和 CAD/CAM 的数据通信带来困难，因此数据交换文件格式的标准化十分重要。目前常用的数据交换标准有 IGES 标准、STEP 标准，以及 DXF、ASCII 等，通过这些文件数据格式的转换，使得测量数据能够输入到 CAD/CAM 软件系统。

2. 非接触式坐标测量机的测量点云的数据处理

对于应用非接触式坐标测量机得到的测量点云的数据处理与应用接触式坐标测量机得到的测量点的数据处理略有不同，主要体现在对测量点云的坐标对齐、定位和点云数据的精简等处理上，当然也不必对测量数据进行球形测头的半径补偿。

对于光学式坐标测量机的测量点云数据的处理主要包括：

1）对测量点云数据中的异常点的剔除

应用非接触式光学坐标测量机测量被测件的形面信息时，由于每次扫描测量的区域限制，在测量范围内总会有不需要的信息进入了测量点云。在测量过程中，有时由于测量设备的标定参数发生改变，测量环境突然变化和对测量机的误操作等，可能会造成错误的测量点云数据。有时，多视点云对齐的错误结果也会产生大量的异常点。如果这样的点云数据不加以处理，就会造成点云数据的不必要增加，而且影响对点云数据的直观评价。一般测量机软件都提供对这些不需要的点云数据的删除工具。

2）对测量点云数据的坐标对齐与定位

应用非接触式光学坐标测量机测量被测件时，由于测量范围的限制，完整测量点云需要多次扫描测量，每次扫描得到的测量点云都需要坐标对齐，即多视对齐。

目前，非接触式光学坐标测量机大多具备自动将从不同视角测量得到的点云数据对齐的功能，但还是有部分的数据必须通过人工应用后处理软件来处理，使点云数据对齐。

应用 ATOS 坐标测量机测量时，每次扫描的测量范围内都应该至少有三个已经识别的参考点，测量机软件能够根据这些参考点自动将多视点云对齐到统一的坐标系位置上。

现有的逆向工程软件也可以对齐多视测量点云，其对齐方法主要有两种：一种是利用基本几何元素对齐，如球心、直线、平面等；另一种方法是利用测量点云中的重叠部分对齐。

若所选取的区域有较明显的曲率变化或有明显的特征，点云对齐的准确性较高；若所选取的区域测量点数目较多，对齐的准确率也较高。

非接触式坐标测量机的测量点云一般只是建立在其默认的测量坐标系上，这就可能出现测量点云坐标系与被测件的工程坐标系不统一的情况。在车身 CAD 中，被测件的工程坐标系多是车身坐标系，因此，在对测量点云进行 CAD 模型重建之前，首先要将测量点云的坐标系定位到车身坐标系。

对测量点云数据的坐标定位是一个比较关键的步骤，有时在测量开始之前就要对点云定位做一些必要的准备工作，为后来的测量点云坐标定位提供方便准确的基本信息。点云数据的坐标定位一般是由专门的点云处理软件完成的。

3）对测量数据的编辑

对非接触式坐标测量机的测量点云的编辑主要有分割、复制、删改、精简等。

通过对测量点云进行精简，可以减少点云数据中过多的点信息，通常可采用均匀网格法和非均匀网格法。

均匀网格法原理是首先把所得的点云数据进行均匀网格划分，然后从每个网格中提取样本点，网格中的其余点将被剔除。均匀网格法能够把那些被认为是噪声的点剔除。均匀网格法特别适用于简单零件表面的快速去点。但对于零件的某些重要的边和曲率变化较大处的点等却没有给予重点保护，造成形面信息的丢失。

而非均匀网格方法就很好地处理了这种情况。它分别计算求得各点的法矢，根据法矢信息再进行点云数据精简。在法矢夹角较小时去除点，在法矢夹角较大时保留点。CAD 软件可以根据用户给定的夹角参数和三角形边长来精简点云。

4）测量点云数据的标准格式转换

与由接触式坐标测量机得到的测量点云的格式转换基本相同。根据测量机软件提供的标准接口输出测量点云数据为标准格式，使得 CAD 软件能够输入测量数据。利用非接触式坐标测量机软件能够生成高密度的点云数据、截面数据以及简化的 STL 数据。可以直接利用 STL 数据输入到快速原型系统，制成 RP(Rapid Prototyping)模型，或直接利用这些数据生成数控加工模型。

第六节　坐标测量机在车身 CAD 中的应用

目前，坐标测量机市场需求大、产品种类多。各厂家为满足用户需要和赢得良好的信誉，不断地推出精度高、性能好、使用方便、易于操作、又可满足用户一些特殊任务的测量机。尤其是软件开发越来越快，测量机自动化程度越来越高，市场竞争日趋激烈。但从坐标测量机的使用角度来看，如何选用合适的测量机以满足测量与检测要求，又能达到最佳的性能价格比，并产生较高的经济效益，是广大用户关心的重要课题。

1）坐标测量机的选用原则

车身表面的测量一般包括油泥模型的测量、白车身的测量和零部件的测量。油泥模型的测量是为了获得造型结果的数值信息，为下一步的计算机造型提供基础数据。白车身的测量有时是为了获得表面数据，其目的有时是要力图再现原车的设计意图；有时是为了检验车身的焊接质量；有时是为了得到车身试验的前后变形情况等。对成品汽车的测量一般是为了检验车身的外观质量，评价产品的性能，有时也是出于对车身外形和结构的改型设计的需要等。测量目的不同，测量的过程和方法也不尽相同。

(1)合理的测量精度。坐标测量机是测量零件形面尺寸与形位误差的仪器，首要的是精度指标应满足用户要求。选用时，一般可根据被测件要求的测量与检测精度与测量机给定的测量不确定度相比对，判断测量机精度是否符合要求。

精度比对不是一个简单的比较过程。测量机的技术规范中一般只给出单轴测长和空间测长的两个测量不确定度公式及重复精度值。但在具体测件时需要将被测参数的测量不确定度限制在一定范围内。一般测量时，要测量很多测点，在测三点求圆时即有这种情况。在形位测量时，更有大量测点参与并带来测量误差，精确计算是很难的。因此从经验出发，在一般测量中，测量不确定度应为被测工件尺寸公差带的1/5～1/3，例如某一被测箱体上二孔的孔距为500mm，公差带为15μm，则所选用的测量机在500mm长度上的测量不确定度应不大于3～5μm。对于精密测量及复杂的形位测量其精度要求还高，一般应为被测尺寸公差带的1/10～1/5。重复精度也必须满足要求。

总之，用户应尽量选用精度(包括重复精度)高一些的测量机。这不仅是由于测量复杂件时，测点可能带入的误差比预想的要大(由于测头测杆变化或加长会引入更大的误差)，而且测量机的精度会随着使用次数增多而有所下降。

(2)合乎要求的测量范围。测量范围是选择测量机的最基本参数。因为只有在测量范围内才能获得精确的测量值，超出了范围，测量就难于进行。选择测量范围时，应考虑以下几个方面。

①被测件的所需测量部分不一定是整个工件。如要测量的部分集中在工件的某个局部，除了测量机的测量范围能覆盖被测部分之外，还要考虑整个被测件能否在测量机上安置，并要求被测件重量对测量精度不带来显著影响。为了把被测件放入测量机平台，应根据被测件大小选择测量机。

②Z轴与Z向空间高度的关系。Z轴行程是Z轴的测量范围，而Z向空间高度是被测件能放得下的高度，故选择测量机时，这两项都应符合要求。

③接长测杆的问题。有的测量需要采用星形测头，有时测量需要旋转测头角度，有时测头需要接长，在这些情况下测量时，往往要求测头的测量范围超出被测件的测量部分。测量范围应大于被测区域的最大尺寸加上两倍的测头长度。

(3)合适的测量机类型。选用测量机时，应根据测量的目的和检测对象的批量大小、自动化程度、操作人员技术水平及资金投入大小去权衡。测量的目的不同，测量机的选用也有很大不同。接触式坐标测量机适合于对指定测量位置的测量；非接触式坐标测量机适合于对被测件进行快速详尽的表面测量。一般地，对于中等尺寸的工件，多采用移动桥式；对于小型工件，多采用悬臂式、仪器台式与移动桥式等；对于大型工件，则多采用龙门式；对于需回转测量的工件，可选用带分度台的测量机。也要从经济效益的角度进行比较判定。相对于手动型和机动型测量机来说，CNC型测量机精度高、测速快，但测量的准备时间长、技术要求高、资金投入大。

(4)丰富的测量软件。测量机要对复杂的测量对象进行测量，因此测量机应有丰富的测量软件支持，以完成测量任务。如缺少某些软件，可根据被测对象向生产厂家提出要求。如果厂方提供了编程方法，也可自行开发应用程序。现在的CAD软件，大多提供比较通用的工具，并带有二次开发接口,能够较好地完成数据处理工作。

(5)符合要求的测量效率。测量机运行速度与采样速度既是测量机效率高低的重要指标,又与自动化生产的要求密切相关。用于生产线或柔性加工线上的测量机,检测的时间必须满足生产节拍的要求。

(6)功能齐全的测头。测头是测量机上重要的传感器件。它不仅直接影响测量精度,而且是决定测量机功能和测量效率的重要因素。

(7)满意的经济效益。作为测量与检测仪器,测量机的经济效益也是一项重要指标。虽然它不像生产机床那样便于计算,也不如机床那样可以较快地收回成本并创造效益,但作为获取形面测量点云和保证生产质量的手段,测量机有着特殊的重要性。测量机效益的关键在于使用时间。因此在考虑测量机资金的投入时,关键在于了解它的使用效率。如果使用效率高,则经济效益亦高。

2)接触式坐标测量机的应用

应用接触式坐标测量机的测量一般都需要建立被测件的坐标系,即是在被测物体上建立一个符合有关标准的测量参考基准。一般地,测量坐标系的建立对测量的结果有重要的影响。

基本平面的选择要考虑测量的方便和可能。对于车身测量来说,一般选择 xy 平面或 xz 平面比较方便,有时可以间接地测量与基本平面平行的平面。车身本体或车身零部件一般都有检测和安装用的坐标基准点,如果车身本体或者车身零部件没有坐标基准点,测量时就要根据具体的情况给被测件建立工件坐标系。对于车身本体来说,前轮中心的横向中心位置是车身坐标系的原点。但前轮中心的具体位置受多种因素的影响,难以在实际测量中得到准确值。比较方便的是根据地板平面确定车身坐标的 $Z0$ 平面,取车身的左右对称中心平面为 $Y0$ 平面,通过前轮轴位置作与 $Z0$ 平面垂直的平面,为车身坐标的 $X0$ 平面。

应用接触式坐标测量机的测量过程一般包括以下几个方面:

(1)选择测头的类型、规格,确定测头的安装状态。

(2)测头快速移动到被测件坐标定位点,以一定精度接近被测点,建立工件的测量原点。

(3)将测头移动到被测件的测量位置附近,当接触状态达到要求发出过零信号时,记录测量点的坐标值(x,y,z)数据。

(4)计算机处理测量结果。

对于白车身外表面的测量,可以根据曲率变化的情况进行分块测量,分块测量的基本原则是:

①一块曲面的曲率变化尽量均匀,变化过于剧烈会影响重建曲面的质量。

②在能够控制被测曲面形状的前提下,尽量使分块后测量数据点较少。

③尽量使分块后测量的曲面为四边域曲面。

④使相邻的测量曲面边界有某种简单的对应关系,使得后续的曲面拼接工作容易实现。

接触式坐标测量机在车身零部件质量检测、车身试制和车身焊接夹具的检测中发挥着重要作用。

汽车车身在加工和工艺装配的过程中,会存在各种各样的偏差,除了操作者本身的技能和经验等主观因素的影响外,还有一些是由于检测方法本身所造成的影响。

有两种比较典型的情况:一是车身及其零部件大多为钣金件,零件的刚性一般较差,且车身表面上的各特征的位置及它们之间的相对位置受到重力变形影响而改变。传统的测量方式和应用简单夹具方法,往往对这种变形无法测量和评价,即使给出测量和评价结果,也会出现较大的偏差。二是汽车车身装配件是多工种加工件组装而成，很难避免在单件检测时存在偏差。

鉴于上述原因，对车身检测的要求主要有：定位合理；孔的检测，包含孔径大小和孔的位置两项内容；由于车身零件轮廓普遍为自由曲面，需要根据具体情况采取多种方式进行外形检查；以划线方式检查被测件的轮廓；待测零件需要夹紧等。

在车身的试制阶段，为了能够实现在定位基准有限的情况下，将自由曲面之间的焊装位置关系准确定位，是一件很不容易做到的事情。可以应用坐标测量划线机对车身零件进行车身坐标值划线，再根据这些划线将车身零件按照车身坐标位置实现准确定位，从而得到正确的车身焊装件。

对车身制造来说，接触式坐标测量机对环境的要求相对较低，具有良好的精度和适应性，有的还带有记忆功能并能够实现自动化，所以能够直接安装在车间的生产线上，随时根据要求进行产品制造偏差检测。一般各大汽车公司都在生产车间配有专门的质保测量间，装备数台或数十台各种型号的测量设备，随时对线上的产品进行质量监控。对生产线上的车身制造偏差的检测，要求有准确的车身定位，才能测得指定测点的准确车身坐标数值或质量保证数值。之后才能以此准确信息为依据，对车身的制造质量控制提出有目的而又行之有效的改进措施。生产线上的焊装夹具是车身焊装件准确焊装的保证，所以对车身焊装夹具的检测就显得尤为重要，而要完成这些工作，接触式坐标测量机发挥着很重要的作用。有的车身焊装夹具还配有专门的机械手臂坐标检测系统，带有专门的多关节测量设备和与之配套的计算机软硬件系统，能够实现对焊装夹具的精确专门化检测。可以说坐标测量机是车身产品质量最重要的检测和保障设备。

机械手臂(Robot)接触式测量机为一关节式机构，具有多关节、多自由度，可用做弹性坐标测量机。传感器可装置在其爪部，各关节的旋转角度可由旋转编码器获取，由机构学原理可求得传感器在空间的坐标位置。

这种测量机几乎不受方向限制，可在工作空间做任意方向的测量。精度不高为其主要缺点。常用于大型钣金模具件的逆向工程测量，也可以作为某些大型焊装夹具的检测工具。

一般在大型焊装夹具的检测工具里带有这种多关节的机械手臂测量机。在大型焊装夹具设计开发时，需要在工作平台上留出了这种测量机的检测工作安装位置，根据检测数据能够很好的检测出夹具形面位置的偏差情况。

以上的检测情况多是只要求对数量有限的测量点的测量，接触式坐标测量机能够很好地完成。为了得到油泥模型和车身表面造型的详细信息，接触式坐标测量机同样也可以得到数量足够的测量点数据，通常点的数量在几千到几万之间。

应用接触式坐标测量机测量车身曲面造型时，对曲率变化较大区域的点信息采集应比较密集，一般间距是毫米级或更小；而对曲率变化较小的大块区域的点信息采集可以相对稀疏，一般在几个到几十个厘米。这样测量得到的测量点数据量小，又能充分反映被测件形面的几何特征，为后续数学建模提供准确的依据。

3)非接触式坐标测量机的应用

非接触式光学坐标测量机在车身CAD领域应用较多。

在应用光学式坐标测量机测量开始之前，首先要对测量机做如下的测量准备工作：

(1)开启计算机及测量控制系统。

(2)硬件校准，包括校准镜头焦距、光圈等。

(3)测量软件初始化标定。

图4-21 所示的是 ATOS 光学坐标测量机的测量过程。图 4-22 所示的是数码相机测量被测件数码点和参考点;图 4-23 所示的是安装在机器人上的 ATOS 光学坐标测量机对车门总成的测量。

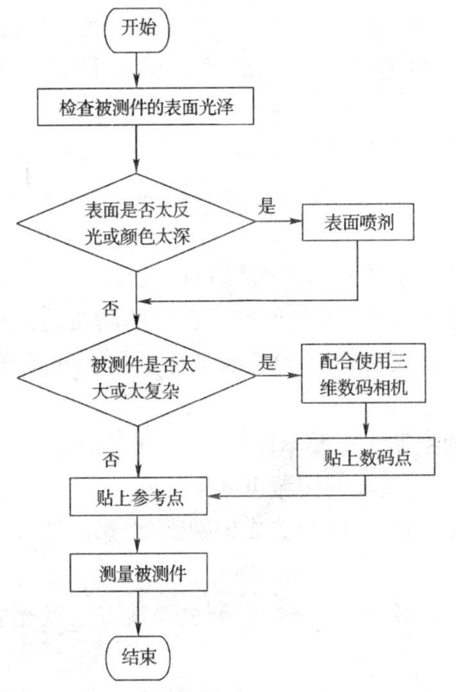

图4-21　ATOS 光学坐标测量机的测量过程

图4-22　数码相机测量被测件数码点和参考点

图4-23　安装在机器人上的 ATOS 光学测量机对车门总成的测量

ATOS 光学坐标测量机的测头两端带有两个 CCD 摄像头,中间是一个投影装置,如图 4-17 所示。

投影装置配备了一个白色的投射灯泡、一个可规则滑动的光栅和两个数码摄像头,能够记录投影视像的变化。ATOS 光学坐标测量机的测头被固定在一个支架上,并可以十分方便地沿各方向移动和转动。

测量时,投射灯泡将规则变化的光栅投影到被测件表面产生莫尔条纹,莫尔条纹的变化被 CCD 镜头记录下来,并转送到计算机,经过处理以后,得到两个 CCD 镜头分别拍摄到的两张“三维”照片。ATOS 软件可以在瞬间处理数百万个数据并精确地计算出其三维空间的坐标值。

在实际运用中,ATOS 测量系统依靠被测件表面所贴的参考点来对齐多视点云(图4-22 中的圆点),并通过获取被测件表面的反射光线计算得到被测件表面的点信息。

第一次拍摄时,可采用 Tritop 构建的测量坐标系,也可以由 ATOS 根据参考点直接建立测量坐标系。以后每一次拍摄的有效范围内,必须要有三个以上的参考点被两个 CCD 镜头同时拍摄到,而且其中至少有三个点必须是已经定义过、被测量系统识别的。这样才能将被测表面的点数据对齐到统一的坐标位置。根据这些已经识别的参考点可定义未识别参考点。如此递推便可完成整个测量工作。

Tritop 数码相机系统提供了一种测量物体空间三维坐标的方法,它是利用照相机技术来获取某些特征标志点的坐标位置。由于误差累积的原因，ATOS 在测量大型工件时多视点云对齐的精度成为一个问题，而 Tritop 照相系统正是解决这一问题的最好方法之一。

Tritop 系统的单幅测量范围远远大于 ATOS 系统，但是 Tritop 却又与 ATOS 不同，ATOS 测量所得的数据是物体表面的点的数据，即是点云；而 Tritop 系统测量所得的却是参考点的坐标。由前述可知，ATOS 正是根据这些参考点来为所测得的点云做多视点云的对齐。因此，有了 Tritop 的辅助，ATOS 误差累积的问题就可以得到较好的解决。当然，Tritop 也可以直接用于形面的坐标测量。

在 ATOS 光学坐标测量机的测量过程中，误差的产生是难以避免的，但如果误差累积到一定程度，就无法达到精度的要求。因此，正确的测量顺序应该是由中部向四周逐渐扩展测量，这样做所得到的误差是最小的。

一般来说，轿车车身外表面的构成比较复杂，而且主要是由不规则自由曲面组成，因此使用非接触式坐标测量机进行点云数据采集比较合适。另外，轿车车身外表面的测量范围比较大，所以，先由 Tritop 测得车身周围的数码点和参考点建立测量的基准坐标系是十分必要的。在扫描测量的过程中，有以下几点需要加以注意：

(1)贴参考点时应注意技巧，数码点和参考点的粘贴一定要牢固。

在曲面较平坦的区域可以稀疏一些，而在曲率变化较大的区域可密集一些。

另外，贴参考点的时候，注意不要使参考点有较大变形，以免造成识别困难，影响测量点云数据的精度。

(2)在测量的过程中，有时会出现点云对齐错误的情况。此时，应删去错误点云及相应拾取的错误参考点，重新进行测量。

(3)在测量的过程中，进行多视点云对齐时，可人工干预参考点的选取，最大限度地提高测量精度。

(4)需要注意被测件的边界。边界点云可能不够完整，因此在测量的过程中应注意对边界的测量。

由 ATOS 与 Tritop 所采集到的详实、精确的测量点云数据，可以用于进行下一步的三维造型和车身 CAD 建模等。

图 4-24 所示是应用 ATOS 测量得到的轿车车身外表面点云数据。图 4-25 即为使用 CAD 软件对图 4-24 所示的测量点云建模得到的车身外表面 CAD 模型。

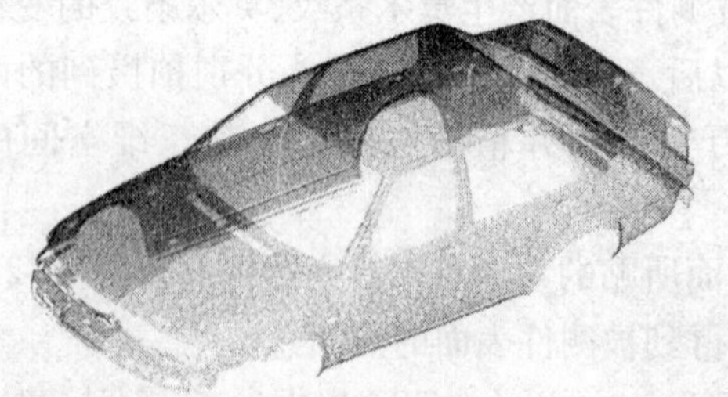

图 4-24　车身外表面测量点云

图 4-25　车身外表面 CAD 模型

复习与思考题

1. 坐标测量机是应怎样的要求发展起来的？

2. 坐标测量机的作用有哪些?

3. 坐标测量机的分类有哪些?

4. 机械接触式坐标测量机的测量原理有哪些?

5. 机械接触式坐标测量机的基本结构有哪些?

6. 机械接触式坐标测量机主机的基本形式有哪些?

7. 常用硬测头有哪些?

8. 机械接触式坐标测量机的精度如何表示?

9. 非接触式坐标测量机的测量原理有哪些?

10. 接触式和非接触式坐标测量机的测量点云数据如何处理?

11. 接触式和非接触式坐标测量的优缺点有哪些?

12. 简答接触式坐标测量机的半径补偿。

13. 简答坐标测量机的选用。

14. Atos 光学坐标测量的流程有哪些?

第五章　车身 CAD 数字建模技术

本章介绍车身曲线曲面光顺的概念和常用的光顺处理方法，车身 CAD 建模及车身逆向工程的应用情况，并简要介绍快速原型技术。

第一节　车身数字化和数字化车身

数字化就是将许多复杂多变的信息转变为可以度量的数字、数据，再以这些数字、数据建立起适当的数字化模型，把它们转变为一系列二进制代码，引入计算机内部，进行统一处理，这就是数字化的基本过程。数字化可以将任意连续变化的输入，如图画的线条或声音信号等，转化为一串分离的单元，在计算机中用 0 和 1 表示。通常用模数转换器执行这个转换。

20 世纪 40 年代提出的采样定理，为数字化技术奠定了重要基础。采样定理，即是在一定条件下，用离散的序列可以完全代表一个连续函数。

数字化是数字计算机的基础；数字化也是多媒体技术的基础；同时，数字化也是软件技术的基础，是智能技术的基础。

车身的坐标测量就是车身的一种数字化。车身经过测量数字化后的数据，可以用于进一步的 CAD/CAE/CAM 等的应用。对车身数字模型进行的各种仿真或模拟，都是对车身的进一步数字化的结果。

数字化车身，是以车身计算机辅助技术为核心的，应用现代数字化设计、实验、制造、使用、回收等一系列综合技术的数字车身模型。

数字化的车身，是虚拟技术在整个车身生命周期中应用的基础。数字化的车身就是车身虚拟技术的数字主模型，正因为数字化车身的存在，车身虚拟技术才成为现实。数字化的车身高效实现了设计与制造的集成，可有效地组织市场信息、技术信息和资源信息，促进分布式协同车身开发的实现。数字化的车身能够在整个车身生命周期中实现数据共享，可针对各个性能要求进行预测、评估和优化。

车身虚拟设计技术可以实现概念设计、造型设计、总布置设计、结构设计等。

车身虚拟实验技术可以实现对车身性能如刚度、强度、模态、疲劳、安全、NVH 等的模拟分析。

车身虚拟制造能够在车身概念设计阶段，模拟车身未来设计制造全过程及其对车身设计的影响，从而更有效、更经济、更灵活地组织生产，提高生产线的效率和布局合理性。

同时，数字化的车身能够实现虚拟的车身驾驶、维修和回收等。

数字化车身技术的优势主要体现为：

（1）汽车造型设计思想能够更好地在三维形体上得到体现。

（2）提高设计及生产效率，缩短新车的开发周期。

（3）减少新车开发中的实物模型数量，降低成本。

（4）数字化的车身能够提高设计和制造精度。

(5)能够快速实现设计换型和局部改型。

第二节　车身曲线曲面的光顺

一、光顺的概念与应用

1. 曲线曲面光顺的概念

在飞机、汽车、船舶以及家用电器等产品的计算机辅助设计中,人们对产品外形有很多方面的要求,其中之一是外形的光顺性(Fairness)。曲线和曲面的光顺处理是CAD/CAM中非常重要的一个问题,因此受到了人们的广泛关注。

车身外形曲线曲面的设计一方面要保证良好的空气动力学特性,另一方面又要符合汽车造型的艺术审美原则,这两方面都要求车身外形的曲线曲面是光顺的。

光顺是一个工程上的术语,包括光滑(Smooth)和顺眼两个方面的含义。

光顺和光滑有着某些细微的差别。光滑通常是指空间曲线和曲面的参数连续性或几何连续性,主要是从数学的角度来考虑,有严格的数学定义。数学上能够至少保证C^1阶连续的曲线即为光滑的曲线。而顺眼是指人的主观感觉评价。

光顺有数学上连续性的要求,但更侧重于功能(如美学、力学、数控加工等)方面的要求。正是由于人的主观评价,所以不同的汽车造型设计人员按照相同的设计要求,得到的造型结果是不同的,但是看起来可能都是光顺的。正向不同的人对相同的一辆轿车的外形有着可能完全不同的主观评价一样。早期的文献中对光顺和光滑并没有严格区分。

对于平面曲线,一般只要满足下列三条准则,就可以称为是光顺的:

(1)曲线C^2阶连续。

(2)没有多余的拐点。

(3)曲率变化较均匀。

其中准则(1)是数学上的光滑概念,只涉及到每一个点及其一个充分小的邻域,因而是一个局部概念。

条件(2)和(3)则是对整条曲线而言的,是一个整体概念,处理起来要比局部光滑复杂和困难。在汽车造型曲线曲面设计中,整体的光顺性与局部的光顺同等重要。

光顺准则(2)是用来控制曲线的凸凹变化,以期达到拐点尽可能少些的目的。

光顺准则(3)是对曲线鼓瘪变化的控制。鼓和瘪的地方就是曲线上曲率局部极值处。具体地说,这条准则表明了两点要求:曲线上曲率极值点尽可能少;相邻两个极值点之间的曲率尽可能接近线性变化。

图5-1所示的是曲线光顺与不光顺的情况对比。

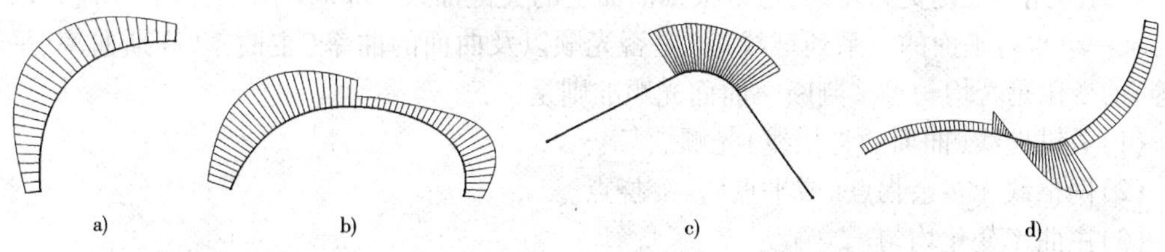

图5-1　光顺的曲线与不光顺的曲线对比(带有曲率的变化图示)

显然图 5-1 a)曲线满足光顺的三条准则,图 5-1 b)曲线和图 5-1 c)曲线不满足准则(1)和(3),而图 5-1 d)曲线三条准则都不满足。

对于空间曲线,数学上的光顺准则为:

(1)二阶光滑性。曲线的二阶导矢连续,从而曲率连续;低次样条曲线(二次)在节点处的曲率可能有一个跳跃,此时要求跃度和尽可能小。

(2)不存在多余拐点。

(3)曲率变化比较均匀。当曲线上的曲率出现大幅度改变时,尽管没有多余拐点,曲线仍不光顺。因此,要求光顺后曲线的曲率变化比较均匀。

(4)不存在多余变挠点。变挠点是指挠率为零的点,通常与挠率变号点相关。

(5)挠率变化比较均匀。挠率不连续(节点处左右挠率差)跃度和足够小;挠率的变化比较均匀,无连续变号。

在满足数学要求的基础上,光顺曲线还要满足造型设计师的主观美学要求。

在实际应用过程当中,一般地,把空间曲线投影到三个正交平面上,可以用这三条投影曲线的光顺性作为空间曲线光顺性判据。

图 5-2 所示的是一阶导数连续(图 5-2a)、二阶导数连续(图 5-2b)和三阶导数连续(图 5-2c)的光顺性示意图。

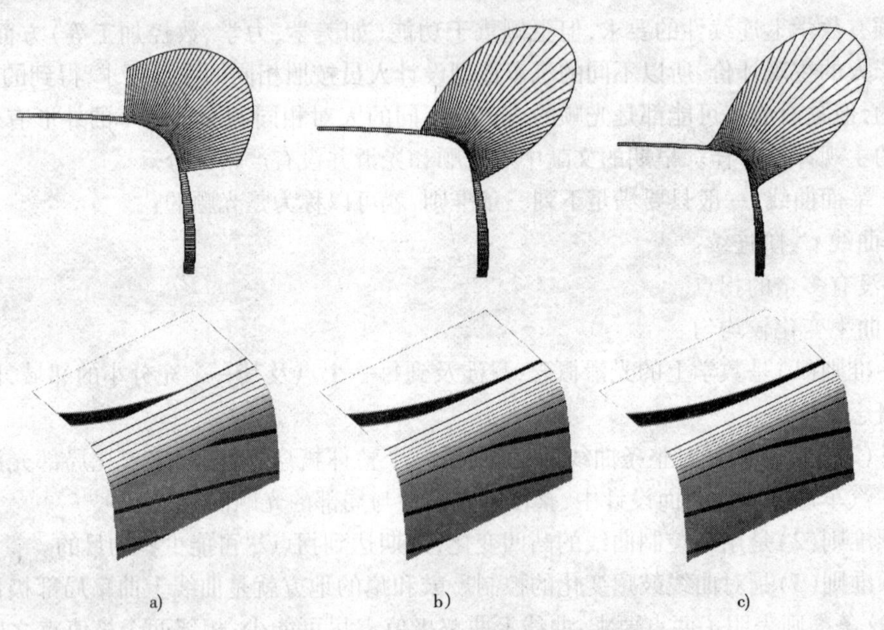

图 5-2　导数连续的光顺性示意图

a)一阶导数连续;b)二阶导数连续;c)三阶导数连续

曲面的光顺准则更为复杂,通常根据曲面上的关键曲线(如 u,v 两个方向的等参线,或曲面与某一组平行平面的一系列截线等)是否光顺以及曲面的曲率(主曲率、高斯曲率、平均曲率等)的变化是否均匀等来判断。曲面光顺准则是:

(1)关键曲线(曲面的骨架线)光顺。

(2)网格线无多余拐点(或平点)及变挠点。

(3)主曲率变化均匀。

(4)高斯曲率变化均匀。

这些讨论的都是局部光顺准则。在能量法光顺中,将曲面看作弹性薄板,采用“弹性薄板的应变能较小”作为光顺准则,这是一种整体光顺准则。

上述的光顺准则只是对曲线曲面光顺性的一个大概的、定性的描述,在实际使用时还需对其作定量的描述。另外,不同的光顺方法中,所采用的光顺准则也不尽相同。

2. 车身曲线曲面光顺的应用

在早期的曲线曲面设计和表示中,曲线曲面光顺的方法主要采用有最小二乘法、基样条法、圆率法、回弹法和磨光法等。

目前,CAD/CAM 系统广泛应用参数 B 样条曲线曲面,构造参数曲线曲面的最重要的一种方法是对给定的型值点进行插值或拟和。所生成的曲线曲面不光顺的原因主要有两种情况:

(1)型值点序列是比较好的,但由于曲线曲面的生成方式或所采用的曲线曲面表达形式不合适,因而导致所生成的曲线曲面不光顺。

(2)型值点序列本身不是很好,因而导致生成的曲线曲面不光顺。

因此,为了使生成的曲线曲面具有良好的光顺性,通常采用以下的方法:

(1)采用合适的曲线曲面生成和表达方式。

如对已知较好的型值点序列生成曲线时,采用 NURBS 方法比采用贝齐尔方法可以更好地控制曲线的生成。如采用几何连续的样条代替参数连续的样条以增加曲线生成的自由度,通过选择合适的形状控制参数,使生成的插值曲线、曲面更光顺等。

(2)适当调整型值点(或控制顶点)的空间位置。

如果给定的型值点序列成锯齿型排列,而又要严格通过这些数据点,则不论采用何种曲线生成方式,得到的曲线都不会是很光顺的。对于这种情况,常用的方法是适当调整型值点或控制顶点的位置,使曲线或曲面达到光顺要求。

曲面可以由曲线构造生成,也可以由一片点云直接生成。

如果曲面是由曲线生成,则对曲面的光顺性修改主要是靠对曲线的修改来实现,曲线的光顺性对曲面的光顺性有一定的决定性作用。一般说来,曲面光顺则其生成的曲线也是光顺的;反之,如果曲线是光顺的,但由它们生成的曲面不一定是光顺的。有时,也可以通过直接调整曲面的控制顶点来实现曲面的光顺。

如果曲面是由一片点云直接生成的,那么实现曲面的光顺主要是靠对生成该曲面的控制顶点的修改等来实现,也可以修改点云数据重新生成曲面,直到得到光顺的曲面为止。

二、车身曲线的光顺

对曲线的光顺处理的方法主要有选点修改法和优化法等。优化法又可以分为整体优化法和局部优化法。

1. 选点修改法

选点修改法首先要判断影响曲线光顺性的坏点。选点修改法的关键是“坏点”的判别和“坏点”的修改。

坏点的判断可由用户根据观察来决定,这种方法称为交互方式,也可以根据一定的光顺准则来判断,由程序自动地来判断哪些点是坏点,这种方式称为自动方式。

在处理实际问题时,自动和交互两种方式相结合是比较切实可行的,主要是针对实际情况具体问题具体分析。

选点修改法一般都包含有初光顺、精光顺两个阶段。

圆率法是一种选点修改法。圆率法的特点是,不需要插值曲线,可以从离散型值点分布的几何位置出发直接判断型值点序列的光顺性,进而挑出坏点给以光顺修改。

圆率法在数学处理过程中,不必引进坐标系。

在平面上给出了型值点序列 $\boldsymbol{P}_i(i=0,1,\cdots,n)$ 和两边界切向 $\boldsymbol{m}_0,\boldsymbol{m}_n$,过相邻三点 $\boldsymbol{P}_{i-1},\boldsymbol{P}_i,\boldsymbol{P}_{i+1}$ 所作圆的相对曲率 $\boldsymbol{K}_i$ 称为在点 $\boldsymbol{P}_i$ 处的圆率。当圆弧 $\boldsymbol{P}_{i-1}\boldsymbol{P}_i\boldsymbol{P}_{i+1}$ 走向为逆时针时 $\boldsymbol{K}_i$ 取正号,顺时针时 $\boldsymbol{K}_i$ 取负号。边界点 $\boldsymbol{P}_0$ 处的圆率 $\boldsymbol{K}_0$ 则以过两点 $\boldsymbol{P}_0,\boldsymbol{P}_1$ 和 $\boldsymbol{P}_0$ 处的切向 $\boldsymbol{m}_0$ 所作的圆来确定。$\boldsymbol{K}_n$ 也是这样确定。这样我们便得到对应于型值点序列 $\{\boldsymbol{P}_i\}$ 的圆率序列 $\{\boldsymbol{K}_i\}$。

初光顺阶段:在符号序列 $\{\mathrm{sign}(\boldsymbol{K}_i)\}$ 中,凡使连续变号的点为坏点。初光顺的目标是要达到圆率符号序列无连续变号。

精光顺阶段:在圆率差分 $\Delta\boldsymbol{K}_i=\boldsymbol{K}_i-\boldsymbol{K}_{i-1}$ 的符号序列 $\{\mathrm{sign}(\Delta\boldsymbol{K}_i)\}$ 中,凡使连续变号的点为坏点。精光顺的目标是要达到圆率差分符号序列无连续变号。

圆率法采用圆率的二次差变最小作为光顺目标。

2. 整体优化法

(1)能量法和最小二乘法光顺都是将曲线曲面的光顺问题转化为最优化问题进行求解。

能量法作为一种整体光顺方法,有一个最突出的优点,即可以对空间曲线进行整体光顺,而不需要将空间曲线投影以后进行光顺。这就使得在实际应用过程中简捷方便。

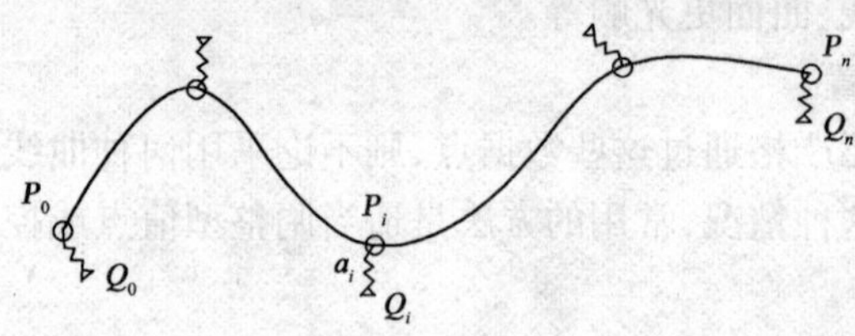

图 5-3　能量法的原理

能量法的力学模型很直观。由给定一组待光顺的型值点 $\boldsymbol{Q}_i(i=0,1,\cdots,n)$,插值作一条光顺的曲线,型值点被修正为曲线上的点 $\boldsymbol{P}_i(i=0,1,\cdots,n)$,而在 $\boldsymbol{P}_i$ 与 $\boldsymbol{Q}_i$ 两点之间挂一条弹性系数为 a_i 的小弹簧,如图 5-3 所示。

因此,包含样条和小弹簧在内的整个系统的能量为

$$E=E_{in}+E_{spring}=\frac{1}{2}(EI)^2\int k^2(s)\ \mathrm{d}s+\frac{1}{2}\sum_{i=0}^{n}a_i\|\boldsymbol{P}_i-\boldsymbol{Q}_i\|^2$$

式中,常数 EI 为弹性线的刚度,$k(s)$ 为曲线在弧长 s 处的曲率。使 E 达到极小的曲线 $\boldsymbol{P}(t)$ 就是用能量法光顺后的曲线。

(2)最小二乘法只能对函数样条进行光顺,是一种整体优化方法。

最小二乘法和能量法的主要区别是所采用的目标函数不同。

能量法采用样条的应变能作为目标函数,光顺的目标是使样条的应变能较小。曲线的应变能较小,可以粗略地说成绝对曲率较小。但曲率较小并不能保证曲率的变化比较均匀。

此外,如采用能量法光顺,不论原来的曲线是什么形状,光顺后的曲线均趋于直线段变化。这也是能量法的一个缺点。

最小二乘法采用样条的剪力跃度的平方和作为目标函数,光顺的目标是使样条的剪力跃度平方和较小。因而可以使样条的曲率变化比较均匀。

3. 局部优化法

通常的能量法和最小二乘法光顺都属于整体优化方法。即将曲线的所有控制顶点均作为未知量,通过求解优化问题的解来确定。这种方法具有很好的整体光顺效果,但计算量大,计算速度慢。

为减少计算量,我们自然希望每次光顺处理中只将少数控制顶点(或型值点)作为未知

量,采用最优化的方法对其进行调整,而其他控制顶点(或型值点)则保持不变。这种方法称为局部优化法。

在实际应用问题中,有时给定的大部分型值点是比较好的,而只是少数型值点不够理想。如果采用整体优化方法,必然会带来大量不必要的计算耗费,而且会使得一些不应该被修改的型值点被修改了。如果采用选点法和优化法相结合的方法,可以扬长避短,是一种可行的方法。采用分段优化法可以提高整体优化法的计算速度。

在实际的曲线光顺应用中,有时还会遇到带约束条件的光顺处理,比如关键的型值点要求保持不变、边界位置、切矢保持不变等。

三、车身曲面的光顺

1. 车身曲面光顺的方法

对曲面进行光顺有两种方式。

一种方式是,将曲面的光顺性转换成网格线的光顺性问题进行处理,即只要对曲面上的两族或三族曲线进行了光顺处理,就认为曲面已经光顺,这个过程称为网格线光顺。但对三族剖面线独立地进行光顺时,必须满足网格的协调条件,即分属于两族的每对曲线在空间必须是相交的,不允许出现间隙。这个过程称为三向光顺。

为满足协调条件,就需要对三族剖面线反复进行多次迭代。通常,我们要使曲面的两族等参数线光顺了,就认为曲面达到了光顺,即是将曲面的光顺转化为对参数线网格的光顺。

另一方式则根据曲面特有的一些量对曲面进行光顺处理,而并不仅仅考虑曲面的网格线,如能量法。

曲面光顺的能量法是应用最为广泛的一种曲面光顺处理方法。其基本思想是使曲面的整体能量在一定的约束条件下达到最小。该方法的特点是具有很强的物理背景,整体效果好,但计算量较大,计算速度慢。

网格能量法是曲面光顺能量法的一种简化形式。该方法的特点是用所有网格线的能量之和代替曲面的能量,使其在特定的约束条件下达到极小。

网格能量法光顺的效果和能量法基本一致,但其计算量比能量法小。对车身曲面的光顺性评价往往归结为对网格的光顺性评价。

2. 车身曲面的光顺性检查

1)基于曲率的实际应用分析方法

(1)曲率的颜色映射。所谓的曲率颜色映射,就是把曲面上每一点处的曲率值用颜色和亮度信息直观地表示出来。

(2)绘制等曲率线。由曲面上具有相同曲率(如高斯曲率、平均曲率、绝对曲率等)的点连成的线称作等曲率线。

绘制曲面的等曲率线也是一种常用的曲面分析方法,这种方法和曲率的颜色映射方法本质上是相同的,只是显示的方式不同而已。两者都可反映曲面曲率的分布,从中得到有关曲面光顺性的信息。

(3)绘制聚焦曲面。通过绘制曲面的聚焦曲面可以反映曲面曲率(或曲率半径)的变化情况。也可以在曲面上的每一点处,以曲面的法矢为方向、以曲面的某种曲率半径为长度画一有向线段来反映曲面曲率(或曲率半径)的变化情况。两种方法的实质是完全一样的。

(4)绘制反映截面线曲率变化的直线段。用一组平行的平面去截给定的曲面。在每一条截线上，画出表示曲率半径变化趋向的直线段。即在每一点处，以该点的单位法矢为方向、以截线的曲率半径为长度画一有向线段。若截线的曲率半径变化比较均匀，则曲面比较光顺。

(5)绘制主曲率线。由于计算机主曲率线很烦琐，并且很难根据主曲率线的形状做出恰当的解释，所以至今对主曲率线的使用很有限。

2)基于光照模型的实际应用分析方法

(1)绘制真实感图形。采用先进的真实感图形绘制技术绘制曲面的真实感图形，对曲面的光顺性分析有很大帮助。在观察的过程中，可以选择不同的光源，从不同的视点进行观察。这种方法非常直观，但缺点是计算量大，比较费时。

(2)绘制等照度线。由曲面上具有相同照度的点连成的线称为等照度线。

(3)绘制反射线。可以利用一束平行的、等间距的日光灯在曲面上的反射线检查曲面的光顺性。若这些反射线比较规则，分布较均匀，则曲面的光顺性比较好；反之，则光顺性较差。

(4)绘制高亮线。高亮线和反射线类似。高亮线具有的性质：不依赖于视点；曲面的不连续性在高亮线上被扩大1阶。即如果两曲面是 C^0 连续的，则高亮线在两曲面的共同边界不连续；如果两曲面是 C^1 连续的，则高亮线在两曲面的共同边界只达到 C^0 连续，依此类推。

3)等高线法

曲面和一组平行平面的交线称为曲面的等高线，亦称轮廓线或等值线。通常，由一组平行于坐标平面的等距平面去截曲面得到曲面的等高线。

如果曲面的等高线光顺，且疏密变化比较均匀，则曲面比较光顺。反之，若等高线不光顺，疏密变化不均匀，则曲面不光顺。

4)基于线性变换的方法(构造辅助曲面)

基于线性变换的方法是指通过对原曲面做一定的线性变换，得到另一曲面(称为辅助曲面)而将原曲面的不规则性放大，以帮助我们判断原曲面的光顺性。

5)各种方法的比较

各种方法都有一定的特点。

基于曲率的方法可以使我们方便地观察曲面曲率的分布情况。曲率颜色映射、等曲率线法能够帮助我们识别出曲面上的波动、凸凹区域等，找出曲面上最大曲率值和判断相邻曲面片间的 C^1 和 C^2 连续性。这种方法对曲面形状的微小变化很敏感。

基于光照模型的方法实质上反映了曲面法矢的变化情况，能够帮助我们判断曲面片间的 C^0 和 C^1 连续性。绘制曲面的真实感图形，可以使我们对曲面的形状有一个非常直观的了解，但不能判断曲面间的 C^2 连续性。

绘制等高线可以帮助我们了解曲面的形状、找出峰、谷、最大、最小值点，通过等高线的光顺性帮助我们判断曲面的光顺性。

基于线性变化的方法可以帮助我们识别高斯曲率为零的区域，但对于其他信息则很难判断。

在实际使用时，可以根据具体情况选择一种曲面分析方法，也可以综合使用多种方法。这些方法在目前通用的车身CAD软件当中大多能够找到相应的工具。

图5-4为前风窗玻璃表面光顺性的反射线检查图；图5-5为前风窗玻璃表面光顺性的等照度线检查图。

实际应用当中，对于车身曲面光顺性的评价，一般可以将反射线的变化情况作为评价依据，实际上这也是对曲面的曲率变化情况的评价。

应用较多的,还有用任意一组平面与曲面的相交曲线的光顺性,及绘制车身曲面等照度线等,作为评价曲面光顺性的依据。

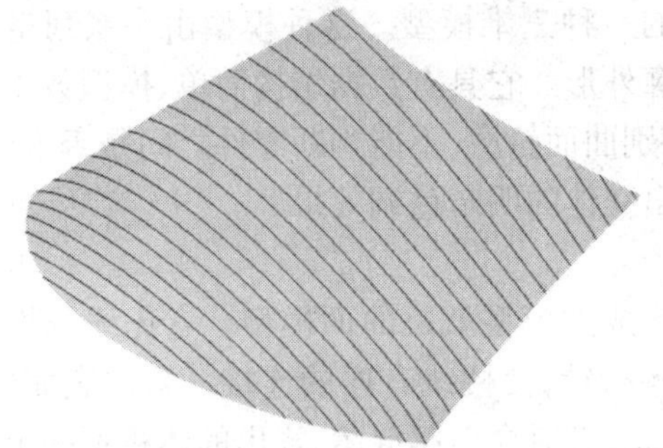

图 5-4　前风窗玻璃表面光顺性的反射线检查

图 5-5　前风窗玻璃表面光顺性的等照度线检查

轿车车身的外形几乎完全是自由曲线和曲面,因此,光顺曲线曲面的应用就显得尤为重要。

图 5-6 所示是等照度线法评价车身曲面的光顺性示意图。图 5-7 所示是等照度线法评测车身翼子板曲面的光顺性示意图。

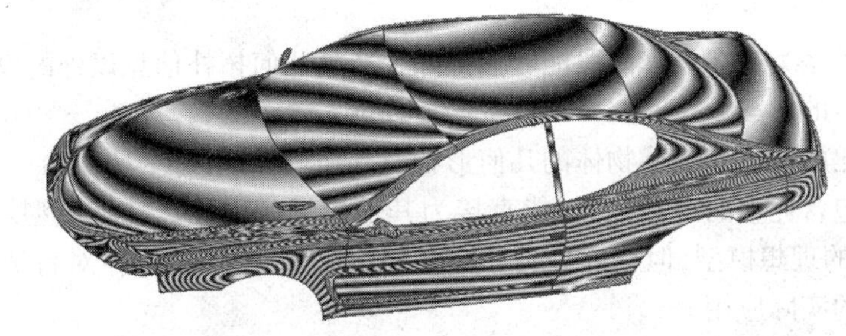

图 5-6　等照度线法评价车身曲面的光顺性示意图

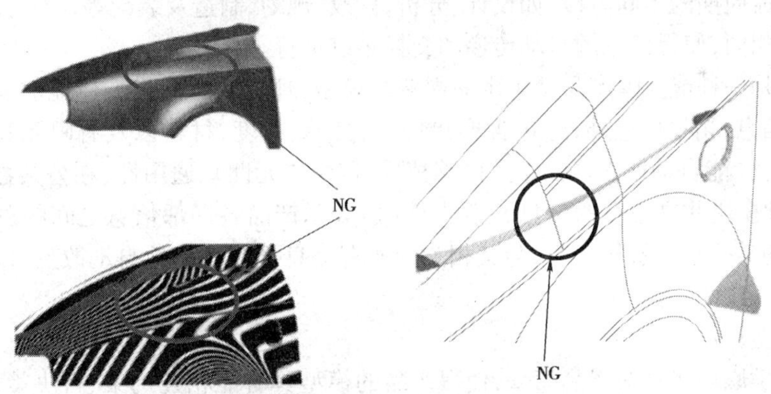

图 5-7　等照度线法评测车身翼子板曲面的光顺性示意图

第三节　车身 CAD 数字建模

一、车身 CAD 数字模型的分类

CAD 系统中的几何模型是由几何信息和拓扑结构两部分组成,通常可以分为线框模型(Wireframe)、曲面模型(Surface)、实体模型(Solid)三种,还有特征模型、产品模型以及仿生模型等。

1. 线框模型

线框模型是 CAD 技术发展过程中最早应用的一种三维模型。这种模型由一系列空间直线、圆弧、曲线和点组合而成,用来描述产品的轮廓外形。它具有数据结构简单、模型数据量小的特点。但同时它具有多义性,容易混淆,无法识别曲面轮廓,不能判断零件之间是否干涉,不能计算模型的几何特征和物理性质,不能自动给出立体的明暗色调效果等。

2. 曲面模型

把线框模型中线框包围的部分定义为面,所形成的模型就是曲面模型。它比线框模型高级,其数据结构是在线框模型的基础上再附加一些指针,使棱线有序的连接。采用表面模型,可以定义形体的全部边界。缺点是没有实体的概念,有时会引起混淆,算出的体积不一定可靠(取决于表面定义的准确性),不易实现消隐,内部结构不易显示等。但表面模型易于在微机上实现,在工程领域内应用相当广泛。

3. 实体模型

如果处理完整的三维形体,最终必须实现实体模型,才能准确无误地反映物体的三维形状。

4. 特征模型

特征造型技术是为了在设计阶段能够捕捉除了产品几何拓扑信息以外的设计和制造意图的高层描述而产生的。

它采用参数化的特征来描述物体的几何形状及其功能关系,每个特征和一组属性相联系,产生的特征模型包含完整的产品信息,能直接为其他应用所引用。特征模型表达的是 CAD/CAM 信息集成化的理想模型,但特征分类和定义的不完整性、传统操作对特征编辑的无效性制约了这种技术的实际应用。

5. 产品模型

产品在生命周期的不同阶段,如设计、分析、修改、规划、制造及装配等,所涉及到的产品特征和参数不尽相同,使得信息的自动传递和交换难以进行。

产品模型是一种能反映产品整个生命周期的模型,理想的产品模型应能够满足信息完整性(除了几何信息、拓扑信息外,还包含形状特征、公差、精度、材料以及有限元和优化等方面的信息)、唯一性(能自动检查产品信息的移植性,避免二元性)、通用性(在公共数据库的支持下,系统中各种模块共享所有的信息)、逻辑性(能表示产品各局部信息之间的逻辑关系)、并行性(当产品的某一信息被修改时,与其相关的所有信息都能相应地自动改变,以便动态地保证信息之间的一致性)等要求。

6. 仿生模型

根据仿生学原理建立的产品模型,使得产品的模型具有能相互约束、自决策性、分散管理和柔性等特点,以减少再设计的工作量,目前这种建模方法还处于研究阶段。

二、车身 CAD 的曲面建模

1. 车身 CAD 建模的步骤

车身 CAD 建模主要指的是车身曲面建模和车身实体建模,其一般步骤为:

(1)造型的前期准备,收集同类型造型资料和相关总布置资料等。

(2)二维效果图,是造型创意的图面表达,是初步造型方案的评审依据。

(3)车身 CAD 三维曲面造型,是造型效果的数字化体现,是进一步结构设计和空气动力学分析的基础,也是造型方案的确定。

(4)实体结构设计,在曲面模型的基础上,可做进一步的结构设计和工程分析等。

(5)实物模型,采用快速原型技术或 NC 加工制作实物造型模型。

2. 车身 CAD 曲面模型

车身曲面模型是车身 CAD 三维曲面造型的结果,是车身 CAD 的重要内容。

在车身曲面建模过程中,造型师的设计思想是造型的基础。以此为基础,得到最终的车身 CAD 曲面模型。

一般情况下,在车身曲面建模过程中,车身曲线曲面的光顺都是在造型设计师或工程师的指令下,由 CAD 软件来完成的。比如,在车身仪表板的造型过程中,造型设计师根据已经通过评审的造型效果图,进行三维曲面模型的制作,得到满足要求的光顺模型,以进一步对造型的效果进行评估,并且用于进一步的结构设计。

在车身曲面建模过程中,曲线的光顺和曲面的光顺是密不可分的两个部分,它们之间存在着一定的制约和相辅相成的关系。一般的 CAD 造型过程都是从点生成线、再从线生成面和从线面生成体的过程。因此,光顺的曲线是生成光顺的曲面的必要条件,而从光顺的曲面也能够比较容易的得到光顺的曲线。

在车身曲面建模过程中,需要造型设计师和工程师通力合作,使得造型设计师的设计意图能够在数字模型上得到充分的体现,并且能够有很好的制造工艺保证。

在车身曲面建模过程中,CAD 软件提供了广泛实用的应用工具。目前广泛应用的 CAD 软件采用的曲线曲面方法都是能够保证使用者得到所需要的光顺水平的。贝齐尔方法和 NURBS 方法是现在应用非常广泛的曲线曲面算法,同时应用的还有直线、圆弧、二次曲线、圆弧面、二次曲面等规则曲线曲面算法。

最为重要的是需要使用者能够熟练灵活应用 CAD 软件提供的工具。只有将 CAD 软件和人这两个方面很好地结合起来,才能够发挥出 CAD 技术巨大的应用价值。

车身曲面建模的一般过程是:

(1)根据汽车造型二维效果图,生成三维光顺曲线。

(2)由光顺曲线生成汽车造型的基础曲面。

(3)基础曲面的裁剪与过渡。

(4)车身 CAD 曲面模型的质量检查。

在车身 CAD 曲面建模过程中,曲线曲面的光顺处理与光顺性检查是车身 CAD 曲面建模的关键步骤,其曲面的光顺性情况关系到曲面模型的成败。

车身曲面建模过程中还要考虑的两个问题是对称模型的处理和过渡曲面的处理。许多车身零件是左右对称件,在基础曲面建模的时候,要根据具体情况给定对称中心平面,给定车身对称模型的约束条件。例如,前、后保险杠,发动机盖罩,顶盖等。也有许多形状关系复杂的车身零件,其各个曲面之间的过渡比较复杂,有很多的三角域和五边域等情况。这时需要给定一些光顺拼接曲面的约束条件,有的还需要一些特殊的光顺处理方法,处理起来比较困难。例如仪表板,前、后保险杠等。

三、车身 A 级曲面

A 级曲面,即是 Class A 曲面。一般说来,A 级曲面并不是对曲面质量的度量,而是对某种特定用途曲面的通称。

A 级曲面是既满足几何光滑要求又满足审美需求的曲面，专指车身模型中对曲面质量有较高要求或特殊要求的一部分曲面，如外形曲面、仪表板和内饰件的表面等。A 级曲面一般特指汽车车身外形或表面的光顺曲面，对于车身内覆盖件，如内板件等，其曲面也有 B 级曲面，也就是 Class B 曲面等。

车身 A 级曲面在汽车车身外形设计过程中得到了广泛的应用。在汽车和日常消费品等行业，产品外形对产品销售的影响十分重要。A 级曲面的模型表面，能呈现出最佳的反射性能。为了达到 A 级曲面的要求，从工业设计及美学的角度考虑，A 级曲面在多数情况下需要满足下面几点技术要求：

(1)A 级曲面应是具有二阶几何连续性的光顺曲面。

(2)A 级曲面的特征网格均匀合理分布。

(3)A 级曲面的曲率方向应尽量指向一致。

(4)在拼接线的垂直方向上，两个相邻曲面的阶数应一致，避免产生不必要的曲面扭曲变形。

车身外部大表面和车身装饰件一般都要求必须是 A 级曲面。在构建 A 级曲面之前，必须考虑各曲面之间的过渡关系，包括构建曲面的方法与构建曲面的顺序等的总体思路，是建立 A 级曲面的关键。一般情况下，A 级曲面的建立不是一蹴而就的，都需要反复的修改与重建，这是一个烦琐而艰辛的过程。

实际上，车身上的零部件也并不是都需要 A 级曲面，对于绝大多数的车身内部钣金件和非金属结构件来说，一阶连续就达到了结构设计的要求。相应的也就有了 B 级曲面的设计要求。显而易见，在满足要求的情况下，构建一阶连续的 B 级曲面比构建二阶连续的 A 级曲面要来得快并且效率更高。

现在广泛应用的大型三维 CAD 软件都提供生成 A 级曲面的工具，如 CATIA、NX 等。A 级曲面建模功能为汽车车身外表面的几何造型提供了丰富的建模手段和曲面品质评价手段，在世界各大汽车公司的车身 CAD 过程中得到越来越广泛的应用。

图 5-8 是车身从曲面测量、建模、光顺到实时渲染全过程的示意图。图 5-9 是车身 A 级曲面示意图。

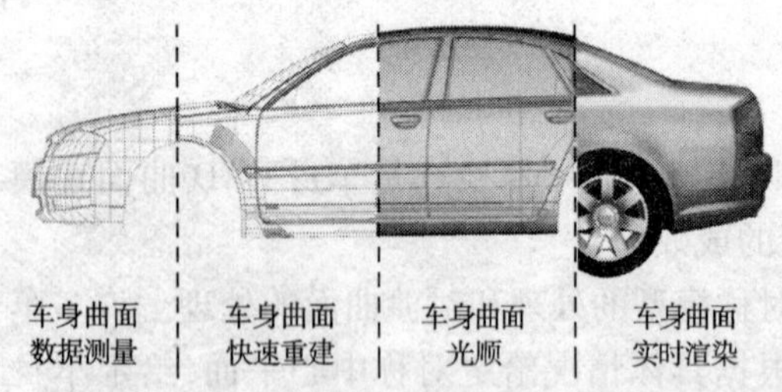

图 5-8　车身从曲面测量、建模、光顺到实时渲染全过程的示意图

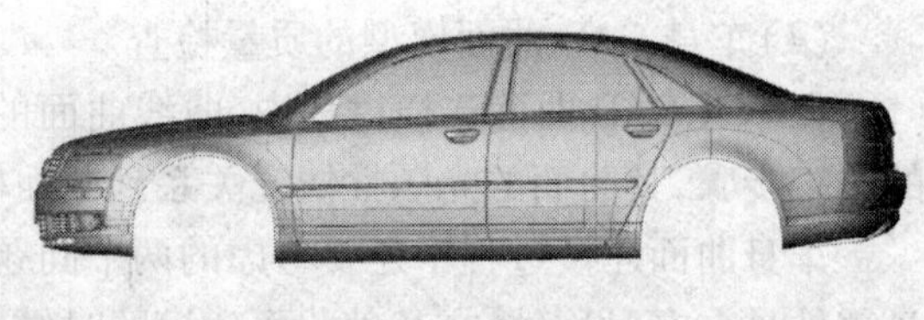

图 5-9　车身 A 级曲面示意图

四、车身 CAD 实体建模

在车身 A 级曲面冻结、车身外形曲面建模完成之后，下一步的工作就是进行具体结构设计。在车身 CAD 过程中，结构设计是很重要的，它能够在尽量保证车身外形美观的前提下满足结构件的功能要求。

一般车身钣金件的结构设计，只要充分考虑总成装配时的配合关系，做无厚度的曲面结构设计就能够很好地将车身三维结构表示清楚，车身钣金结构件的二维工程图也能够达到工程要求。

如果车身钣金件的结构设计也用实体结构来建模，无疑这样能够更加明晰地表达结构，装配设计中也不必考虑板厚的影响，零件之间的装配位置关系直接表明。

一般可采用曲面偏置厚度（Thickness）操作得到钣金件的实体模型，有时也可以由曲面钣金设计（Sheet Metal Design）直接得到实体模型。直接采用曲面钣金模式设计车身覆盖件还能够很方便地计算钣金件的下料形状。

对于车身的塑料件等结构件都是采用实体结构设计，建模过程中采用曲面与实体复合建模方式。经常用到的方法是由曲面裁剪实体（Trim/Split）、封闭曲面生成实体（Close）及实体的布尔运算（Boolean Operation）等。例如车身仪表板的结构设计、散热器格栅的结构设计等。

实体数字模型可以很直观地表达零件的结构，并且可以用于装配分析（Assembly Design）与运动校核（Motion Analysis）等。同时，如果付给实体模型一定的材料特性，可以方便地计算零件的质量、体积、重心等内在属性。采用相应的制造方式，实体模型可以直接生成零件的样件。图5-10为车身数字实体模型。

图5-10　车身数字实体模型

五、车身数字样机

汽车产品更新换代速度越来越快，现有的样机制造周期和制造成本已很难适应产品开发的需要，使用计算机三维设计技术的数字样机（Digital Mock-up，简称DMU），可仿真实物样机的作用，有效缩短产品开发周期，降低成本。

数字样机技术是一种新的产品开发技术，可生成一部虚拟现实的数字样机，其具有物理真实样机的很多特征，可在一定程度上取代物理真实模型。车身数字样机是通过丰富的仿真计算工具，优化数字模型数据的集合表达。车身数字样机技术有效利用计算机资源，提高处理车身大型装配设计的能力，有利于相关和协同设计的完成。

一般的DMU模块都带有优化工具条（Optimizer）、检查工具条（Check）和环境设定（Customizing Setting）等，相应地可完成DMU模型的数字再现、检查和评估等功能。车身的数字化样机可完成车身的装配、干涉检查、功能部件校核、焊接及拆装、人机工程学检查以及三维空间漫游等功能，可验证车身产品的设计、功能（运动）、工艺、制造和维护等方面的内容。

1. DMU的作用

首先是提供各类、各种档次的可视化功能，用不同方式对电子样车的全部部位进行审视、评估、漫游和模拟真实的视觉效果。尽可能在数字化环境中看到产品在真实世界中相同的效果，实现低成本、高效率的产品可视化模拟。

其次是提供各类对车型或部件间进行功能性分析的手段，包括机构运动、干涉分析、拆装分析、空间分析和管理等。尽可能在数字化环境中进行与真实世界中相同的分析，使工程师在设计早期就发现潜在的问题，在设计的各个阶段及时、大量地进行各种优化，提高产品设计质量。

三是应用相关性设计，按照自上而下的设计方式，实现总成之间、零部件之间、一个模型文件中的多个几何实体之间、曲面模型和实体模型中间、特征之间等多种层次的各种相关关系。通过这种 DMU 设计分析方式，实现数字样机件的快速更改，降低成本，快速地进行多方案的评估与研讨，通过建立相关性的设计模板进行管理和再利用，提高设计效率。

2. DMU 静态干涉检查

根据项目周期情况，可以分为设计过程中的干涉检查、后期的验证干涉检查和设计变更后干涉检查。从整车角度分析，可以分为系统内部零件的干涉检查，系统与系统之间的干涉检查。一般整车可以分为七大系统，如车身、底盘、动力总成、内饰、外饰、开闭件以及线束等，也可以根据企业的设计情况来进行分类。

对于零件更新后，零部件的干涉检查又分为单个零件与系统之间的干涉检查和一组零件与周围零件的干涉检查。在产品设计过程中，设计变更是不可避免的，在这种情况下，适合应用单个零件或者一组零件更新后的干涉检查。利用临近查询命令可以实现将周边零件全部找到，再进行查找到的零件与当前零件的干涉检查。

干涉检查后要出检查报告，报告中包括：干涉件所属位置、涉及干涉的零部件名称、干涉量的大小、干涉过滤和干涉解决状态。

3. DMU 运动分析

机构运动分析是在虚拟的环境中模拟产品实际的运动状况，在动态过程检验机构设计是否符合概念设计阶段对机构所做的定义。同时，在动态过程中对产品的位置信息、运动特性信息进行检查和分析。

在 DMU 环境下进行机构运动分析时，首先根据机构的实际运动状态，运用相应的机构运动副来创建两个零部件之间的相对运动关系，然后创建机构运动的参照物和驱动机构进行运动的驱动源。在定义完机构运动所必需的条件之后，就可以对机构运动进行仿真和分析了。

4. 可拆装性分析

产品拆装分析是对产品拆装过程的演示，和在拆装过程中动态地检查产品同周围零部件之间的关系，包括产品拆装路径的定义和优化，拆装过程中的动态干涉检查和工具空间校核等。

在进行产品拆装分析时，首先要规划产品拆装方案，对产品的拆卸要有清晰的思路，然后需要定义产品拆装路径，最后通过定义拆装路径的序列，对整个产品的拆装过程进行模拟和分析。

为了检查产品在拆装过程中是否符合产品预定的拆装方案，是否为工具留下足够的空间，以及拆装过程中是否会同周围产品存在着一定的干涉问题等，根据各个项目的实际需求，应进行如下的内容检查和校核：

(1)首先进行动态干涉检查。动态干涉检查就是校核物体在拆装过程中是否同周围的零部件存在着数据上的干涉情况。如果出现了干涉情况，拆装模拟过程会有什么样的动作。

通过模拟试验进行定量的动态检查干涉出现的位置和干涉大小的变化。通过静态干涉检查分析的断面分析工具，实现对产品内部结构的分析。如查看钣金焊接边缝隙是否均匀等内部干涉状态等。

(2)其次是进行工具空间检查。工具干涉检查是产品拆装分析的一项重要内容，通过检查工具空间来检查产品拆装的方便性和可行性。有两种方法来进行工具空间检查，分别是使用工具的3D模型和通过模拟试验。

使用DMU功能,可以帮助工程师快速解决整车或车身设计中最为关键的静态干涉、空间尺寸、运动干涉和可拆卸性分析等问题,大大提高了产品研发效率,缩短了产品研发时间,提高了产品研发质量,降低了研发成本。

第四节 车身逆向工程技术

一、逆向工程的概念

1. 正向工程

传统的工业产品开发均是按着严谨的研究开发流程,从确定功能与规格的预期指标开始,构思产品的零件,然后进行各个零件的设计、制造以及检验,再经过组装、整机检验、性能测试等程序来完成。每个零件都有原始的设计图纸及CAD模型。每个零件的加工也有自己的工序图表,每个零件的尺寸合格与否用产品检验报告来记录。

此类传统的产品开发,通常是从概念设计到图样,再制造检验产品,通常称为正向工程(Forward Engineering)。对每一个零件来说,其正向工程的流程如图5-11所示。

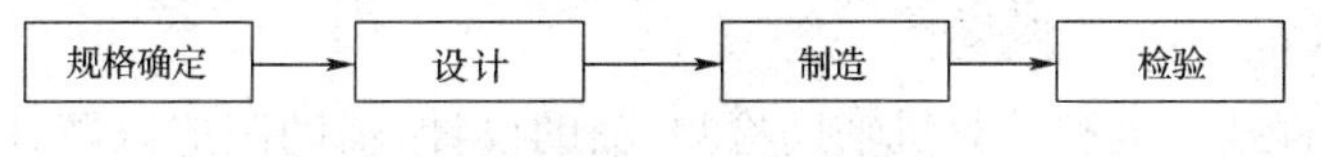

图5-11 零件的正向工程开发流程图

2. 逆向工程

逆向工程(Reverse Engineering)也称为反求工程、反向工程等。

逆向工程起源于精密测量和质量检验,它是设计下游向设计上游反馈信息的回路。产品的逆向工程是根据零件(或原型)生成图样,再制造产品。它是一种以先进产品设备的实物、样件、模型、软件(包括图样、程序、技术文件等)或影像(图像、照片等)作为研究对象,应用现代设计方法学、生产工程学、材料学和有关专业知识进行系统分析和研究,探索掌握其关键技术,进而开发出同类的更为先进的产品技术,是针对消化、吸收先进技术采取的一系列分析方法和应用技术的结合。

广义的逆向工程包括形状(几何)逆向、工艺逆向和材料逆向等诸多方面,是一个复杂的系统工程。

通常所说的逆向工程即指对几何形状的逆向,称为实物逆向工程,是将实物转变为CAD模型相关的数字化技术、几何模型重建技术和产品制造技术的总称。

这种从实物样件获取产品数字模型并制造得到新产品的相关技术,已经成为CAD/CAM系统中的一个研究及应用热点,并发展成为一个相对独立的领域。图5-12所示为逆向工程流程图。

逆向工程是随着计算机CAD/CAM技术与测量技术的发展而出现和发展起来的。

20世纪90年代,逆向工程技术受到了各国工业和学术界的高度重视,成为CAD/CAM领域的一个研究热点。一些重要的国际会议和国内的学术会议都将逆向工程及相关技术讨论作为一个重要的会议专题。1997年,CAD杂志出版了逆向工程的专辑,对逆向工程中的几何反求作了很好的综述。

目前逆向工程已发展成为CAD/CAM系统中的一个相对独立的研究分支,其相关领域包括几何测量、图像处理、计算机视觉、几何造型和数字化制造等。

计算机的高度集成以及先进的测量技术，使得逆向工程中的数据采集、数据处理、曲面造型及实物造型成为可能。

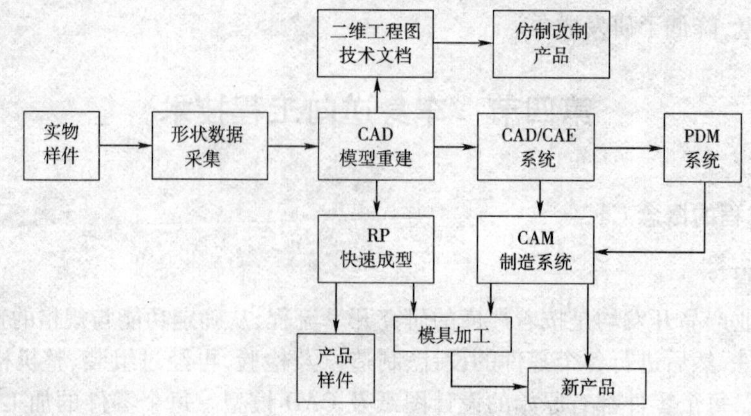

图 5-12　逆向工程流程图

随着计算机技术的发展，逆向工程技术和先进制造技术的结合日趋紧密，如 20 世纪 80 年代初发展起来的快速原型技术、基于网络的异地设计及制造技术等，在产品设计和制造阶段都需要逆向工程技术的支持。

同时，逆向工程技术也和计算机辅助检测、辅助设计、辅助制造以及计算机辅助工程分析密切相关。

逆向工程成功应用的关键不仅在于一个计算机辅助子模块能较好地独立完成各项工作，很大程度上还取决于各个子模块的计算机集成程度。

可以说，逆向工程是 CAT/CAD/CAM/CAE 等先进的计算机辅助技术集成应用的一个典型例子，也是计算机集成制造系统研究的一个分支。如果将这些技术组成一个整体，即集成逆向工程系统，是逆向工程技术应用研究的一个重要方向。

产品的数字化和三维模型重建是逆向工程的两项关键技术，有关逆向工程建模方法的研究主要也集中在这两个方面。在复杂自由曲面测量、曲面逼近和拟合等曲面重建技术的研究上提出了许多方法，并相应开发了一些实验和商用软件。

得到 CAD 模型后，其下游过程主要是利用成熟的 CAD/CAE/CAM 系统的强大功能，组成一个完整的检测、设计、分析和制造系统，这也体现了集成的逆向工程系统。

如果将 CAD/CAM 先进制造技术看作正向技术，则逆向工程技术与它的区别有两点：一是实物外形的数字化；二是基于离散测量数据的三维模型重建。几何模型建立后，其下游的过程基本与正向技术相同。图 5-13 所示是逆向工程与计算机辅助产品开发过程。

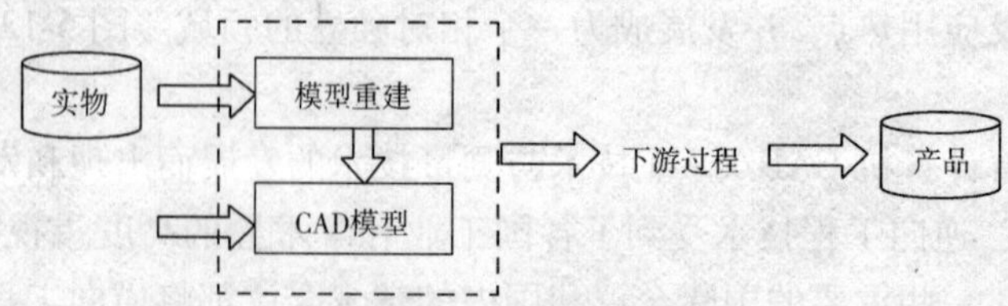

图 5-13　逆向工程与计算机辅助产品开发过程

简单地，只要将实物数字化、模型重建与现有的 CAD/CAE/CAM 系统相连接，即可构成集成逆向工程系统。从功能和应用的目标考虑，一个完整的集成逆向工程系统应该具有以下特点和要求：

(1)逆向工程与CAD/CAE/CAM系统采取一种柔性集成的方案，支持不同应用的要求。

(2)实物的数字化(包括模型检测)应在技术指导下完成。

(3)系统具有统一的数据模型。

(4)支持异地过程。

逆向工程的产生并不是偶然的。由于产品多样化和生产周期的缩短，为了提高自己的竞争能力，缩短产品的研发时间就显得十分重要。

逆向工程作为一种新兴的技术在缩短产品研发时间方面具有很好的发展前景。

逆向工程已经成为各国技术进步与发展，尤其是发展中国家迅速改变技术落后状况，提高综合设计、决策水平与制造水平，赶超世界先进水平的捷径。国内外很多事实表明，“引进、消化、吸收、创新”是所有成功发展技术的经验总结。逆向工程作为一种技术手段，极大提高了劳动生产率。

因此研究逆向工程技术，对于我国国民经济的发展和科学技术水平的提高，具有重大意义。

二、车身逆向工程系统

逆向工程系统主要由三部分(或三个子系统)组成：产品实物几何形状的数字化及数据处理子系统、模型重建子系统、产品或模具制造子系统。图5-14所示是集成逆向工程系统框架。

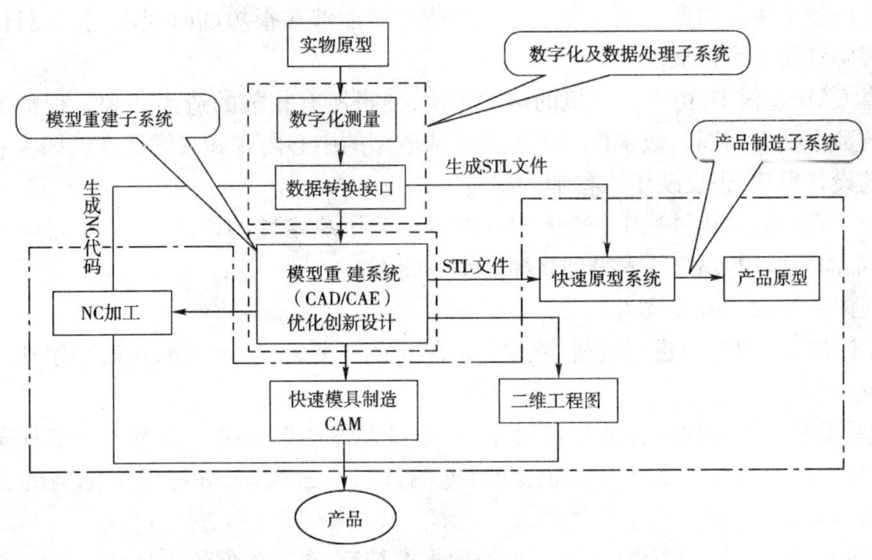

图5-14 集成逆向工程系统框架

数字化及数据处理子系统的任务是规划、测量和数据处理转换。

模型重建子系统主要包括模型重建、模型分析、模型评价等模块，其功能包括从测量点云重建曲面模型、实体结构设计和重建模型评价等。

产品或模具制造子系统主要是加工制造设备，包括各种机床和快速成型机等。将经过数据处理的测量点云数据或重建模型，通过数据转换标准接口，输入到快速原型制造系统或NC加工制造系统，最终得到产品样件或模具。

组成逆向工程系统的设备和软件主要包括：

(1)坐标测量机。是进行实物数字化的关键设备。

(2)数据处理软件。由坐标测量机得到的外形点云数据在进行 CAD 模型重构之前，必须进行格式转换、噪声点滤除、数据精简、多视测量数据对齐、点云数据坐标定位和对称基准重建等处理。

(3)模型重构软件。如 Imageware、ICEM Surf、Pro/ENGINEER、CATIA、NX 等软件，还有产品数据管理软件，以及支撑软件的硬件平台个人计算机和工作站等。

(4)CAE 软件。用于计算机辅助工程分析，包括机构运动分析、结构仿真、流场及温度场分析等，目前流行的分析软件有 Ansys、MSC Nastran、ADAMS、Moldflow 等。

(5)快速成型机。产生模型样件，按制造工艺原理分为立体光刻、分层实体制造、选择性激光烧结、熔融沉积造型、三维喷涂粘结、焊接成型和数字累积成型等方法。

(6)NC 加工设备。用于零件原型和模具的制作。

(7)产品制造设备。包括各种注塑成型机、扎出机、钣金成型机等。

三、车身逆向工程流程

车身 CAD 中逆向工程技术的应用，主要是对车身零部件曲面的造型与车身实体零件模型的逆向重构，用于结构分析和零件制造等。

目前，由于轿车的改型换代频率越来越快，所以车身的整体改型时间也越来越短。尤其要满足广大轿车使用者的个性要求，轿车车身的局部改型、内饰和外饰等改型可以说是伴随着某一系列轿车的整个生命周期。要求整车的开发或改型能够在很短的时间内完成，对任何的设计师和工程师都是一个挑战。

在车身 CAD 过程中，由于计算机的辅助作用，使得所有相关的造型师和工程师紧密地围绕在虚拟的数字模型周围。数字模型成为开发或改型的中心内容和关键所在。因为它既体现了造型师的设计思想，也反映了工程师的制造工艺。

而在数字模型的生成过程中，车身 CAD 技术起到了决定性的作用，无论是正向造型还是逆向工程，都需要应用 CAD 技术得到光顺的车身曲面。

车身逆向工程的一般步骤为：

(1)前期准备。对产品进行剖析，确定产品结构的主要特征、合理的建模顺序和设计的整体思路。

(2)数据获取。即应用坐标测量机对车身、车身零件或模型进行测量。在车身逆向工程中，多采用非接触式的光学坐标测量机，测得被测件的点云数据，并存储为标准的文件格式 *.asc 或 *.stl 等。

(3)数据处理。包括噪声点的剔除、点云数据的精简、点云数据的车身坐标定位等。

(4)曲面模型重构。这个过程一般分为点云的分块、基础曲面的构建、过渡曲面的构建、曲面质量分析、表面模型的完善等。

(5)实体结构设计。

(6)零件实物模型的制作。

曲面模型的重构是车身逆向工程中的关键步骤。车身逆向工程中构建 A 级曲面的方法与步骤为：

(1)先用阶数较小的曲面进行拟合，一般是 4×4 阶曲面，这样就能较容易地调整出一个较为近似的曲面。曲面拟合时可以给定一定的边界约束条件。该曲面的拟合精度不很高,但曲面光顺性较好。

(2)若 4×4 阶曲面不能很好地拟合点云数据,则采用提高曲面阶数的方法来提高曲面的拟合精度。但随着曲面阶数的增加,会给曲面的调整带来许多困难并增加调整曲面的工作量。一般 A 级曲面的阶数是 6×6 阶,最多不要超过 8×8 阶。

(3)精细调整曲面时,应该将曲面上所有的横向、纵向网格线投影到不同平面上,调整均匀合理分布,以生成高质量的曲面。

(4)单个曲面生成后,对相邻曲面进行匹配处理,以生成曲率连续的曲面组。

(5)采用各种曲面质量检查工具判断曲面的生成质量,以便做出相应的修改来满足技术要求。

(6)对曲面进行修剪处理,以生成给定大小与范围的曲面形状与边界。

目前利用车身逆向工程技术进行产品设计主要有两种方式:一种是由造型师设计制作的产品油泥模型,经坐标测量机将模型数字化,得到测量点云数据,再建立 CAD 模型;另一种是针对已有的产品实物零件(通常是国内外一些最新的设计产品),这种产品逆向设计方法也就是我们通常所说的仿制。仿制是一种快速产品开发设计模式,但是仿制是一种低层次的逆向工程,有时还要触及到产品的知识产权保护问题。

在产品的逆向工程技术中,经过数字化测量和模型重构,获得了产品的数字化模型,这个数字化模型和 CAD 技术为产品的再设计和创新设计提供了实现基础和一个支持平台。在该数字化模型基础上,应用 CAD 和 CAE 软件对其进行结构性能分析、设计模型重构、再设计优化与制造,以获得一个与前面产品对象不完全相同、甚至完全不同的新的产品,最终达到产品设计创新的目的。

四、快速原型技术

在车身 CAD 中,快速原型技术主要用于对车身及其零件的造型效果的真实评价。

1. 快速原型技术的概念

快速原型(Rapid Prototyping,简称 RP)技术是一种集机械、电子、光学、材料等多学科为一体的新型综合制造技术。

20 世纪 80 年代后,随着计算机辅助设计的应用,产品造型和设计能力得到极大提高。然而在产品设计完成后,批量生产前,必须制出样品以表达设计构想,快速获取产品设计的反馈信息,并对产品设计的可行性作出评估、论证。在市场竞争日趋激烈的今天,时间就是效益。为了提高产品市场竞争力,从产品开发到批量投产的整个过程都迫切要求降低成本和提高速度。快速原型技术的出现,为这一问题的解决提供了有效途径。

快速原型技术是一种基于离散堆积成形思想的新型成型技术,它首先借助计算机辅助设计,或用实物逆向工程方法,采集得到有关原型或零件的几何形状、构造和材料的组合信息,从而获得目标原型的 CAD 模型,然后将这些信息输入到计算机控制的机电集成制造系统,通过逐点、逐面进行材料的“三维堆砌”成型,再经过必要的处理,使其在外观、强度和性能等方面达到设计要求,所以是一种快速、准确地制造原型或实际零件、部件的先进制造方法。简单地说,快速原型就是将计算机辅助设计产生的实体模型,由层层堆砌的方式,经快速、自动化的流程制造出来,其核心是 CAD 模型直接驱动,其技术原理如图 5-15 所示。

快速原型技术又称快速成型技术,是 20 世纪 80 年代后期首先在美国产生并商品化,90

年代在全球迅速发展起来的制造新技术。快速原型是继 20 世纪 60 年代 NC 技术之后制造领域的又一重大突破，是先进制造技术群中的重要组成部分。它综合运用计算机辅助设计和制造技术、激光技术和材料科学技术，在没有传统模具和夹具的情况下，快速制造出任意复杂形状而又具有一定功能的三维实体模型或零件。

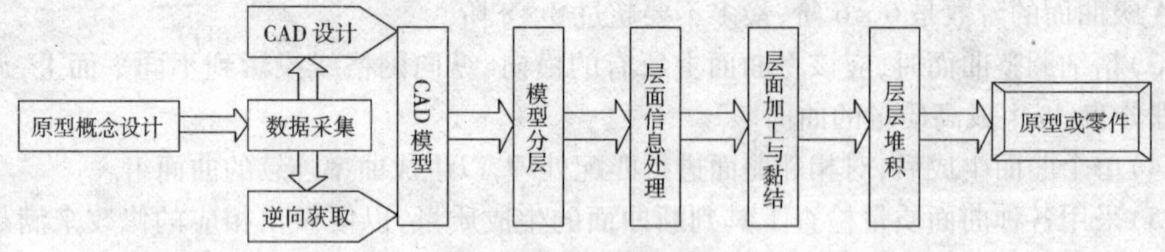

图 5-15　快速原型流程图

快速原型技术的推广应用将明显缩短新产品的上市时间，节约新产品开发和模具制造的费用。

美国、日本及欧洲发达国家已将快速成型技术应用于航空、宇航、汽车、通信、医疗、电子、家电、玩具、军事装备、工业造型、雕刻、建筑模型、机械行业等领域。

利用快速原型技术可以自动、快速地将设计思想物化为具体结构和功能的原型或直接制造零部件，从而可以对产品设计进行快速评价、修改，以响应市场需求，缩短产品的设计生产周期，提高企业的竞争能力。

快速原型的制作流程主要包括下列步骤：

(1)设计三维模型或用扫描点云数据构建网格面。

(2)将模型转换为 STL 格式数据文件。

(3)利用软件进行分层处理并生成加工路径。

(4)输入快速成型机，制作原型件。

(5)原型后处理，如抛光、固化等。

快速原型技术突破了“毛坯→切削加工→成品”的传统的零件加工模式，开创了不用刀具制作零件的先河，是一种前所未有的薄层迭加的加工方法。与传统的切削加工方法相比，快速原型技术具有以下优点：

(1)高度柔性。成型过程无需专用工具或夹具，可迅速制造出自由曲面和更为复杂形态的零件，如零件中的凹槽、凸肩和空心部分等，大大降低了新产品的开发成本和开发周期。

(2)CAD 模型直接驱动。CAD/CAM 一体化，无需人员干预或较少干预，是一种自动化的成型过程。

(3)成型过程中信息过程和材料过程的一体化。适合成型材料为非均质、具有功能梯度或有孔隙度要求的原型。

(4)成型的快速性。能快速制作出产品实物模型及模具，适合现代激烈竞争的产品市场。

(5)技术的高度集成性。快速原型是计算机、CAD、数控、激光、新材料等技术的高度集成。

快速成型机不需要太多人工操作，加工技术和条件远比切削加工简单，但是只适合于单件，不适合于批量生产，并且成品制件大多为塑料件，主要应用仍然是在原型或少量产品的制作上。在原型方面，如果产品的精度较高可以用于设计探讨、实验分析、样品或造型设计等方面，少量的生产则可结合快速模具或脱蜡制造等。

2. 快速原型技术的工艺

1）立体光刻

立体光刻（Stereo Lithography，简称 SL）也称为立体光造型，是研究最早和较为成熟的一项快速原型制造技术。它利用液体光敏聚酯材料在紫外光照射下固化的特点而实现三维模型。

首先将成型平台置于液体聚酯材料液面以下，在紫外光激光器照射下，要成型的部分液体固化在平台上，其余部分仍保持液体状态。然后将平台下移微小的距离，刮平固化部分上表面并涂上第二层液体，激光光源再对第二层实施加工，这种过程重复进行直至完成模型制造，最后完成取模清理的后处理工作。

该项技术具有精度高，生产零件强度好、硬度好等优点。由于使用透明材料，模型可用于光弹应力分析和可视化研究，生产的模型柔性化好，可随意拆装，是间接制模的理想方法。缺点是清洗和养护等后处理工序较费时。

2）分层实体制造

分层实体制造（Laminated Object Manufacturing，简称 LOM）技术是利用分层叠加原理制成原型或模型。

其基本原理是将涂有热触胶的薄片材料，如纸张或塑料薄膜等，铺在工作台上，先用加热辊施压使薄片材料与工作台上模型架粘合，然后用激光在第一薄片材料上切割出模型平面轮廓，并将其余部分切碎以备清除。制好第一层后，供料机构转动使新层移到加工区域，按上述原理加工第二层，直至加工好模型为止。用薄片材料做的模型还要进行封蜡、油漆、防潮处理等后处理工序。

这种制造技术的优点是工作可靠，模型支撑性好，有类似木质外观，且更适合于制造结构复杂的零部件。缺点是前后处理费时费力，材料利用率低。近年来，出现了一些用于分层实体制造的新材料，例如塑料、防水纸、陶瓷材料和粉末金属带，但粉末金属带需要进行烧结工序。

3）熔融沉积制造

熔融沉积制造（Fused Deposition Modeling，简称 FDM）技术是靠数控挤出头将细丝状热塑材料加热，在制造平台上沿水平面首先沉积制造模型的第一层，然后下移工作台，挤出头再沉积制造第二层，直至制成模型。用另一种材料或同一种材料打孔交叉的方法构成支撑。

该方法优点是：简单、制造时间短、构件结构柔性化和防水性好等。熔融沉积制造技术所用的材料还可以是 ABS 塑料、聚酯纤维、聚丙烯、合成橡胶和铸蜡等。

4）选择性激光烧结

选择性激光烧结（Selective Laser Sintering，简称 SLS）技术是利用激光束将粉末材料，如尼龙、合成橡胶或金属等，选择性烧结成固体件。其原理为：在工作台上放置装有热熔粉末的容器，激光束扫过模型的第一层，按设计形状选择性地将粉末烧结在一起，然后工作台下移，敷上第二层粉末，再烧结，直至完成工件制造。每层中多余的粉末作为制造过程的支撑。

选择性激光烧结技术经过了多年的研究、发展和完善，应用范围不断扩大，现在不仅可以用于制造原型，而且可用于制造模型、型芯、模具直至成品零件。所使用的材料包括功能塑料、耐用合成橡胶、陶瓷和金属等。其优点是：生产能力强，产品质量和尺寸稳定性好，缩短制造周期，并可制成结构复杂的零件。

5）三维喷涂粘结

三维喷涂粘结（Three Dimension Printing and Gluing）原理类似于喷墨打印机原理，首先铺粉或铺基底薄层（如纸张），利用喷嘴按指定路径将液态粘结剂喷在预先铺好粉层或薄层上的特定区域，逐层粘结后去除多余的材料便得到所需的形状制件。也可以直接逐层喷涂陶瓷或其他材料粉浆，硬化得到所需形状的制件。

另外，还有实体磨削固化（Solid Ground Curing，简称 SGC）、冲击微粒制造（Ballistic Particle Manufacturing，简称 BPM）、焊接成型（Welding Forming）、数字累积成型（Digital-Brick Laying）等快速原型制造工艺。

3. 快速模具

应用快速原型方法快速制作模具的技术一般称为快速模具技术（Rapid Tooling，简称 RT）。快速经济模具制造技术是指比传统的机械加工方法成型的模具制造周期短、成本低、综合经济效益好，在模具的精度和寿命方面能满足生产使用要求的模具制造技术。其主要制作的模具有：低熔点合金模具、喷涂成形模具、实型铸造模具、电铸模具、环氧树脂模具等。

快速模具制造一般分为直接制模法和间接制模法，主要用于制造塑料模具、冲压模具和铸造模具等。直接快速模具制造指的是利用不同类型的快速原型技术直接制造出模具本身，然后进行一些必要的后处理和机加工以获得模具所要求的机械性能、尺寸精度和表面粗糙度。特点是制造环节简单，能够较充分地发挥快速原型技术的优势，特别是与计算机技术密切结合。但是，它在模具精度和性能控制方面比较困难，特殊的后处理设备与工艺使成本提高较大，模具的尺寸也受到较大的限制。与之相比，间接快速模具制造是通过快速原型技术与传统的模具翻制技术相结合制造模具。由于这些成熟的翻制技术的多样性，可以根据不同的应用要求，选择不同复杂程度和成本的工艺。一方面可以较好地控制模具的精度、表面质量、机械性能与使用寿命；另一方面也可以满足经济性的要求。因此，目前工业界多使用间接快速模具制造技术。但是，直接快速模具制造技术在未来将逐渐成为快速模具技术的主流。

复习与思考题

1. 简答什么是车身数字化和数字化车身？
2. 车身曲线曲面光顺的概念是什么？
3. 车身曲线光顺的方法有哪些？
4. 车身曲面光顺性检查方法有哪些？
5. 车身 CAD 模型的分类有哪些？
6. 简述车身 CAD 建模的一般步骤。
7. 简答什么是车身 A 级曲面？
8. 简答什么是车身数字样机？
9. 简述逆向工程的概念。
10. 车身逆向工程系统的组成有哪些？
11. 简述车身逆向工程的流程。
12. 快速原型技术的原理有哪些？

第六章　车身 CAD 软件与应用

本章对车身 CAD 领域常用软件 CATIA、NX、Pro/ENGINEER、Alias 等做简要的介绍，也将介绍汽车造型、车身测量点云数据处理、车身曲面建模和车身结构件设计等车身 CAD 应用实例。

第一节　车身 CAD 软件简介

一、CATIA 介绍

CATIA 是英语 Computer Aided Tri-Dimensional Interface Application System 的缩写，CATIA软件是法国 Dassault System 公司开发的 CAD/CAE/CAM 一体化软件。图 6-1 是 CATIA 标识。

20 世纪 70 年代开始，CATIA 广泛应用于航空航天企业。从 1982 年到 1988 年，CATIA 相继发布了版本 1、版本 2、版本 3，于 1993 年发布了功能更强的版本 4，现在的 CATIA 软件分为 V4 版本、V5 版本和 V6 版本共三个系列。V4 版本应用于 UNIX 平台，V5 和 V6 版本应用于 UNIX 和 Windows 两种平台。CATIA V5 和 V6 版本界面友好，易学易用，功能也更加强大，开创了 CAD/CAE/CAM 软件的一种全新风格。

CATIA V6 版本，可以对产品开发过程的各个方面进行仿真，并能够实现工程人员和非工程人员之间的电子通信。包括产品整个开发过程的概念设计、详细结构设计、工程分析、成品定义和制造，乃至成品在整个生命周期中的使用和维护。CATIA V6 为数字化企业建立一个针对产品整个开发过程的工作环境。图 6-2 是 CATIA V6 的标识。

图 6-1　CATIA 标识

图 6-2　CATIA V6 标识

CATIA 广泛应用于航空航天、船舶、汽车制造、机械制造、电子/电器、消费品等行业。为迎合所有工业领域的大、中、小型企业的需要，CATIA 集成解决方案几乎覆盖了所有的产品设计与制造领域，从大型的波音 777 飞机、火箭发动机到化妆品的包装盒。CATIA 源于航空航天业，但其强大的功能已得到各个行业的认可，在欧洲的汽车行业，已成为事实上的标准级的软件工具。CATIA 的著名用户包括波音、戴姆勒、克莱斯勒、宝马、大众等一大批知名企业。其用户群体在世界制造业中具有举足轻重的地位。

CATIA V5 的功能模块有：

1)CATIA 机械设计

该软件模块包括从概念设计到详细设计与分析,直至工程图生成,涵盖机械产品设计的全部内容。

机械设计包含的产品有:CATIA 功能模型零件、CATIA 铸锻零件设计优化、航空钣金设计产品、装配设计产品、焊接设计产品、零件设计产品、零件设计特征识别产品、线框和曲面产品、创成式工程绘图产品、交互式工程绘图产品、修复助手产品、3D 功能公差及标注产品、结构设计产品、模具设计产品、阴阳模设计产品、钣金设计产品、钣金加工产品等。

2)CATIA 外形设计和风格造型

该软件模块可用于构建、控制和修改工程曲面和自由造型曲面。

外形设计和风格造型包含的产品有:CATIA 创成式曲面设计、模型修复助手产品、实时渲染产品、装配设计产品、零件设计产品、交互式工程绘图产品、创成式工程绘图产品、STEP 核心接口产品、CADAM 接口产品、自由风格曲面造型产品、对象管理产品、IGES 接口产品、V5 与 V4 集成产品、知识工程专家产品、照片制作室产品、自由曲面优化产品、快速曲面重建产品、数字化外形编辑产品、汽车 A 级曲面造型产品、汽车白车身紧固产品等。

3)CATIA 产品综合应用

该软件模块提供数字化样机的验证和仿真功能,以及系列化的知识工程产品。

产品综合应用包含的产品有:业务流程知识模板产品、知识工程顾问产品、知识工程专家产品、产品工程优化产品、产品知识模板产品、对象管理产品、V5 与 V4 集成产品等。

4)CATIA 设备与系统工程

该软件模块模拟复杂电器、液压传动和机械系统的协同设计和集成等。

设备与系统工程包含的产品有:电气线束布线产品、电气元件库产品、电气装置安装产品、实时渲染产品、装配设计产品、零件设计产品、交互式工程绘图产品、创成式工程绘图产品、知识工程专家产品、IGES 接口产品、CADAM 接口产品、对象管理产品、系统布线产品、生产厂房布置产品、电气系统功能产品、电气库管理员产品、系统图表产品等。

5)CATIA 工程分析

该软件模块可对任何类型的零件或装配件进行工程分析。

工程分析包含的产品有:创成式装配结构分析产品、Elfini 结构分析产品、对象管理、V4 集成产品、变形装配的公差分析等。

6)CATIA NC 加工

该模块产品系列化完整,是简单易用的 NC 加工解决方案。

NC 加工包括的产品有:创成式外形设计产品、2 轴半 NC 加工产品、创成式工程绘图产品、交互式工程绘图产品、装配设计产品、CADAM 接口产品、NC 加工审查产品、实时渲染产品、零件设计产品、3 轴曲面加工产品、对象管理产品、V5 与 V4 集成产品、IGES 接口产品等。

7)CATIA 基础架构

CATIA V5 基础架构是为协同产品开发提供的产品平台,是以打包方式提供的简便配置方法,可以针对企业不同级别和不同功能需求提供灵活的解决方案。其核心是预先确定的一系列产品的配置,与大多数普通用户的特定工作和流程相适应。

8)CAA RADE

该软件可以将用户的专用知识集成到 CATIA 和 ENOVIA 应用程序中,也可以将现有的系统集成到 ENOVIA 中。CAA V5 是扩充 3D PLM 需求方案的良好开发环境。

CAA RADE 包含的产品有:C + +开发配置、C + +扩展开发配置、基于 Java 的开发配置、协同开发管理、多工作空间应用程序构建配置、集成历史数据的开发配置、一体化 RADE 配置等。

9)CATIA 基于 Web 的在线学习解决方案

CATIA 基于 Web 的在线学习解决方案是一个简易好用的电子支持系统(Electronic Performance Support System,简称 EPSS),为学习使用 CATIA 和 ENOVIA 提供了丰富的访问信息和使用培训。辅助自学工具(Companion)可以作为桌面工具,随时随地解决培训、应用方面的问题。

它包含的产品有:机械设计用户辅助自学工具、CATIA 用户辅助自学工具等。

ICEM Surf 原是一个 A 级曲面的构造工具,现已被整合为 CATIA ICEM Shape Design(ISD),可以用于处理测量点云数据和进行逆向工程曲面设计及汽车 A 级曲面设计。图 6-3 是 ICEM Surf 标识。

图 6-3 ICEM Surf 标识

ICEM Surf 最主要的特点是直接构造曲面(无需先构造曲线)和曲面质量的动态评价(曲面调整中的曲面诊断结果动态更新),是汽车、摩托车外覆盖件、内饰件等自由曲面构造的有力工具,但要求测量数据比较完整。ICEM Surf 能把点云数据自动转换成三角形面片模型,可以用来求任意截线、边界线和特征线,也可以用来做快速成型或 NC 加工编程等,而这个模型并不是传统意义上的曲面模型。

ICEM Surf 可用于复杂曲面建模和分析,是 A 级曲面构建的理想工具。ICEM Surf 也大量应用于结构曲面设计和冲压工具曲面设计,也是车身、工业产品设计、夹具和模具工业的理想工具。并且,通过一组完善、直观及标准的 CAD 接口,ICEM Surf 可以很方便地与其他 CAD 系统集成。

ICEM Surf 为设计师和工程师提供了分析和修改数字化模型,根据点云构建曲线和曲面,以及实时动态曲面诊断等工具。

二、Siemens PLM Softwar 介绍

1. NX 软件介绍

NX 软件是 Siemens PLM Software 公司出品的一个产品工程解决方案,为用户的产品设计及加工过程提供了数字化造型和验证手段。NX 软件是 UG 软件和 I-deas 软件的继承产品。图 6-4 是 NX 标识。

图 6-4 NX 标识

UG 软件起源于美国麦道飞机公司,20 世纪 60 年代成为商业化软件,被众多美国公司所采用。UG 软件是应用广泛的集成 CAD/CAE/CAM 软件,于 1990 年进入中国市场。UG 软件采用基于约束的特征建模和传统的几何建模为一体的复合建模技术,在曲面造型、数控加工方面是强项。2001 年 UGS 并购了 SDRC 的 I-deas 软件。2002 年,UGS 公司推出了功能进一步提高的 NX 软件,广泛应用于国内的航空航天、汽车、通用机械、模具及家电等领域。2007 年,Siemens 公司完成了对 UGS 公司的并购。NX 软件提供了与分析软件 NASTRAN 和 ANSYS、与机构动力学软件 ADAMS、与注塑模分析软件 MOLD FLOW 等的接口。

NX 软件是 Siemens PLM Software 新一代的数字化产品开发系统,可以通过过程变更来驱动最终产品的更新。NX 软件实现了包含 CAD/CAE/CAM 全范围开发过程的产品全生命周期管理。

NX 软件的功能模块有：

1）风格及造型设计

该功能模块提供工业设计、风格及造型设计工具包。包含的功能有：自由形状建模；曲面连续性分析；颜色、材料、结构、照明和渲染效果等。

2）产品设计

该功能模块包含的功能有：以参数化的、清晰的以及直接建模的技巧实施混合建模，装配设计和管理，用于钣金和路线系统的流程特定工具，连续设计验证，三维尺寸标注和制作工程图等。

3）数字化仿真验证

该功能模块包含的功能有：运动和结构分析向导、工程分析等。

4）工装及模具

该功能模块包含的功能有：普通用途工装和夹具设计、知识驱动型注塑模设计向导、冲压模设计和模具工程向导等。

5）加工制造

该功能模块包含的功能有：数控编程解决方案、集成的刀具路径切削和机床运动仿真、后处理程序、车间工艺文档、制造资源管理等。

6）产品开发环境

NX 产品开发环境支持各种工具，可用于管理过程与数据共享，可实现 CAD/CAE /CAM 环境下的协同工作、产品生命周期管理（Product Lifecycle Management，简称 PLM）、数据转换、数字化实体模型和可视化。

2. Imageware 软件介绍

Imageware 是著名的逆向工程软件，广泛应用于汽车、航空、航天、家电、模具、计算机零部件等领域。现为 Siemens PLM Software 旗下 NX 的产品线。图 6-5 是 Imageware 标识。

图 6-5　Imageware 标识

起初，Imageware 主要应用于汽车和航空航天工业，因为这两个领域对空气动力学性能要求很高，在产品开发的开始阶段就要认真考虑空气动力性。常规的设计流程首先根据工业造型制作出油泥模型，然后将模型送入风洞实验检测空气动力学性能，再根据实验结果对模型进行修改，经过反复修改直到获得满意结果为止，这样所得到的最终油泥模型才是符合需要的模型。将油泥模型的外形精确地输入计算机成为数字模型，需要应用逆向工程软件来完成。

Imageware 软件是对产品开发过程前后阶段的补充。通过将加工好的实物零件（物理样机）与电子化的数字模型（数字样机）紧密结合，使得在产品开发过程中全面贯彻既保持设计和工程意图又同时进行检验的思想。Imageware 提供了在逆向工程、A 级曲面设计和曲面评估方面很好的功能。

Imageware 软件特别适合用于以下情况：

（1）只有实物零件而没有图纸，又要求对此零件进行分析、复制及改型。

（2）在汽车、家电等行业要制作、分析油泥模型，对油泥模型进行修改，得到满意结果后，要将此模型的外形在计算机中建立数字样机。

（3）对现有的零件工装等建立数字化图库。

（4）在模具行业，往往需要用手工修模，修改后的模具型腔数据，需要及时地反映到相应的 CAD 设计之中,这样才能最终制造出符合要求的模具。

Imageware 产品提供独特、综合的自由曲面构造及检测工具,其应用范围包括了从早期的概念开发直到产品制造及检测的各个阶段。Imageware 产品将向模块化发展并专注四项关键的核心竞争力:三维检测、高级曲面、多边形造型及逆向工程。

Imageware 包括以下几个模块。

1)基础模块

该模块包含诸如文件存取、显示控制及数据结构等。

2)点处理模块

点处理模块包含处理点云数据的工具。主要包括:由测量设备中读取点云数据;点云数据精简,达到要求的密度;点云对齐及定位;点云剖面;点云的全方位模型转换;增加点云;切割、修剪点云等。

3)曲线、曲面模块

曲线、曲面模块提供完整的曲线、曲面建立和修改的工具,包括扫掠(Sweep)、层叠(Loft)及局部操作用到的圆角(Fillet)、偏置(Offset)等曲面构建命令。

几何的编辑可以用多种方法实现,首要的就是直接编辑曲线及曲面的控制点。作为控制点编辑工具的补充,还有完整的针对曲线网格及相关结构的三维约束工具。这些工具能够自动获取约束关系之间的更新,提高设计人员的效率。

Imageware 曲面模块也提供曲面拼接(Blend)功能,允许将临近的曲面片在边界线或内部点上进行曲面位置、相切及曲率连续的处理。同时提供拼接选项以精确控制曲面形状。有时,设计者需要使用高质量的 A 级曲面,这在曲面模块里都可以实现。

4)多边形造型模块

该模块提供点云数据三角形化的处理工具,能够处理任意大小多边形模型。处理的数据类型有:STL 数据(如从多种测量设备获得)、FEM 数据和 VRML 数据。

功能操作有:由密集的点云建立多边形、修补多边形网格、偏置多边形、切割多边形数据剖面、通过布尔操作增加或减少多边形数据、快速加工应用、多边形雕刻及编辑、多边形可视化、快速物理样机准备及实验等。

5)检验模块

该模块可检测复杂数字形面以及物理样机的三维模型。提供输入 CAD 数据及点云数据的工具,并能够将零件 CAD 数字模型与测量点云数据进行定性及数量上的检验。

6)评估模块

该模块包含定性和定量的评定模型总体质量的工具。定量评估提供关于零件与模型精确的数据反馈,定性评估强调评价模型的美学质量。提供环境映像工具可在零件表面贴图以获得实际效果,用这种方法可以在模拟的实际环境中评估模型,图像可通过环境及建筑物的数字化照片获得,软件本身也提供了预先输入的环境样本。除了环境映像外,也可以使用工具显示整个模型的光流向情况,这种方法可以发现曲面构造中的细微偏差。定性评估对于应用 A 级曲面的工业设计和车身表面设计而言是很有必要的。

三、Autodesk AliasStudio 介绍

AliasStudio 是世界一流的工业设计软件,广泛应用于交通运输工具设计和一般产品设计,包括汽车车身、笔记本电脑、运动器械、移动电话、医疗设备、儿童玩具、时尚用品等。其全方位

解决方案包括 Design Studio、Studio、Surface Studio 和 AutoStudio 等部分，给设计师提供了丰富的工具，使从概念设计到工程分析和制造这一过程得到完整地集成。AliasStudio 使用起来比较方便，界面友好，提供了艺术家们很熟悉的工具，比如喷笔、油泥等。AliasStudio 加速了设计的全过程，缩短新产品进入市场的时间，从而帮助使用者获得更高的效率。图 6-6 是 AliasStudio 标识。

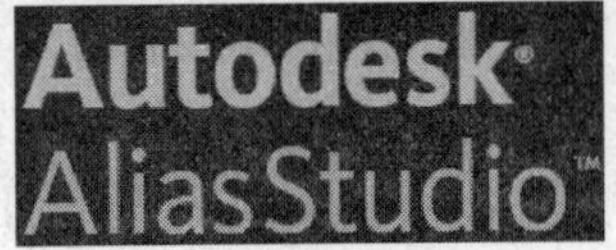

图 6-6　AliasStudio 标识

AliasStudio 提供的主要功能有：

1）集成色彩描绘

该软件提供应用工具，使得设计师能够发挥他们的使用技巧，比如带有三维设计工具包的草绘等。AliasStudio 是唯一集成色彩描绘与草绘工具的三维设计软件。AliasStudio 给交通工具设计师提供了自由灵活的创造力，将建模、渲染和工程集成在一起。

2）建模

该软件提供了丰富的特征建模工具集，使设计师和工程师的空间设计想象能够在三维模型得到最有效的实现。AliasStudio 可以用于快速生成高阶曲率连续模型，例如汽车外表面的 A 级曲面模型，能够满足设计师严格的曲面质量要求。从曲面建模技术角度来说，AliasStudio 是车身 A 级曲面建模的优良工具。AliasStudio 也提供了很好的逆向工程、实时诊断和扫面数据处理等工具。AliasStudio 也适合于车身 A 级曲面建模，能够满足对曲面质量的严格要求和对汽车造型准确与精度的要求。

3）动画

动画演示是有效的交流设计思想的途径，也在一定程度上减少了设计评价阶段对物理原型的依赖，节约资金，节省时间。

4）渲染

该软件可以生成概念设计的光照显示模型，并能在建模的同时实时应用演示渲染工具评价模型效果。

5）集成

在设计过程中，工业设计师需要能够灵活地使用各种工具。AliasStudio 提供了很好的模型制作和演示工具的集成。

6）高效的用户界面

高效的用户界面可以加速熟练使用者的工作流程，也能使一个新学者迅速完成学习进程。AliasStudio 形象表意的图标菜单比传统菜单选择迅速，使得设计师能够动作飞快地建立数字模型。用户自定义的快捷键、工具栏和自定菜单可以充分适应使用者的工作流程，并进一步提高生产率。

AliasStudio 的曲面造型模型可以直接用于进一步的零件结构设计。Alias 软件可以通过专用或通用数据接口标准，例如 *.igs 等，与 CATIA、NX、Pro/ENGINEER 等设计软件实现很好的数据交换，从而实现将 AliasStudio 的曲面造型数字模型用于零件设计与制造。

图 6-7 是应用 AliasStudio 完成的汽车造型三维数字模型图。

四、PTC 公司软件介绍

1985 年，美国 PTC 公司（Parametric Technology Corporation）成立于美国东海岸文化名城波士顿，是全球 CAID/CAD/CAE/PDM 领域具代表性的软件公司。以 Pro/ENGINEER 为代表的软件产品的总体设计思想体现了 MDA（Mechanical Design Automation）软件的新发展，具有一定的优势。图 6-8 是 PTC 标识。

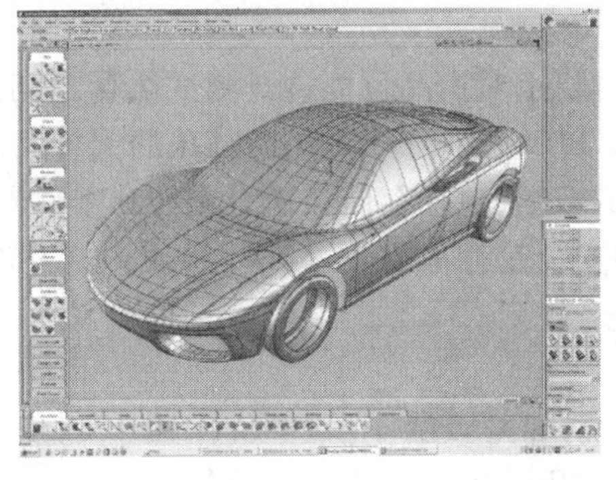

图 6-7　AliasStudio 汽车造型三维数字模型图

Pro/ENGINEER 功能模块有：

1）工业设计（CAID）模块

工业设计模块主要用于对产品进行几何设计。用 Pro/ENGINEER 生成的实体建模，不仅可以真实显示模型的形状，而且可以直接用于制造。事实上，Pro/ENGINEER 各阶段工作数据的产生都要依赖于实体建模所生成的数据。包括：PRO/3DPAINT（3D 建模）、PRO/ANIMATE（动画模拟）、PRO/NETWORK ANIMATOR（网络动画合成）、PRO/DESIGNER（概念设计）、PRO/PERSPECTA-SKETCH（图片转三维模型）、PRO/PHOTORENDER（图片渲染）几个子模块。

图 6-8　PTC 标识

2）机械设计（CAD）模块

机械设计模块是一个高效的三维机械设计工具，它可以绘制任意复杂形状的零件。随着人们生活水平的提高，对自由曲面产品的需求大大增加。由于生成曲面的方法较多，用 Pro/ENGINEER 可方便迅速地生成形状变化复杂的曲面。Pro/ENGINEER 生成曲面的方法有：拉伸、旋转、层叠、扫掠、网格、点阵等。

Pro/ENGINEER 既能作为高性能系统独立使用，又能与其他实体建模模块结合起来使用，它支持 GB、ANSI、ISO 和 JIS 等标准。它包括：PRO/ASSEMBLY（实体装配）、PRO/CABLING（电路设计）、PRO/PIPING（弯管铺设）、PRO/REPORT（应用数据图形显示）、PRO/SCAN-TOOLS（物理模型数字化）、PRO/SURFACE（曲面设计）、PRO/WELDING（焊接设计）等。

3）功能仿真（CAE）模块

功能仿真（CAE）模块主要进行有限元分析。有限元仿真使我们能“看到”零件内部的受力状态等物理特性。利用该功能，在满足零件受力要求的基础上，便可充分优化零件的结构。它包括：PRO/FEM-POST（有限元分析）、PRO/MECHANICA CUSTOMLOADS（自定义载荷输入）、PRO/MECHANICA EQUATIONS（第三方仿真程序连接）、PRO/MECHANICA THERMAL（热分析）、PRO/MECHANICA MOTION（指定环境下的装配体运动分析）、PRO/MECHANICA TIRE MODEL（车轮动力仿真）、PRO/MECHANICA VIBRATION（振动分析）、PRO/MESH（有限元网格划分）等。

4）制造（CAM）模块

NC Machining（数控加工）是 CAM 模块中的主要功能。Pro/ENGINEER 的数控模块包括：PRO/CASTING（铸造模具设计）、PRO/MFG（电加工）、PRO/MOLDESIGN（塑料模具设计）、PRO/NC-CHECK（NC 仿真）、PRO/NCPOST（CNC 程序生成）、PRO/SHEETMETAL（钣金设

计)等。

5)数据管理(PDM)模块

Pro/ENGINEER 的数据管理模块能够在计算机上对产品性能进行测试仿真,找出造成产品各种故障的原因,对改进产品设计很有帮助。PDM 就像 Pro/ENGINEER 的大管家,将触角伸到每一个任务模块,并自动跟踪工程师创建的数据,包括存储在模型文件和零件库中的数据。PDM 通过一定的机制,保证了所有数据的安全及存取方便。PDM 模块包括:PRO/PDM(数据管理)、PRO/REVIEW(模型图纸评估)等。

6)数据交换(Geometry Translator)模块

在实际工作中,往往需要与其他的 CAD 系统,如 CATIA、NX、CIMATRTON、MDT 等,进行数据交换。这时几何数据交换模块发挥着重要作用。

Pro/ENGINEER 中几何数据交换模块包括有:PRO/CAT(PRO/E 和 CATIA 的数据交换)、PRO/CDT(二维工程图接口)、PRO/DATA FOR PDGS(PRO/E 和福特汽车设计软件的接口)、PRO/DEVELOP(PRO/ENGINEER 软件开发)、PRO/DRAW(二维数据库数据输入)、PRO/INTERFACE(工业标准数据交换格式扩充)、PRO/INTERFACE FOR STEP(STEP/ISO10303 数据和 PRO/ENGINEER 交换)、PRO/LEGACY(线框/曲面维护)、PRO/LIBRARY ACCESS(PRO/ENGINEER 模型数据库进入)、PRO/POLT(HPGL/POST SCRIPTA 数据输出)等。

第二节　车身 CAD 软件的应用实例

一、汽车造型设计(AliasStudio 软件应用实例)

AliasStudio 是一种高端的三维工业设计软件,既可以根据测量数据生成曲线曲面,又可以直接在二维效果图的基础上进行三维建模及生成渲染图。由于 AliasStudio 界面友好,易于操作,所以在工业设计界有广泛应用。

对于一个汽车造型最终方案的确定,实物模型是必不可少的。草图和效果图能够表达汽车的整体风格和部分细节,但是毕竟图中带有很多的主观因素,不能全面表达真实的效果,也不能通过各个不同角度对方案进行评估。因此,通常需要先做一个小比例油泥模型,来评审造型的三维效果。但是,制作小比例模型要求造型师要有丰富的经验,完成时间相对较长,而且一些小细节也并不能在油泥模型上表达得很清楚,成本也相对比较高。

AliasStudio 可以在效果图的基础上直接进行三维建模,所花费的时间比制作油泥模型要少或相差不多,但是成本低,工作量小。由 AliasStudio 直接做出的三维造型,可以深入到细小的局部细节,也可以通过不同的视角去仔细观察造型效果,还可以搭配内饰进行整体造型方案的评审。

油泥模型是实物模型的一种类型,近年来应用更多的是快速原型技术和数控加工方法获得实物模型。通过快速原型技术和数控加工方法,可以由 AliasStudio 的三维造型得到任意比例的实物模型。通过对实物模型进行空气动力学试验及一系列的造型评审,最终确定汽车造型的最佳方案。

应用 AliasStudio 进行汽车造型设计的一般流程:

(1)用手工方法绘制创意草图,从多个方案中确定造型风格。图 6-9 是汽车造型的方案草图。

(2)将选定方案的草图或效果图导入 AliasStudio，将绘图比例调整至 1∶1，利用 NURBS 曲线工具描绘特征线。为了便于将形体塑造准确，往往需要 4 个投影图，即前视图、侧视图、俯视图、后视图，分别将相应角度的草图导入到对应的窗口中，生成三维模型线框图。

图 6-9　汽车造型方案草图

图 6-10 是选定的效果图方案，用于进一步的造型设计。图 6-11 是以侧视图为例，将选定方案草图或效果图输入到 AliasStudio。

图 6-10　选定的效果图方案

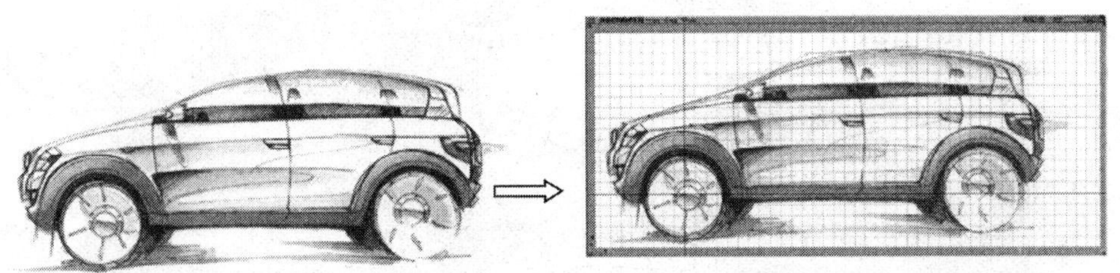

图 6-11　选定方案草图或效果图输入到 Alias 软件

在构建更多细节框架的同时，可以适当的建立一些大曲面作为基本参考面，比如前风窗曲面、侧围整体曲面、顶盖曲面、发动机罩曲面等。

图 6-12 是将选定方案输入到 AliasStudio，建立三维特征线图。

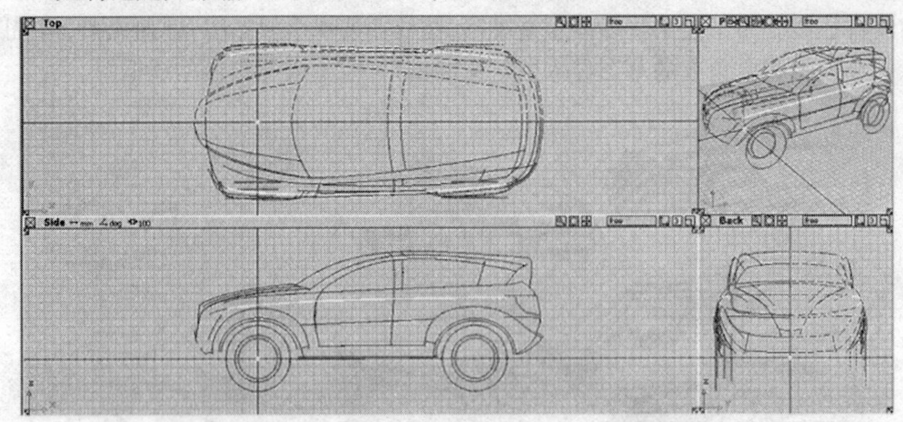

图 6-12 选定方案输入到 Alias 软件，建立三维特征线图

图 6-13 是由 AliasStudio 完成的三维模型线框图。

(3)根据三维模型线框图的特征线构造车身光顺曲面，并注意实时检验曲面质量。

图 6-14 是应用 AliasStudio 构建的曲面模型并检验曲面质量图。

图 6-13 由 AliasStudio 完成的三维模型线框图

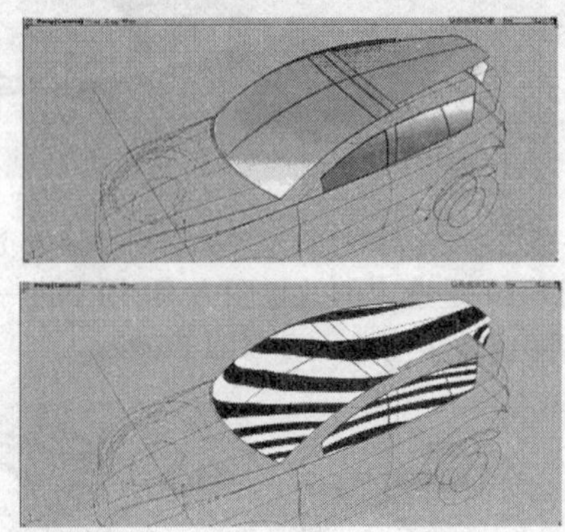

图 6-14 应用 AliasStudio 构建曲面模型并检验曲面质量图

车身的大表面构建完成后，开始添加更多的结构细节，如散热器格栅、后视镜、轮毂、制动盘、密封条、门把手、排气口等。车身大表面需要重新进行结构分块、开缝，如门缝、发动机罩、以及其他零部件的开缝等。

图 6-15 是应用 AliasStudio 完成的车身曲面模型图。

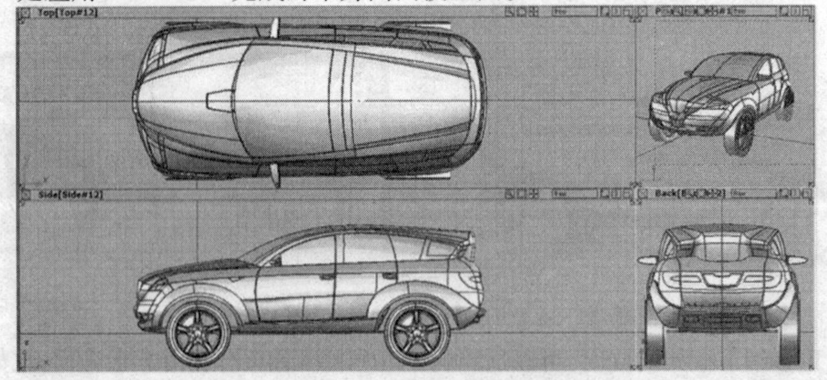

图 6-15 应用 AliasStudio 完成的车身曲面模型图

(4)渲染。数字模型构建完成后的效果和实车还有很大的差距,需要对数字模型进行渲染,给各个部位赋予相应的材质、色彩、透明度、反光率和纹理等。同时,也需要定义环境光源的个数、位置、强弱和周围环境的画面、色彩、明暗等。

图 6-16 是应用 AliasStudio 对车身曲面模型渲染过程图,图 6-17 是应用 AliasStudio 完成的车身曲面模型渲染图。

图 6-16　应用 AliasStudio 对车身曲面模型进行渲染图

图 6-17　应用 AliasStudio 完成的车身曲面模型渲染图

二、车身曲面逆向建模(ICEM Surf 软件应用实例)

应用 ICEM Surf 建立曲面模型的过程介绍如下。

(1)将处理好的点云数据导入 ICEM Surf 软件,如图 6-18 所示。

(2)将数据生成点云断面(Section),断面的间距根据个人经验设定,以能充分体现点云数据特征为依据,如图 6-19 所示。

(3)在已生成的点云断面上绘制曲线，曲线应尽量接近点云断面，并尽量光顺，如图 6-20 所示。

(4)光顺曲线绘制完成后，采用扫掠的方法制作曲面，如图 6-21 和 6-22 所示。

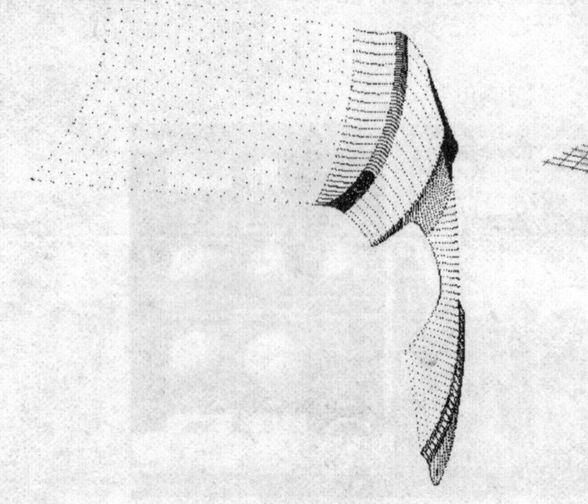

图 6-18　ICEM Surf 读入点云数据图

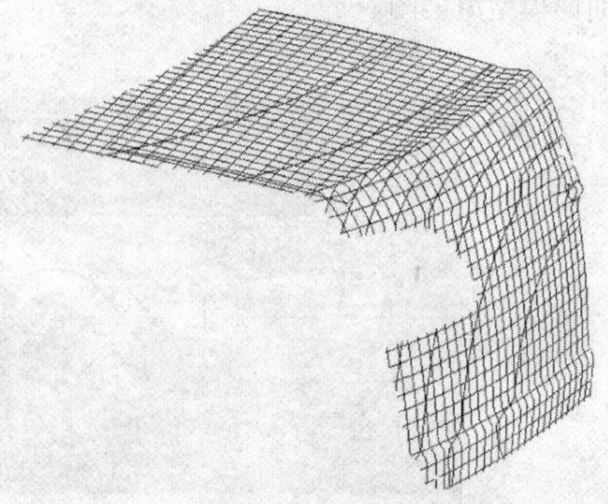

图 6-19　ICEM Surf 生成的点云断面(Section)

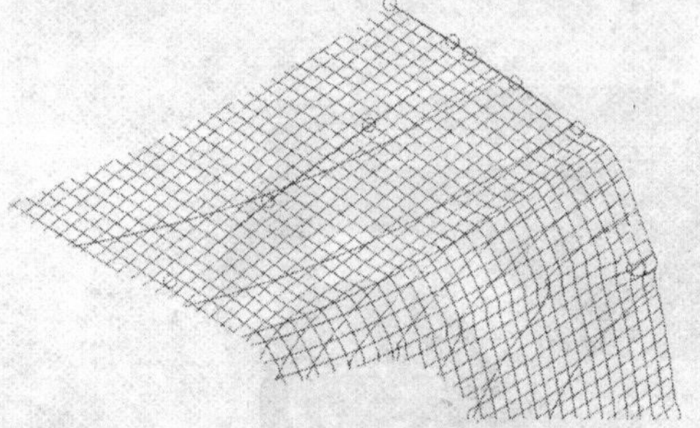

图 6-20　由 ICEM Surf 点云断面生成曲线

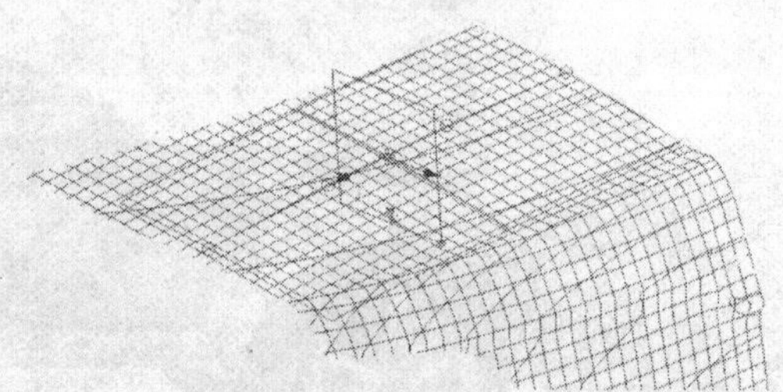

图 6-21　ICEM Surf 扫掠生成曲面方法示意图

(5)再生成曲面的断面，位置和间距与点云的断面相一致，用于比较生成的曲面与点云的逼近程度。

(6)调整生成曲面控制点，使曲面更加逼近点云断面，并保持曲面的光顺性，如图 6-23 所示。

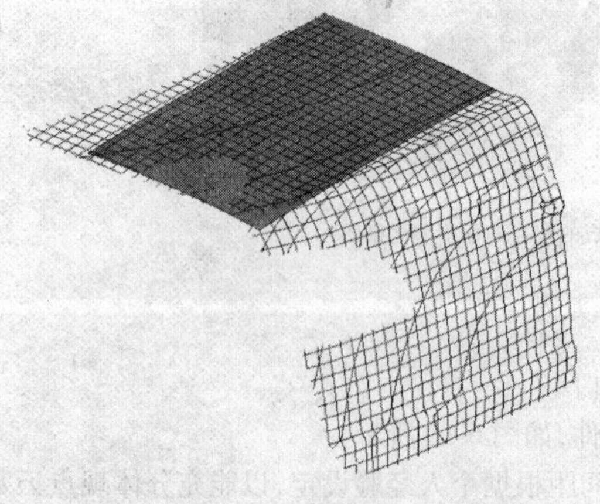

图 6-22　ICEM Surf 扫掠生成的曲面

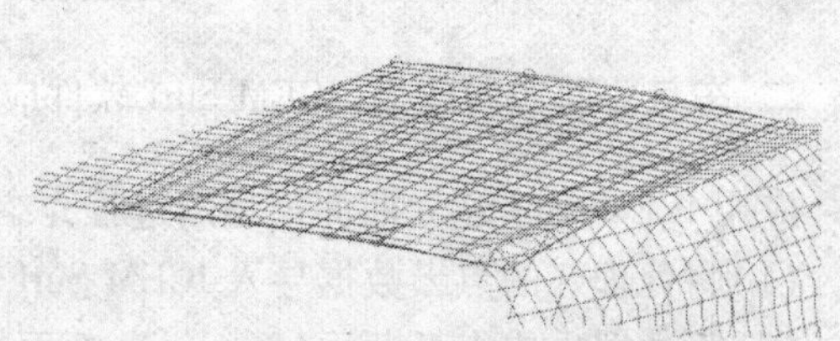

图 6-23　调整 ICEM Surf 曲面的控制点

(7)曲面调整完成后,还要检测其光顺质量。如图 6-24 所示,由面的曲率梳可以看到,面的总体质量是好的,但在 Y0 处未满足连续性要求(例如,G3 连续或者 G2 连续),所以还要对曲面进行连续性光顺优化。

(8)曲面光顺优化后的曲率梳如图 6-25 所示。

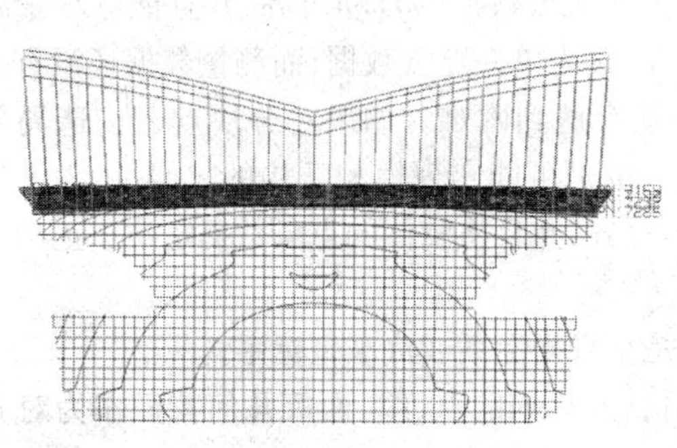

图 6-24　连续性光顺之前的曲面

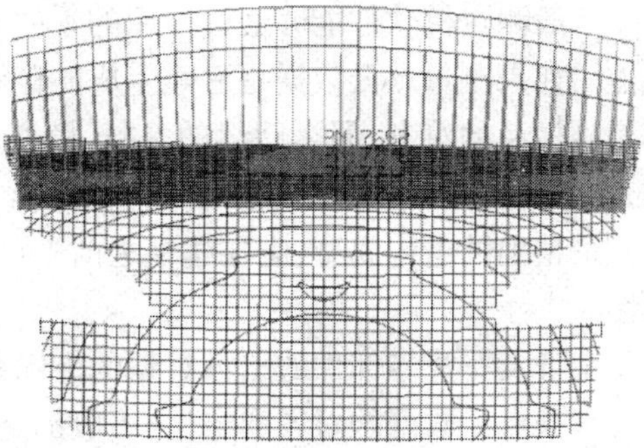

图 6-25　连续性光顺之后的曲面

(9)用高光线检查曲面的光顺质量,直到调整至曲面的光顺程度较好,达到光顺要求为止,如图 6-26 所示。

(10)光顺曲面工作完成后,还要做各大曲面之间的光顺连接,并制作完成最终的曲面数模,如图 6-27 和 6-28 所示。

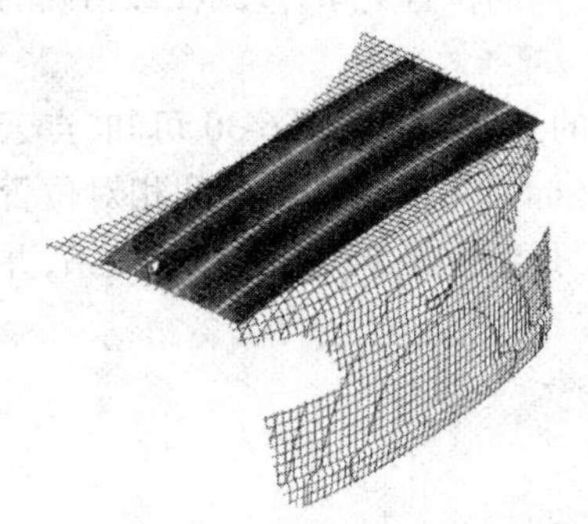

图 6-26　高光线检查曲面的光顺质量

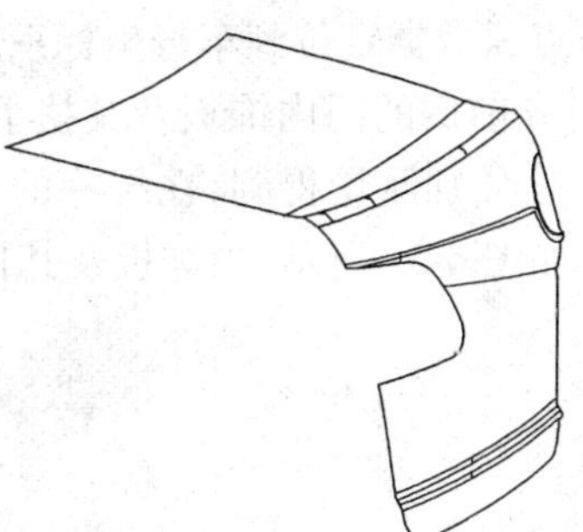

图 6-27　光顺曲面的线框显示图

图 6-28　光顺曲面的渲染显示图

三、车门内饰板的测量点云数据处理(Imageware 软件应用实例)

1. 点云数据处理流程

在车身 CAD 应用过程中,利用坐标测量机能够得到车身零部件详细的三维点云数据,尤其是非接触式测量的应用越来越广泛,这种测量方法测得的点云数据非常庞大,而且带有许多的噪声点和杂点,对后续的曲面建模带来一定的影响。因此,在曲面建模之前,需要对点云数据进行一些必要的处理,从而得到建模所需要的充分而完整的点云数据。这是对曲面重构过程所做的必要的准备,即点云数据处理。点云数据处理是十分重要的,甚至直接影响数字模型的成败。点云的数据处理主要包括点云的对齐与定位、点云过滤、数据精简、点云分块等,其主要流程如图 6-29 所示。

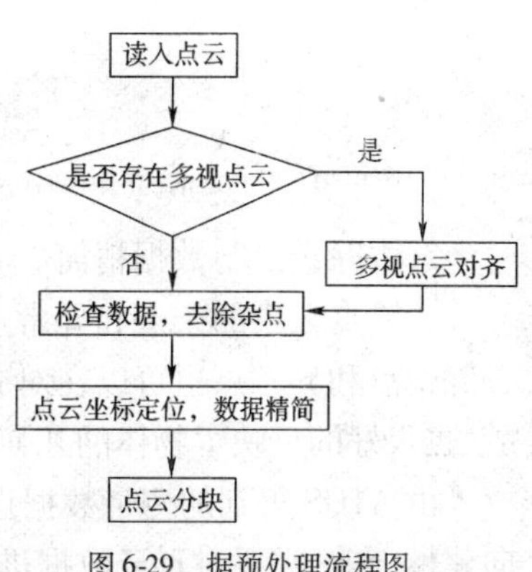

图 6-29　据预处理流程图

2. 点云的对齐与定位

为了得到完整的被测件的点云数据，测量过程中需要从被测件的不同角度多方位获取表面信息。由于不同的测量位置对应的默认测量坐标系不同，因此多次测量得到的测量点云是分散在各自的坐标系当中的。

一般测量机软件能够通过专用的软件工具实现点云数据的自动对齐，并且能够尽量减小误差。如果测量点云数据是已经生成的存储文件，成为单一点云数据，而测量数据还没有经过测量坐标系的对齐，那么后续的 CAD 模型重构就会遇到困难。如果对分块点云构造局部模型，然后再把这些局部模型拼合成整体完整数据，也是可能实现模型重构的。但是，为了尽量得到最精确的重构模型，应在建模之前先将点云对齐，并且将整体的点云数据定位于正确的坐标系。

车身及车身零部件的点云数据的坐标系就是车身坐标系或汽车坐标系。

车身点云数据的对齐和定位，一般都是采用点云数据的点、线、面等几何特征作为对齐和定位的依据。

应用 Imageware 软件提供的相应算法，在一定的误差范围内，将点云对齐到准确的位置，以及定位于准确的车身坐标系位置。

有时，测量点云没有明确的对齐依据，也可以根据两块点云之间的相对位置关系，由工程师平移和转动点云数据，逐渐对齐点云到正确的位置。这个过程需要工程师截取各个方向、很多的点云截面，根据这些点云截面的相对位置关系调整点云之间的位置关系，直到在最精确的误差范围内对齐点云，或将车身点云数据定位到车身坐标系。

图 6-30 和图 6-31 分别是对齐前后的门内饰板及其扶手的点云图。由图 6-30 可知，点云对齐之前，由于内饰板及其扶手是分别测量得到，在统一的坐标系里没有在正确的相对位置上。而经过点云对齐调整之后，如图 6-31 所示，内饰板及其扶手已经对齐到正确位置关系，并且定位于车身坐标系。

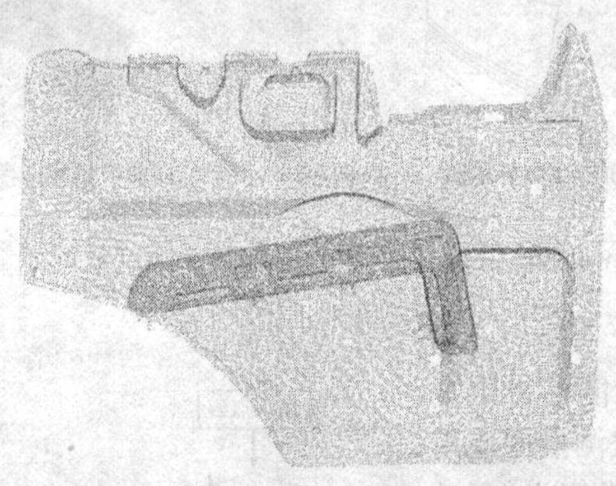

图 6-30　对齐之前的门内饰板及其扶手点云图

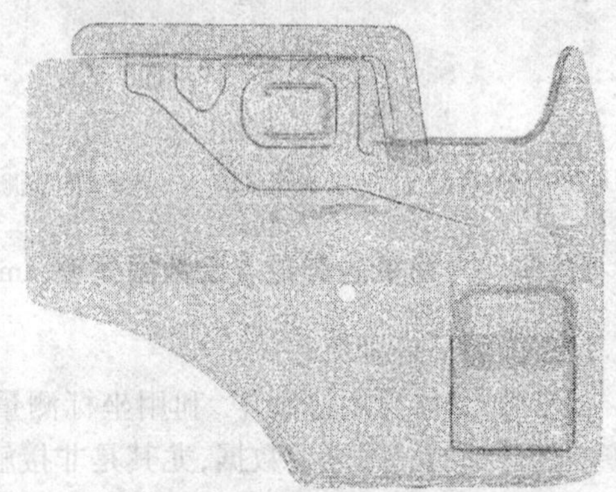

图 6-31　对齐之后的门内饰板及其扶手点云图

3. 去除杂点与数据精简

去除点云中的杂点和异常点也是很必要的，有时也可能影响对齐点云的正确与否，所以，去除杂点和异常点也可以在对齐点云之前进行。这些点的去除可以很好地保持原始数据的原貌，也很好的反映了物体的几何特征。

由 ATOS 得到的测量数据点十分密集，内饰板及其扶手点云共有 2091652 点。在 CAD 逆向建模之前，需要对点云数据进行一定程度的精简。虽然经过杂点去除，但也是只消除了点云中的异常点和噪声点，点云数据仍然包含着大量的冗余点，这些冗余点的存在不但增加了计算机的负担，还影响数据处理和重构模型的速度，应该在精度允许的范围内采用一定的算法对其进行精简。精简后，内饰板及其扶手的点总数为105270点，数据精简为只有原总数的5%，点距为1mm，可谓数据大大精简。同时，内饰板及其扶手的几何特征都很好地在点云数据中得以体现。

对于由手工制作得到的油泥模型的数据点云，一般点云本身的光顺情况不是很好，特征也不明显。通常采用等距离法稀化精简点云，间距值大小要使得数据精简后既保留油泥模型本身所具有的轮廓特征，又使留下来的点云方便后续的模型重构。

对于几何特征比较明显的车身零部件的测量点云，由于曲面光顺性较好，可以采用弦偏差法来精简数据，使得精简后得到点云几何特征明显，在曲率变化大的地方点云精简得少，在曲率变化小的地方点云精简得多。

如图6-32和图6-33所示，扶手点云的点的总数为112170，经等距法精简后得到的点总数为26257，经弦偏差法精简后得到的点总数为25297。由这两图可知，弦偏差法得到的精简点云的特征更加明显，更适合于比较复杂的被测物体的点云。

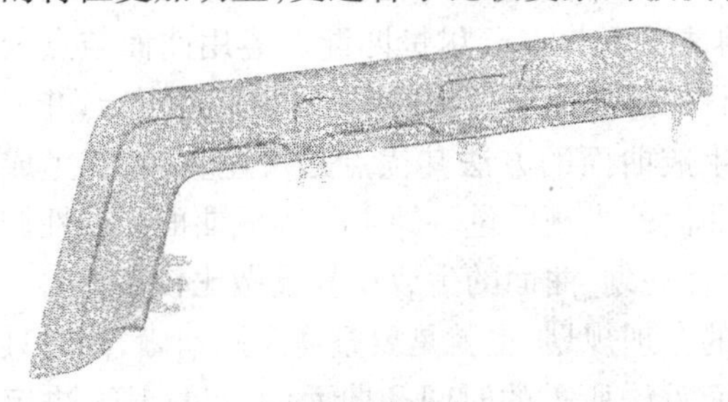

图6-32　扶手点云精简后（等距法）

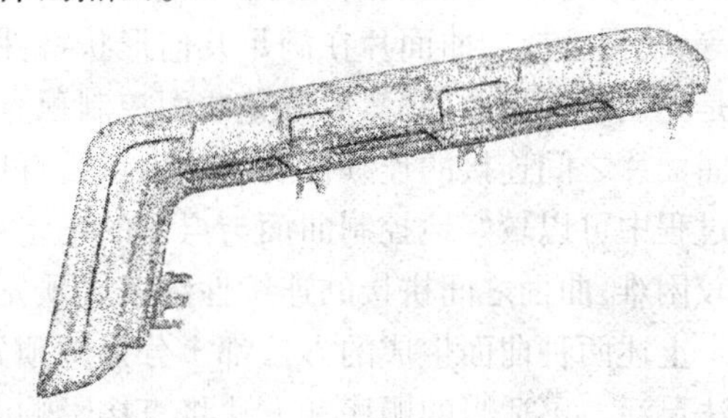

图6-33　扶手点云精简后（弦偏差法）

经过处理后得到的门内饰板及其扶手的点云，点总数约为原始点总数的5%。数据中去除了杂点和冗余点，对齐并定位到车身坐标系的正确位置，经过处理后的点云数据可作为进一步CAD建模的依据。

在曲面建模时，点云数据都要分块处理。点云数据的分块，虽然属于点云的数据处理，但是点云数据分块只有结合曲面建模过程，才能体现出点云分块的意义。在下文车门内饰板的曲面建模中有对点云数据分块的介绍。

四、车门内饰板的曲面建模（CATIA V5软件应用实例）

1.曲面建模的总体思路

对门内饰板及其扶手点云数据处理的目的是为了曲面建模并重新设计。建模要从生产实际出发，在确定产品的制造工艺基础上，才能进行下一步的构建模型和进一步的结构设计与改进。

在构建模型之前的准备工作很重要，要对产品进行详细的分析，理清产品的结构特征。复杂结构要分清基本特征和次要特征，要找到各特征之间的基本几何约束关系，制定构建模型的整体思路，然后确定建模的先后顺序。

从基本特征入手，保证平面、垂直、平行等重点特征，再完成次要细节部分的设计，包括过渡面和细微的局部形状等。明确整体思路，分清主次关系和确定建模顺序。

具体到每一个步骤的时候，可以随时调整生成方法，必要时也要调整整体思路，不钻牛角尖。

在设计时,也同时需要考虑相关装配零部件的配合关系,这在造型和设计阶段是重点问题。对于在装配过程中起到重要作用的位置或者边界,必须给出统一的标准。

构建模型应遵循的原则是:整体战略清晰,具体战术灵活;外部表面保证质量,内部结构保证功能。

2. 曲面建模的方法

构建曲面的方法主要有两种:一是点生成线、线生成面;二是由点云直接生成曲面。

点生成线、线生成面的方法,是根据点云特征截取点云截面,生成光顺特征线和形面曲线,然后用扫掠(Sweep),层叠(Loft)或填充(Fill)等方法创建光顺曲面片。此方法的优点是生成的曲面片的光顺性较好,但是生成曲面片之前的准备工作耗时较多,并且要有合理的曲面片生成规划、顺序和生成方法等,而且曲面片与点云的偏差不易控制。

由点云直接生成曲面的方法,是先将点云数据合理规划分块,根据不同的分块点云数据应用强力匹配(PowerFit)直接生成曲面片,或用曲面与点云配合(Fit a surface to a cloud of points)等方法得到光顺曲面片。应用强力匹配时,可以同时给定曲面片的边界曲线和边界约束等,使得生成的曲面片在满足几何形状特性的情况下与点云尽量匹配。应用曲面与点云配合是先创建简单曲面,然后调整曲面控制顶点,在保持曲面质量的同时,尽量逼近点云,并保证各曲面片之间连接的连续性要求。由点云直接生成曲面的方法其优点是快速直接,在生成曲面过程中可以较好地控制曲面与点云的偏差和曲面的光顺质量。缺点是生成曲面光顺性调整比较困难,曲面之间拼接的连续性约束要预先合理规划,曲面的生成反复重做比较多。

上述两种曲面生成的方法都十分强调预先的合理规划,也就是要整体思路清晰,同时具体方法灵活。不适当的顺序和方法将直接影响曲面重构所需的时间和曲面的质量,甚至决定构建曲面的成功与否。因为每一个零部件都不是简单的几何形状,都是由多块曲面片按照不同的连接方式组合而成。并且曲面之间的连接一般有圆角、过渡、填充等,同时要保证曲面之间要求的几何连续性,这都要求在生成曲面片时根据点云形面的具体情况制定出合理的规划。如思路清晰,可以又快又好地完成曲面建模;而思路混乱,则可能事倍功半。

曲面建模时,还要注意生成模型的简洁,尽量用简单规则曲面和大曲面。曲面过于琐碎,不利于后续的曲面过渡,也影响后续实体结构的设计。

3. 点云数据分块

由点云构建曲面时,点云数据分块对曲面建模是很重要的。一般根据对曲面质量和曲面与点云偏差要求的不同,分块可能有一定的差别。

点云分块是曲面建模的重要的第一步。分块方式直接影响后续的曲面构造方式、曲面的拼接和过渡效果。

对于采用矩形域参数曲面拟合技术构建曲面时,应该尽量将点云分块为四边形子域,对生成曲面的质量和曲面与点云偏差都有好处。

合理的分块,将复杂的散乱点云化整为零,逐个完成曲面构建,最后组合成简洁完美的模型。只有完美的局部才能组成完美的整体。

点云分块时,首先要区分点云各部分重要程度的不同,找出基本面和过渡面。基本面是产品外形的面积较大并且具有较大曲率半径和一致凸凹曲率趋势的曲面,是对产品外形的整体风格产生重要影响的基础部分,也是产品功能区域的基础部分。

过渡面是连接两个或多个基础面的曲面,一般都是形状狭长、曲率较大、曲率变化剧烈的区域。过渡面一般对产品的整体风格影响较小,是产品外形的次要部分。

就曲面质量而言,对基本曲面要求较高,既要求保证曲面与点云的偏差精度,又要求保证曲面光顺性,不能出现不协调的光反射现象;而对过渡面则要求尽量光顺,保证基本曲面之间的几何连续性。

分块时对点云进行三角化(Tesselate)网格显示,可以清晰地看出被测物体的基本曲面和过渡曲面的构成情况。也可以同时应用根据曲率标准分块工具(Segmentation by Curvature Criterion)对曲面点云进行分块。

图6-34 显示的是门内饰板的三角化网格显示分块情况,其中基本曲面为A、B、C、D、E、F、G、H,它们基本都是曲率变化较小的轮廓清晰的大曲面,而它们之间的过渡曲面曲率变化都较大,它们共同组合在一起构成了门内饰板的主要曲面形状。

图6-35 显示的是轿车翼子板拉伸模的测量点云,应用三角化网格和根据曲率标准分块工具的显示情况。其中曲率变化较大的过渡曲面的位置,都画出了明显的曲线,可以作为点云分块的依据。

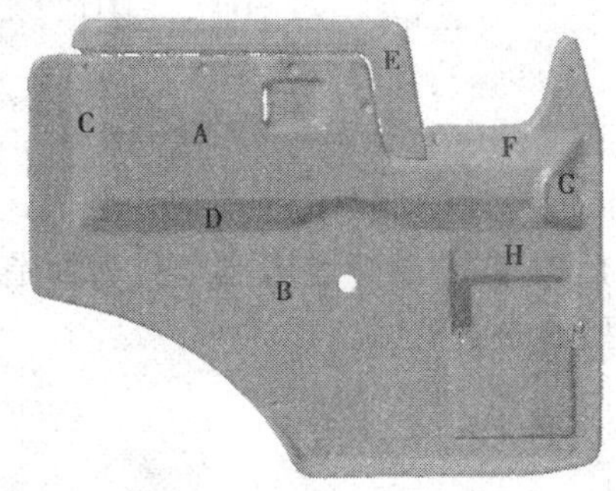

图6-34 门内饰板点云的三角化网格显示分块图

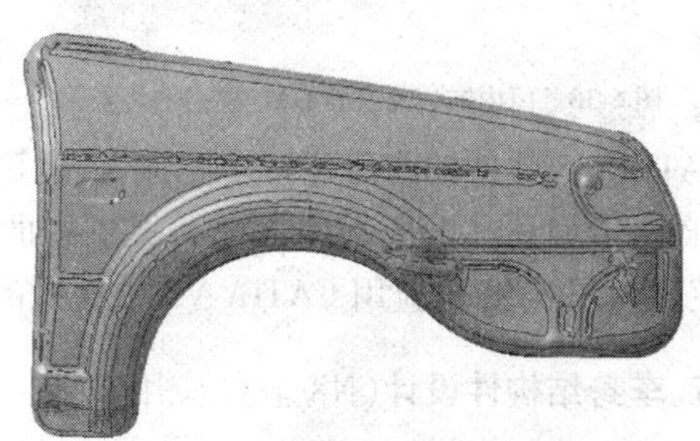

图6-35 应用 Segmentation by Curvature Criterion 和 Tesselate 显示的轿车翼子板模具点云

4. CATIA 软件曲面建模实例

在CATIA V5 软件里的数字外形编辑器(Digitized Shape Editor,简称DSE)和快速曲面重建(Quick Surface Reconstruction,简称QSR)模块都提供了对点云的编辑工具;在创成式外形设计(Generative Shape Design,简称GSD)和自由风格造型器(FreeStyle Shaper,简称FSS)模块中提供了由点生成线、由线生成面的工具;在快速曲面重建和自由风格造型器模块中提供了由点云直接生成和匹配曲面的工具。CATIA 软件还有汽车A级曲面模块(Automotive Class A,简称ACA),提供了方便的生成汽车A级曲面的工具。这些是CATIA的曲面重构的主要工具。

由点云构建曲面时,一般对于被测件刚度和表面光顺性较好的零件,要求曲面质量较高,要求曲面与点云之间偏差也较小;对于被测件刚性和表面光顺性较差的塑料件和模型等,为了达到曲面的光顺,可能曲面与点云之间偏差较大,但要有一个经过认可的偏差范围。

由于门内饰板是塑料件,本身表面质量不高,而且扭曲变形较大,所以得到的测量点云需要进一步准确的分析。

根据已有资料以及建模过程中对点云的分析可知,图6-34 中基本面A和B是偏置关系(Offset),所以在建模过程中要保证它们之间的距离的一致,并且A和E处于同一基本面内。基本面C、D、F、G与B成相同的角度,并且都与B以相同的方式过渡。过渡的工具主要有填充(Fill)、倒圆(Fillet)、混合(Blend)、接合(Junction)、拼接(Match)等。基本面B下部的曲面形式是翘曲的,这需要以适当的方式连接处理。确保曲面之间的几何连续性要求,保证曲面的光顺。内饰板的边界处点云不是很清晰，根据已有资料，并与结构工程师共同确定零件的边界形状，并确定各孔的位置和直径。

在以上分析基础上，经过严谨的建模过程，反复修改检查曲面的质量，通常用曲率梳、反射线和等照度线等方法，最终得到门内饰板的准确三维模型。

图 6-36 和图 6-37 分别是门内饰板 CAD 模型的渲染图和线框图，经检验曲面与点云的总体偏差在要求的范围内，并且曲面光顺性达到 A 级曲面标准。所以，此门内饰板的建模是成功的，可以用于进一步的改型和具体的结构设计。

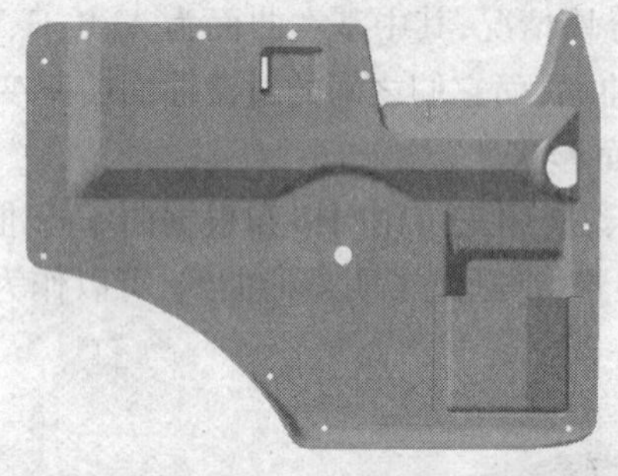

图 6-36　门内饰板外表面 CAD 模型的渲染图

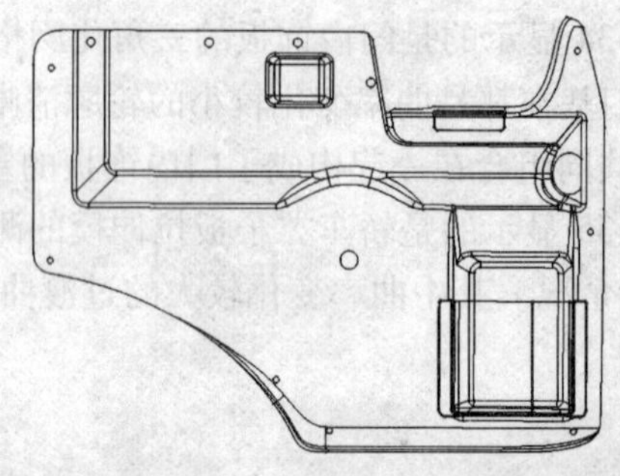

图 6-37　门内饰板外表面 CAD 模型的线框图

CATIA V5 软件的曲面造型功能强大，也可以用于正向设计的汽车造型。应用创成式外形设计、自由造型和汽车 A 级曲面模块提供的曲面生成工具，可以很好地构建车身表面造型的曲面模型。图 6-38 是应用 CATIA V5 软件做的汽车造型的曲面模型。

五、车身结构件设计（NX 软件应用实例）

对于具体结构设计的每一几何尺寸的确定，应该以结构功能资料为主，以测量点云为辅，在满足工艺要求条件下，重点保证装配形位。在这样的原则基础上，建模得到的完整的零件模型都能较好地达到设计要求。

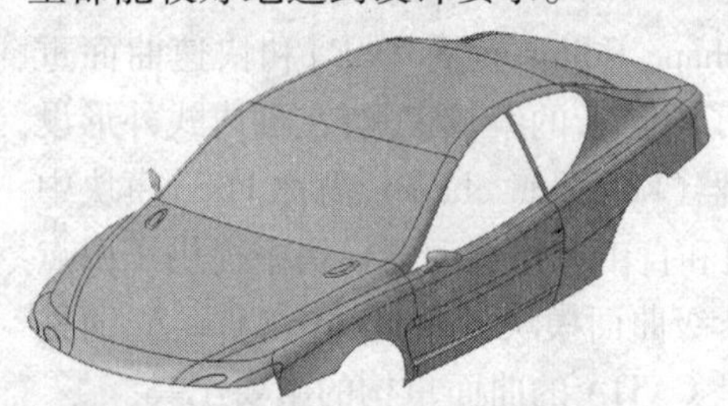

图 6-38　汽车造型的曲面模型

常用的车身 CAD 结构设计软件有 CATIA V5 软件和 NX 软件等，它们都提供了丰富而实用的工具，能够完成十分复杂的任务。这里以 NX 软件为例介绍车身零件结构设计的一般过程。

首先，打开通过验收的 NX 曲面模型文件，模型文件可能来自于曲面造型或逆向曲面建模。或以 *.igs、*.stp 等通用数据标准格式，将由其他软件构建的曲面模型输入到 NX 软件。要仔细检查是否有丢面或错面现象出现，如有出错的曲面，要修改完整。

曲面读入检验完成之后，具体的结构设计才正式开始。许多车身零件是薄板结构件，往往结构零件就是给定厚度方向的曲面结构。这是一种简化生成车身结构件的方法，制作二维工程图时，图面显得比较清晰明了，但要明确标出厚度的大小和方向。NX 软件提供的曲面结构设计工具主要有网格曲面（Mesh Surface）、扫掠（Sweep）等，还有详细特征（Detail Feature），如曲面混合（Face Blend）、倒圆（Fillet）、桥接（Bridge）等，以及剪切（Trim）、偏置（Offset）等。

图 6-39 是轿车翼子板零件曲面结构模型，图 6-40 是轿车保险杠曲面结构模型，图 6-41 是轿车车身结构 CAD 曲面结构模型。

对于机加工件和塑料件等的结构设计多采用实体特征。NX 软件提供的实体结构设计工具包括规则几何实体设计,如立方体(Block)、圆柱体(Cylinder)、锥体(Cone)、球体(Sphere)等。此外,还有更加通用的拉深(Extrude)、旋转(Revolve)、打孔(Hole)、开槽(Pocket)、厚度(Thicken sheet)等,还有倒角(Chamfer)、倒圆(Blend)、拔模角(Draft)等。对于比较复杂的局部可以应用缝合(Sew)封闭曲面生成实体的功能,同时,也可以应用剪切(Trim)和布尔运算等工具。所有的这些过程得到的实体特征,最终组合成为设计要求的零件结构。如图 6-42 所示的扶手。

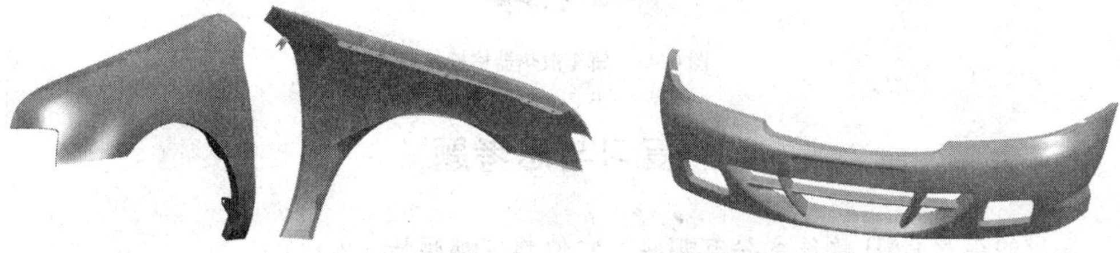

图 6-39 轿车前翼子板曲面结构模型　　图 6-40 轿车前保险杠曲面结构模型

图 6-41 轿车车身结构 CAD 曲面模型

图 6-42 是内饰板及其相关装配件的实体模型,图 6-43 是轿车散热器格栅模型。

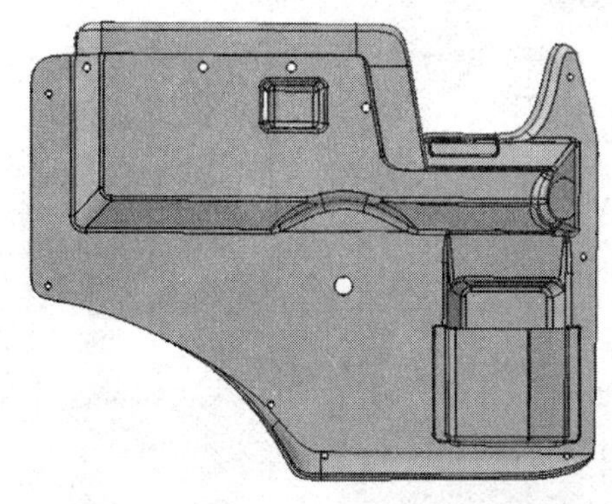

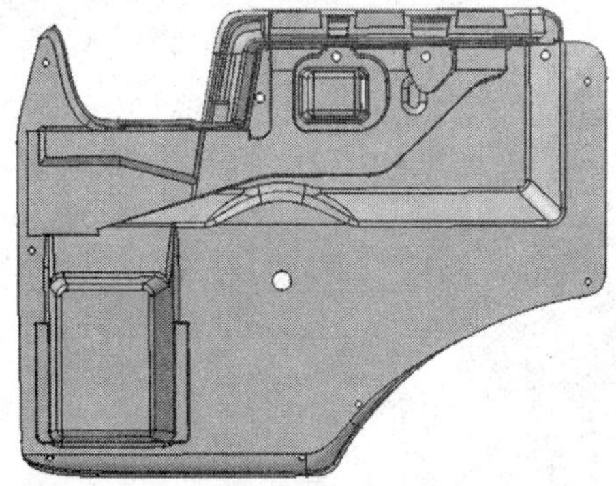

图 6-42 内饰板及其相关装配件最终实体模型

车门内饰板的主体是厚度基本一致的发泡塑料。对于外表面已经生成的结构,可采用将外表面整体偏置厚度生成实体。如果曲面不能整体加厚度,说明曲面可能需要修改。一般情况下,软件能够将偏置失败的位置明确表示,并有简单的原因说明。如果是曲面的表面质量问题,比如局部有连续的曲率反向,需要将此曲面做局部修改,提高曲面质量后再做实体结构;如果是曲面的曲率变化较大,按照给定的偏置距离偏置产生自相交,则也可能导致偏置的失败。如果找不到某一曲面偏置失败的原因,那就可能需要重新生成曲面再偏置,或者对这个部分的实体结构采用其他的方法重新生成。

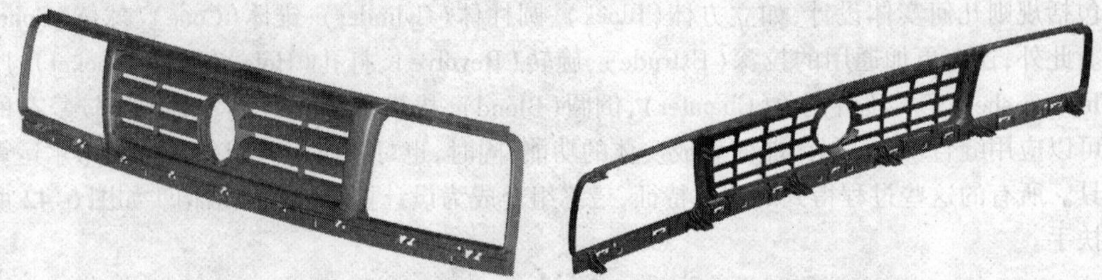

图 6-43　轿车散热器格栅模型

复习与思考题

1. 常用的车身 CAD 软件主要有哪些？它们都有哪些特点？
2. 简答汽车造型设计一般流程。
3. 车身测量点云为什么要进行精简？精简方法不同，得到的精简结果有何不同？
4. 简答车身曲面建模的一般总体思路。
5. 车身曲面建模的一般基本方法有哪些？
6. 车身曲面建模过程中为什么要做数据点云分块？
7. 简答车身结构设计的一般基本方法。

附录

附录一　求解线性方程组的全选主元高斯消去法

1. 功能

用全选主元高斯(Gauss)消去法求解 n 阶线性代数方程组 $\boldsymbol{AX}=\boldsymbol{B}$。其中:

$$\boldsymbol{A}=\begin{bmatrix} a_{00} & a_{01} & \cdots & a_{0,n-1} \\ a_{10} & a_{11} & \cdots & a_{1,n-1} \\ \vdots & \vdots & & \vdots \\ a_{n-1,0} & a_{n-1,1} & \cdots & a_{n-1,n-1} \end{bmatrix},\boldsymbol{X}=\begin{bmatrix} x_0 \\ x_1 \\ \vdots \\ x_{n-1} \end{bmatrix},\boldsymbol{B}=\begin{bmatrix} b_0 \\ b_1 \\ \vdots \\ b_{n-1} \end{bmatrix}$$

2. 方法说明

为保证数值计算的稳定性,本函数采用全选主元。

全选主元高斯消去法分两步进行。

第一步　消去过程

对于 k 从 0 到 $n-2$ 做以下三步:

(1)从系数矩阵 $\boldsymbol{A}$ 的第 k 行、第 k 列开始的右下角子阵中选取最大的元素,并通过行交换与列交换将它交换到主元素的位置上。

(2)归一化

$$a_{kj}/a_{kk}\Rightarrow a_{kj}(j=k+1,\cdots,n-1)$$
$$b_k/a_{kk}\Rightarrow b_k$$

(3)消去

$$a_{ij}-a_{ik}a_{kj}\Rightarrow a_{ij}(i,j=k+1,\cdots,n-1)$$
$$b_i-a_{ik}b_k\Rightarrow b_i(i=k+1,\cdots,n-1)$$

第二步　回代过程

(1)　$$b_{n-1}/a_{n-1,n-1}\Rightarrow x_{n-1}$$

(2)　$$b_i-\sum_{j=i+1}^{n-1}a_{ij}x_j\Rightarrow x_i\quad(i=n-2,\cdots,1,0)$$

最后对解向量中的元素顺序进行调整

3. 函数语句

int agaus(a,b,n)

本函数返回一个整型标志值。若返回标志值为0,则表示原方程组的系数矩阵奇异,输出信息“fail”;若返回标志值不为0,则表示正常返回。

4. 形参说明

a——双精度实型二维数组,体积为 $n\times n$。存放方程组的系数矩阵,返回时将被破坏。

b——双精度实型一维数组,体积为 n。存放方程组右端的常数向量;返回方程组的解向量。

n——整形变量。存放方程组的阶数。

5. 函数程序(文件名:agaus.c)

```
#include "stdlib.h"
#include "math.h"
#include "stdio.h"
int agaus(a,b,n)
int n;
double a[],b[];
{ int *js,l,k,i,j,is,p,q;
  double d,t;
  js=malloc(n*sizeof(int));
  l=1;
  for (k=0;k<=n-2;k++)
    { d=0.0;
      for (i=k;i<=n-1;i++)
        for (j=k;j<=n-1;j++)
          { t=fabs(a[i*n+j]);
            if (t>d) { d=t; js[k]=j; is=i;}
          }
      if (d+1.0==1.0) l=0;
      else
        { if (js[k]!=k)
            for (i=0;i<=n-1;i++)
              { p=i*n+k; q=i*n+js[k];
                t=a[p]; a[p]=a[q]; a[q]=t;
              }
          if (is!=k)
            { for (j=k;j<=n-1;j++)
                { p=k*n+j; q=is*n+j;
                  t=a[p]; a[p]=a[q]; a[q]=t;
                }
              t=b[k]; b[k]=b[is]; b[is]=t;
            }
        }
      if (l==0)
        { free(js); printf("fail\n");
          return(0);
        }
      d=a[k*n+k];
      for (j=k+1;j<=n-1;j++)
```

```
          { p=k*n+j; a[p]=a[p]/d;}
        b[k]=b[k]/d;
        for (i=k+1;i<=n-1;i++)
          { for (j=k+1;j<=n-1;j++)
              { p=i*n+j;
                a[p]=a[p]-a[i*n+k]*a[k*n+j];
              }
            b[i]=b[i]-a[i*n+k]*b[k];
          }
      }
    d=a[(n-1)*n+n-1];
    if (fabs(d)+1.0==1.0)
      { free(js); printf("fail\n");
        return(0);
      }
    b[n-1]=b[n-1]/d;
    for (i=n-2;i>=0;i--)
      { t=0.0;
        for (j=i+1;j<=n-1;j++)
          t=t+a[i*n+j]*b[j];
        b[i]=b[i]-t;
      }
    js[n-1]=n-1;
    for (k=n-1;k>=0;k--)
      if (js[k]!=k)
        { t=b[k]; b[k]=b[js[k]]; b[js[k]]=t;}
    free(js);
    return(1);
  }
```

附录二　求解三对角线方程组的追赶法

1. 功能

用追赶法求解 n 阶三对角线方程组 $\boldsymbol{AX}=\boldsymbol{D}$。其中

$$\boldsymbol{A}=\begin{bmatrix} a_{00} & a_{01} & & & & \\ a_{10} & a_{11} & a_{12} & & & \\ & a_{21} & a_{22} & a_{23} & & \\ & & \cdots & \cdots & \cdots & \\ & & & a_{n-2,n-3} & a_{n-2,n-2} & a_{n-2,n-1} \\ & & & & a_{n-1,n-2} & a_{n-1,n-1} \end{bmatrix}$$

$$\boldsymbol{X}=(x_0,x_1,x_2,\cdots,x_{n-2},x_{n-1})^{\mathrm{T}}$$
$$\boldsymbol{D}=(d_0,d_1,d_2,\cdots,d_{n-2},d_{n-1})^{\mathrm{T}}$$

2. 方法说明

追赶法的本质是没有选主元的高斯(Gauss)消去法,只是在计算过程中考虑了三对角线矩阵的特点,对于绝大部分的零元素不再作处理。其步骤如下;

(1)对于 $k=0,1,\cdot\cdot\cdot,n-2$ 作归一化及消元处理。即

$$a_{k,k+1}/a_{kk}\Rightarrow a_{k,k+1}$$
$$d_k/a_{kk}\Rightarrow d_k$$
$$a_{k+1,k+1}-a_{k+1,k}a_{k,k+1}\Rightarrow a_{k+1,k+1}$$
$$d_{k+1}-a_{k+1,k}d_k\Rightarrow d_{k+1}$$

(2)进行回代。即

$$d_{n-1}/a_{n-1,n-1}\Rightarrow x_{n-1}$$
$$d_k-a_{k,k+1}x_{k+1}\Rightarrow x_k(k=n-2,\cdots,1,0)$$

在本函数中,为便于三对角线矩阵的输入,用一个一维数组 $\boldsymbol{B}(0:3n-3)$ 以行为主存放三对角线矩阵 $\boldsymbol{A}$ 中的三条对角线上的非零元素。其中 n 为矩阵 $\boldsymbol{A}$ 的阶数。显然三对角线矩阵 $\boldsymbol{A}$ 与一维数组 $\boldsymbol{B}$ 之间有如下关系:

$$\boldsymbol{A}(i,j)=\begin{cases}\boldsymbol{B}[2i+j] & (i-1\leqslant j\leqslant i+1)\\ 0 & \text{其他}\end{cases}$$

其中 $i,j=0,1,\cdots,n-1$。

根据以上关系,可以得到相应的计算过程为:

(1)对于 $k=0,1,\cdots,n-2$ 做归一化及消元处理

$$\boldsymbol{B}(3k+1)/\boldsymbol{B}(3k)\Rightarrow\boldsymbol{B}(3k+1)$$
$$d_k/\boldsymbol{B}(3k)\Rightarrow d_k$$
$$\boldsymbol{B}(3k+3)-\boldsymbol{B}(3k+2)\boldsymbol{B}(3k+1)\Rightarrow\boldsymbol{B}(3k+3)$$
$$d_{k+1}-\boldsymbol{B}(3k+2)d_k\Rightarrow d_{k+1}$$

(2)进行回代

$$d_{n-1}/\boldsymbol{B}(3n-3)\Rightarrow d_{n-1}$$
$$d_k-\boldsymbol{B}(3k+1)d_{k+1}\Rightarrow d_k\qquad(k=n-2,\cdots,1,0)$$

最后的计算结果仍放在一维数组 $\boldsymbol{D}$ 中。

由于追赶法本质上是没有选主元的高斯消去法,因此只有三对角矩阵满足下列条件时

$$|a_{00}|>|a_{01}|$$
$$|a_{ii}|\geqslant|a_{i,i-1}|+|a_{i,i+1}|\qquad(i=1,2,\cdots,n-2)$$
$$|a_{n-1,n-1}|>|a_{n-1,n-2}|$$

追赶法的计算才不会出现中间结果数量级的巨大增长和舍入误差的严重积累。

3. 函数语句

int atrde(b,n,m,d)

本函数返回一个整型标志值。若返回的标志值小于0,则表示 m 的值不正确,输出信号"err";若返回的标志值为0,则表示程序工作失败(如主元素的绝对值太小或为0);在本函数中还输出信息"fail";若返回的标志值大于0,则表示正常返回。

4. 形参说明

b——双精度实型一维数组，长度为 m。以行为主存放三对角线矩阵中的三对角线上的元素，即在 b 中依次存放元素：

$$a_{00},a_{01},a_{10},a_{11},a_{12},a_{21},a_{22},a_{23},\cdots,a_{n-1,n-2},a_{n-1,n-1}$$

此数组在本函数中要被破坏。

n——整型变量。方程组的阶数。

m——整型变量。n 阶三对角矩阵三条对角线上的元素个数，也是一维数组 b 的长度。它的值应为 $m=3n-2$。在本函数中要对此值做检查。

d——双精度实型一维数组，长度为 n。存放方程组右端的常数向量；返回时存放方程组的解。

5. 函数程序（文件名：atrde. c）

```
#include "math.h"
#include "stdio.h"
int atrde(b,n,m,d)
int n,m;
double b[],d[];
{ int k,j;
  double s;
  if (m! =(3 * n-2))
    { printf("err\n"); return(-2);}
  for (k=0;k<=n-2;k++)
    { j=3 * k; s=b[j];
      if (fabs(s)+1.0==1.0)
        { printf("fail\n"); return(0);}
      b[j+1]=b[j+1]/s;
      d[k]=d[k]/s;
      b[j+3]=b[j+3]-b[j+2] * b[j+1];
      d[k+1]=d[k+1]-b[j+2] * d[k];
    }
  s=b[3 * n-3];
  if (fabs(s)+1.0==1.0)
    { printf("fail\n"); return(0);}
  d[n-1]=d[n-1]/s;
  for (k=n-2;k>=0;k--)
    d[k]=d[k]-b[3 * k+1] * d[k+1];
  return(2);
}
```

参考文献

[1] 兰凤崇. 汽车车身计算机辅助造型设计[M]. 长春:吉林科技出版社,1992.
[2] 吴永明,沈建华,赵慧,等. 计算机辅助设计基础[M]. 北京:高等教育出版社,2000.
[3] 宁汝新,赵汝嘉. CAD/CAM 技术[M]. 北京:机械工业出版社,1999.
[4] 龚微寒. 汽车现代设计制造[M]. 北京:人民交通出版社,1995.
[5] 吴亚良. 现代轿车车身设计[M]. 上海:上海科学技术出版社,1999.
[6] 孙大涌. 先进制造技术[M]. 北京:机械工业出版社,2000.
[7] 童秉枢,李学志,吴志军,等. 机械 CAD 技术基础[M]. 北京:清华大学出版社,1996.
[8] 李志刚. 模具 CAD/CAM[M]. 北京:机械工业出版社,2000.
[9] 蔡颖,薛庆,徐弘山. CAD/CAM 原理与应用[M]. 北京:机械工业出版社,1999.
[10] 张朴. 汽车计算机辅助开发技术[M]. 北京:北京理工大学出版社,1999.
[11] 清华大学计算机系国家 CAD 工程中心. 计算机图形学. 北京:2000.
[12] 孙家广,陈玉健,辜凯宁. 计算机辅助几何造型技术[M]. 北京:清华大学出版社,1990.
[13] M. E. 摩腾森. 几何造型学[M]. 北京:机械工业出版社,1992.
[14] 施法中. 计算机辅助几何造型设计与非均匀有理 B 样条. [M] 北京:高等教育出版社,2001.
[15] 朱心雄. 自由曲线曲面造型技术[M]. 北京:科学出版社,2000.
[16] Ferguson, J. C. , Multivariable Curve Interpolation, Report No. D2-22504, The Boeing Co. , Seattle, Washington, 1963.
[17] 张国雄. 坐标测量机[M]. 天津:天津大学出版社,1999.
[18] 许智钦,孙长库. 3D 逆向工程技术[M]. 北京:中国计量出版社,2002.
[19] 金涛. 逆向工程技术[M]. 北京:机械工业出版社,2003.
[20] Konstantin Galanulis et al. Optical Digitizing by ATOS for Press Parts and Tools, http://www. gom. com, 2003.
[21] Quality Control and 3D-Digitizing using Photogrammetry and Fringe Projection, http://www. gom. com, 2001.
[22] 苏步青,刘鼎元. 计算几何[M]. 上海:上海科学技术出版社,1981.
[23] 马利庄,石教英. 曲线曲面的几何光顺算法[J]. 计算机学报,1996. 19,210-216.
[24] 王霄. 逆向工程技术及其应用[M]. 北京:化学工业出版社,2004.
[25] 卢金火. Class-A 曲面在汽车车身外形设计上的应用[J]. 汽车技术. 2003. 8,5-8.
[26] 卢清萍. 快速原型制造技术[M]. 北京:高等教育出版社,2001.
[27] 盛选禹. CATIA 曲线和曲面功能详解[M]. 北京:机械工业出版社,2004.
[28] 徐士良. C 常用算法程序集[M]. 北京:清华大学出版社,1996.
[29] www. ibm. com.
[30] www. ugs. com.
[31] www. plmworld. com.
[32] www. ptc. com.
[33] www. alias. com.